**Dortmunder Beiträge
zur Zeitungsforschung
Band 47**

Herausgegeben von Hans Bohrmann
Institut für Zeitungsforschung der Stadt Dortmund

Thomas Wilking

Strukturen lokaler Nachrichten

Eine empirische Untersuchung
von Text- und Bildberichterstattung

K · G · Saur
München · New York · London · Paris 1990

Diese Publikation erfolgte mit freundlicher Unterstützung
der Bundeszentrale für politische Bildung

CIP-Titelaufnahme der Deutschen Bibliothek

Wilking, Thomas:
Strukturen lokaler Nachrichten : eine empirische Untersuchung
von Text- und Bildberichterstattung / Thomas Wilking. –
München ; New York ; London ; Paris : Saur, 1990
(Dortmunder Beiträge zur Zeitungsforschung ; Bd. 47)
Zugl.: Münster (Westfalen), Univ., Diss., 1988
ISBN 3-598-21308-5
NE: GT

Gedruckt auf säurefreies Papier

D6

Alle Rechte vorbehalten / All Rights Strictly Reserved
K. G. Saur Verlag GmbH & Co. KG, München 1990
(Mitglied der internationalen Butterworth-Gruppe, London)
Printed in the Federal Republic of Germany

Jede Art der Vervielfältigung ohne Erlaubnis des Verlags
ist unzulässig

Druck/Binden: Strauß-Offsetdruck GmbH, Hirschberg

ISBN 3-598-21308-5

Meinen Eltern

Diese Untersuchung der „Strukturen lokaler Nachrichten" ist die leicht überarbeitete Fassung einer Studie, die im Sommer 1988 an der Universität Münster als kommunikationswissenschaftliche Dissertation angenommen wurde.
Prof. Dr. Siegfried Weischenberg danke ich für seine Betreuung und nachhaltige Förderung dieses Projekts, ebenso Prof. Dr. Klaus Merten für seine Unterstützung. Bei den umfangreichen Kodierarbeiten haben mir Ulrike Keller und Bärbel Neugebauer mit großer Konzentration und Geduld geholfen. TW

Vorwort

Die nach wie vor große Anzahl an wissenschaftlichen und populären Veröffentlichungen über lokale Medien und Entwicklungen in lokalen Kommunikationsräumen kann uns leicht zu der Annahme verleiten, daß unser Wissen über diesen Bereich der Publizistik umfassend und empirisch hinreichend abgesichert ist. Der Schein trügt: Es fehlt nach wie vor an Entwürfen für eine Theorie der Lokalkommunikation. Gravierender ist jedoch, daß seit den späten 70er Jahren, in denen die bundesdeutsche Lokalkommunikationsforschung ihren Höhepunkt hatte, nur noch wenige Studien publiziert wurden. Sieht man einmal von den vorliegenden Daten zur Marktsituation und zur redaktionellen Angebotsstruktur der Zeitungen ab, so mangelt es – einmal ganz abgesehen von den anderen lokalen Medien – an aktuellen und hinreichend differenzierten Befunden über die Lokalzeitungen (z. B. Kommunikatorstudien oder inhaltsanalytische Arbeiten).

Dieser Mangel an empirischen Untersuchungen muß zum einen auf das derzeit vorherrschende medien- und kommunikationspolitische Desinteresse an der Entwicklung auf den lokalen Medienmärkten zurückgeführt werden. Der Pressekonzentrationsprozeß hat sich – auch mangels weiterer Objekte – verlangsamt, und der hohe Grad an ökonomisch-publizistischer Konzentration spielt in den politischen Debatten kaum noch eine Rolle. Im Gegenteil: Dank neuer Landesmediengesetze und mit Duldung der für die Privatrundfunkaufsicht zuständigen Landesanstalten können sich Zeitungsverlage auch an privaten Rundfunkprogrammen beteiligen – und somit ihre vorhandenen Marktpositionen im Printbereich sichern. Von „publizistischer Gewaltenteilung" ist heute nicht mehr die Rede.

Zum anderen ist der offenkundige Daten- und Wissensmangel in der Publizistik- und Kommunikationswissenschaft im Bereich der Lokalkommunikation auf die in diesem Forschungsfeld gemachten Erfahrungen zurückzuführen. Empirische Forschungsaktivitäten, allein Fallstudien über einzelne Lokalzeitungen, sind kosten- und zeitaufwendig und sie stehen vor dem Problem, äußerst vielfältigen und komplexen Zusammenhängen „auf die Spur" kommen zu müssen. Der lokale Kommunikationsraum erweist sich – vielleicht entgegen mancher Hoffnungen der 70er Jahre – als ein ausgesprochen „sperriger" Gegenstand.

Die lokalen Kommunikationsmärkte haben sich – ohne Einfluß durch elektronische Medien – in den 80er Jahren außerordentlich dynamisch entwickelt. Ein Beispiel: Im hochkonzentrierten Zeitungsmarkt konnte sich mit den Anzeigenblättern ein „neues Medium" in großem Umfang etablieren. Der Werbeumsatz bei diesen Blättern ist fast drei Mal so hoch wie der gesamte Werbeumsatz bei allen – öffentlich-rechtlichen wie privaten – Rundfunkveranstaltern in der Bundesrepublik zusammengenommen. Ökonomischer Erfolg setzt ein Mindestmaß an Publikumsakzeptanz voraus. Diese Zustimmung bei den Leserinnen und Lesern haben sich die Anzeigenblätter ohne jeden Zweifel durch eine eigene Art von Lokalberichterstattung erworben. Unser gesichertes Wissen über diesen neuen Medienbereich ist außerordentlich gering.

Die vorliegende Untersuchung referiert und reflektiert nicht nur den derzeitigen Forschungsstand der deutschen Lokalkommunikationsforschung, sondern mit der Arbeit wird zudem ein neues Kapitel in der Forschung aufgeschlagen: Thomas Wilking untersucht am Beispiel von sechs Lokalzeitungen im Detail die „Strickmuster des Lokaljournalismus". Ihn interessiert, wie es um die Lokalzeitung als Nachrichtenmedium bestellt ist, und er fragt nach dem Vorhandensein und der Ausprägung journalistischer Standards in der Lokalberichterstattung. Er strebt dabei die Entwicklung von Kriterien für eine neue Typologisierung von Lokalzeitungsbeiträgen an (Abkehr von den gebräuchlichen Themeneinordnungen). Thomas Wilking macht damit ein in der Forschung vernachlässigtes Thema, nämlich die Inhalte von Lokalzeitungen in ihrer Feinstruktur, zum Untersuchungsgegenstand. Außerdem betrachtet er nicht nur Texte, sondern er bezieht die (lokale) Bildberichterstattung in seine Analyse ein.

Theoretisch knüpft der Autor bei seinen Überlegungen zur Analyse der Lokalberichterstattung an die Nachrichtenwertforschung an. Durch die vorliegende Arbeit wird offenkundig, daß diese Ansätze sich nur bedingt für die Untersuchung der Lokalberichterstattung eignen. Der geringe Selektionszwang in Lokalredaktionen (Seitenfüller statt Gatekeeper) hat zur Folge, daß einzelne Nachrichtenkriterien nicht als dominant nachzuweisen sind. Allerdings stellt sich die Lokalberichterstattung auch nicht als ein homogenes Ganzes dar, das nach einem anderen „Strickmuster" beschaffen ist. Wilking zeigt, daß der Lokalteil aus Segmenten besteht, die ganz unterschiedlichen journalistischen Kriterien genügen. Aus diesem Befund ergibt sich die Notwendigkeit einer differenzierteren Betrachtungsweise, die den Charakter des jeweiligen Segments reflektiert.

Die Inhaltsanalyse, in der die Tiefenstruktur der Berichterstattung im Mittelpunkt steht, belegt, daß ein sehr großer Teil der Lokalnachrichten dem „Service"-Bereich zugeordnet werden kann. Diese „Service"-Mitteilungen machen in den untersuchten Zeitungen immerhin ein knappes Drittel der Textflächen aus. Die weitere Analyse dieser Beiträge weist auf journalistische Vermittlungsdefizite hin: Handlungs- und Mitwirkungsmöglichkeiten werden in diesen Teilen, die sehr viel mit alltäglicher Lebensorganisation zu tun haben, nur sehr begrenzt aufgezeigt.

Die vorliegende Untersuchung ist nicht nur in thematischer Hinsicht (Nachrichtenstruktur der lokalen Berichterstattung sowie lokale Bildberichterstattung) innovativ, sondern ebenso im empirisch-analytischen Teil: Wilking beschränkt sich nicht auf eine „Themenbetrachtung" im Rahmen seiner Inhaltsanalyse, sondern er verknüpft – die von ihm neu entwickelten – inhaltlich-funktionalen Beitragstypen mit Kategorien aus der Nachrichtenwertforschung. Auf diese Weise werden neue Typen der lokalen Berichterstattung ermittelt, die zum Beispiel zum Ausgangspunkt für Nutzungsanalysen (Copy-Test, Leserbefragungen u. a. m.) genommen werden könnten. Vielleicht ist es auf diesem Wege möglich, die hohen Akzeptanzwerte für Lokalteile zu überprüfen und einer differenzierten Betrachtung zu unterziehen.

Hamburg, im Januar 1990　　　　　　　　　　　　　　　　Otfried Jarren

Inhalt

1 Einführung:
Das Interesse an Lokalberichterstattung 1

Teil I
Untersuchungen lokaler Medieninhalte:
Eine kritische Bilanz 5

2 Ansätze und Entwicklungen der Lokalpresseforschung 6
   2.1 Erste Beschreibungen 6
   2.2 Qualitätsmessungen 7
   2.3 Strukturanalysen 12
   2.31 Oberflächenstruktur 12
   2.32 Tiefenstruktur 16
   2.33 Leistungsstruktur 21
   Zusammenfassung 27

3 Aussagen zur Bildberichterstattung 29
   3.1 Praxisorientierte Literatur 30
   3.2 Bildanalysen 31
   Zusammenfassung 34

Teil II
Standards und Vielfalt im Lokaljournalismus:
Problemstellung und Untersuchungsmethode 37

4 Konzeption der Textanalyse 39
   4.1 Zielsetzung und methodische Orientierung 39
   4.2 Variablen der Textanalyse 43
   4.21 Thematische Variablen 43
   4.22 Lokale Nachrichtenfaktoren 46
   4.23 Variablenliste 50

5 Konzeption der Bildanalyse 52
   5.1 Zielsetzung und methodische Orientierung 53
   5.11 Merkmale des Bildes 54
   5.12 Merkmale des Bildtextes 63
   5.2 Variablen der Bildanalyse 64
   5.3 Hypothesen zur Bildberichterstattung 69
   5.31 Zeitungsgestaltung 69
   5.32 Bild-Text-Beziehung 72

Teil III
Strukturen lokaler Nachrichten:
Untersuchung von sechs Tageszeitungsausgaben 77

6 Untersuchte Zeitungen 79
   6.1 Lokale Mediensituation 79
   6.2 Untersuchungssample 83
   6.3 Umfänge lokaler Berichterstattung 85

7 Typologie lokaler Zeitungstexte 90
   7.1 Service-Mitteilungen 91
   7.2 Themenbestimmte Beitragstypen 98
   7.3 Typologische Lokalteilstruktur 102
   7.31 Strukturierungsleistung 104
   7.32 Zeitungsvergleich 108

8 Tiefenstruktur lokaler Zeitungstexte 113
   8.1 Zeitgerüst 114
   8.11 Ereignisdauer 114
   8.12 Zeitform 117
   8.13 Zeitliche Strukturierung 120
   8.2 Dynamik 121
   8.3 Wertigkeit 124
   8.4 Personalisierung 129
   8.41 Funktionen, Einfluß, Prominenz 134
   8.42 Frauen und Männer 137
   8.5 Tiefenstruktur-Profile 141

9 Bildberichterstattung 151
   9.1 Zeitungsgestaltung 151
   9.2 Typologie lokaler Zeitungsfotos 156
   9.21 Präsentation der Einstellungsgrößen 159
   9.22 Einstellungsgrößen und Bildinhalt 160
   9.23 Bildtypen 163
   9.3 Verknüpfungen von Text und Bild 165
   9.31 Bildunterschriften 166
   9.32 Thematische Bezüge 167
   9.33 Tiefenstruktur-Ausprägungen 171

10 Ausblick: Zur Strukturierung lokaler Nachrichten 177

   Anmerkungen 183

   Anhang 201
   Tabellarischer Anhang 201

Methodischer Anhang 221
  1 Textanalyse 222
    1.1 Kodieranweisung Text 222
    1.2 Kodierbuch Text 222
    1.3 Kodierbuch Text – Kommentar 231
  2 Bildanalyse 236
    2.1 Kodieranweisung Bild 236
    2.2 Kodierbuch Bild 236
    2.3 Kodierbuch Bild – Kommentar 241
  3 Verläßlichkeit 245

Bibliographie 249
Bildnachweis 263

1 Einführung:
Das Interesse an Lokalberichterstattung

„Strukturen lokaler Nachrichten" – das deutet auf eine komplizierte, möglicherweise etwas abstrakte wissenschaftliche Fragestellung. Gemeint ist damit aber im Grunde etwas sehr Einfaches und Naheliegendes: die „Bausteine" und das „Strickmuster" des Lokaljournalismus. Die Kenntnis derartig grundlegender Strukturen lokaler Medieninhalte kann wichtige Ansatzpunkte liefern für die Diskussion über die Fortentwicklung bzw. Neuorientierung des Lokaljournalismus.

Die Strukturen lokaler Nachrichten verdienen aus mindestens drei Gründen medienpolitische Aufmerksamkeit:

▷ Die Lokalredaktionen sind ein wichtiger Ausbildungsort und spielen damit eine zumindest quantitativ wichtige Rolle bei der Sozialisation vieler Journalisten: Was für eine Art Journalismus wird dort gelernt?

▷ Zeitungsleser finden den Lokalteil interessant; zumindest mißt die Leserschaftsforschung eine überdurchschnittliche Nutzung der lokalen Zeitungsberichterstattung:[1] Welches lokale „Weltbild" wird da erfolgreich in Umlauf gebracht?

▷ Trotz des attestierten Leser-Erfolgs besteht Innovationsbedarf: Presse-Kritiker – nicht nur aus der Forschung – fordern seit längerer Zeit einen anderen, politischeren Lokaljournalismus; Redakteure und Marketing-Leute in den Verlagen denken ihrerseits über einen „neuen" Lokaljournalismus nach, der auch künftige Lesergenerationen binden kann.

Die Zukunft der Zeitung insgesamt wird letztlich mit der Fortentwicklung der Lokalberichterstattung verknüpft: Mit der Verbesserung des inhaltlichen Angebots und einem lokal-redaktionellen Marketing, das Angebotslücken aufdeckt und besondere Informationsbedürfnisse von Lesergruppen ermittelt, soll sich die Zeitung auch gegenüber den elektronischen Konkurrenzmedien behaupten.[2]

Zu Frage- und Problemstellungen dieser Art kann die Lokalpresse-Forschung trotz der in den letzten Jahren verstärkten Aktivitäten immer noch wenig Orientierung bieten. Zu groß ist immer noch die Hypothek vergangener Jahrzehnte, in denen die traditionelle Publizistikwissenschaft ihr gemütliches Bild vom Lokalen als „Herzstück" der Zeitung zeichnete.[3] Erst um 1970 begann eine kritischere Betrachtung lokaler Berichterstattung, die schließlich in eine Diskussion um mehr Wettbewerb und einen „neuen" Lokaljournalismus mündete und auch Versuche alternativer Produktionsformen einleitete.[4]

Den Anstoß für die Auseinandersetzung mit der lokalen Medienkommunikation gaben ökonomisch-strukturelle Veränderungen im Bereich der Tagespresse, die auch zu deutlich sichtbaren Auswirkungen im „publizistischen" Bereich führten. Angesichts einer zunehmenden Pressekonzentration und der damit einhergehenden Entstehung sogenannter Lokalmonopole wurden besorgte Fragen nach Strukturen, Bedingungen, Leistungen und Wirkungen lokaler Medien gestellt. Unter dem Eindruck eines sich weiterhin verändernden Angebots mit zusätzlichen Printmedien (Alternativpresse, Anzeigenblätter) und der stärkeren „subregionalen" Orientierung elektronischer Medien wurde ein vielversprechendes Forschungsgebiet erschlossen mit der Erwartung, daß es wohl kaum ein Feld gebe, „auf dem der Forscher so leicht zu neuen wichtigen, vielleicht aufregenden, weil Vorurteile attackierenden Ergebnissen kommen kann wie gerade auf dem der lokalen Kommunikation."[5]

Die Euphorie hat sich inzwischen ein wenig gelegt. Lokalkommunikation hat sich als vielfältiger und komplexer, manchmal sperriger Forschungsgegenstand entpuppt, der sich herkömmlichen Ordnungsversuchen nicht so ohne weiteres fügt. Die unter dem Eindruck der Pressekonzentration entwickelte Problemstellung, lokale Medieninhalte in ihrem jeweiligen ökonomischen Bedingungszusammenhang zu betrachten, ist nur in Ansätzen konkretisiert worden. Versuche, Lokaljournalismus in einem systemtheoretisch begründeten Beziehungsgeflecht anzusiedeln, blieben dort unbestimmt, wo es um konkrete Beziehungen zwischen der publizistischen Aussage und den ermittelten Systemmerkmalen ging.[6] In den meisten empirischen Studien werden die ökonomische/publizistische Situation sowie Angaben über den „lokalen Kommunikationsraum" eher als Hintergrundinformation angesprochen, ohne daß sie in eine umfassendere Theorie der Lokalkommunikation eingearbeitet wurden.[7] – Aber nicht nur der theoretische Rahmen blieb unkonturiert, auch der Umgang mit einzelnen Elementen im Prozeß der lokalen Medienkommunikation erwies sich als schwierig. Dies gilt speziell für die Auseinandersetzung mit dem *Inhalt* der Lokalberichterstattung, die hier im Mittelpunkt stehen soll.

Ingesamt erscheint die Liste der Forschungs-Defizite eindrucksvoller als der Fundus halbwegs gesicherter Erkenntnisse über Grundmerkmale des Lokaljournalismus. Der unbefriedigenden Informationsstand zu grundlegenden Merkmalen der Berichterstattung hängt mit den von überregionaler Nachrichtengebung geprägten Vorstellungen vom Lokalteil zusammen sowie mit den lange von der Pressekonzentration geprägten Fragestellungen. Bei diesem Befund setzt die vorliegende Arbeit an, die sich damit auch als Beitrag zur bisher vernachlässigten Grundlagenforschung versteht. Als untersuchtes Nachrichtenmedium wird dabei noch einmal die Tageszeitung als klassischer und immer noch wichtigster Träger lokaler Berichterstattung zugrunde gelegt.

Die Ausgangsfrage nach Strukturen lokaler Nachrichten umfaßt formale Aspekte, thematische Merkmale im weitesten Sinne und spezifische journalistische Konstruktionsmerkmale, die die „Regeln" markieren, nach denen die lokale Medienrealität aufgebaut ist. Angestrebt wird nicht nur eine verallgemeinernde Gesamtcharakteristik *des* Lokaljournalimus, sondern auch relativierende Aussagen zu einzelnen Segmenten der Lokalberichterstattung; die Herausarbeitung verschiedener „Typen" lokaler Nachrichten ist ein wichtiges Anliegen dieser Untersuchung. Es wird also nicht von vornherein von einer mehr oder weniger homogenen Lokalberichterstattung ausgegangen, sondern die Möglichkeit charakteristischer Unterschiede innerhalb des im Lokalteil versammelten Konglomerats einbezogen. Entsprechende Differenzierungen sind Voraussetzung für eine nutzbringende Auseinandersetzung und die Weiterentwicklung lokaler Nachrichten.

Der hier verwendete Begriff der *Nachricht* ist dabei weder als journalistische Stilform gemeint, noch im Sinne des Postulats der Trennung von „Nachricht und Meinung": Nachrichten werden hier zunächst ganz allgemein als lokaljournalistische Mitteilungen verstanden, die freilich in der weiteren Annäherung zu charakterisieren und zu klassifizieren sind. Der Nachrichten-Begriff beschränkt sich auch nicht auf die verbalsprachlichen Texte; erstmals werden in vergleichbarem Umfang auch die Bild-Nachrichten einbezogen, die einen Großteil der Lokalberichterstattung ausmachen. Die Mitberücksichtigung der Bilder ist aber nicht nur eine Frage der quantitativen Bedeutung, sondern auch der Einschätzung, daß Fotos wichtige Mittel journalistischer Wirklichkeitsvermittlung sind. „Für die meisten Menschen", beschreibt Gisèle Freund die Rolle der Fotografie, „wird die Welt nicht mehr erzählt, sondern vorgeführt."[8]

Das Buch besteht aus drei größeren Blöcken – einer Forschungsbilanz, der Untersuchungskonzeption und der Ergebnisdarstellung:

Im ersten Teil werden die vorliegenden Untersuchungen lokaler Medieninhalte kritisch bilanziert. Für das recht umfangreiche und heterogene Material wurde eine kompakte Darstellung gewählt. Dabei sollte die Entwicklung der Untersuchungsrichtungen nachgezeichnet und forschungsgeschichtlich analysiert werden, wozu die wichtigsten Ansätze und Einzelarbeiten darzustellen waren. Eingegangen wird vor allem auf methodische Probleme, die im Laufe der Forschungsgeschichte mit entscheidend dafür waren, daß die Ergebnisse unbefriedigend blieben. Neuere Ansätze, herkömmliche Analysemuster zu überwinden, werden ausführlicher, auch im Hinblick auf weitere Entwicklungsmöglichkeiten diskutiert. Diese Auseinandersetzung bildet die Grundlage für die Konzeption und Durchführung der eigenen Untersuchung.

Der zweite Teil stellt die Untersuchungskonzeption lokaljournalistischer Texte und Bilder vor. Die allgemeine Problemstellung der Herausarbeitung von Strukturen wird präzisiert als Frage nach lokaljournalistischen Standards und ihrer Variation in verschiedenen Beitragstypen bzw. in verschiedenen Zeitungen. Für die Inhaltsanalyse[9] der Lokalberichterstattung werden Variablen herausgearbeitet, die charakteristische Merkmale beschreiben und eine Einschätzung der Leistung der jeweiligen lokalen Nachricht im Rahmen der allgemeinen Informationsfunktion von Nachrichtenmedien ermöglichen. Für die Bildanalyse wird ein entsprechendes Untersuchungsprogramm entwickelt, das sich an fotospezifischen Darstellungsleistungen orientiert. Für die Verknüpfung von Text- und Bildanalyse werden spezielle Hypothesen zum Charakter der Bildnachricht und über den Fotoeinsatz in lokalen Tageszeitungen aufgestellt.

Der dritte und umfangreichste Teil präsentiert die Untersuchungsergebnisse auf der Basis einer Inhaltsanalyse von Lokalberichterstattung ausgewählter städtischer Tageszeitungsausgaben. Die neuen oder von der bisherigen Praxis zum Teil abweichenden Klassifikationsverfahren werden ausführlich dokumentiert und begründet. In der Ergebnisdarstellung wird statt der häufiger anzutreffenden Aneinanderreihung von Einzelbefunden eine stärker integrierenden Interpretation versucht und schließlich eine Einschätzung der Ergebnisse für die journalistische Praxis gegeben.

Teil I

Untersuchungen lokaler Medieninhalte:
Eine kritische Bilanz

Die Lokalkommunikationsforschung weist Mängel auf: Auch unter neueren Forschungsbilanzen gibt es keine, die nicht vor allem Defizite reklamierte. Die Kritik umfaßt Mängelrügen zu einzelnen Arbeiten, die fehlende Integration der verschiedenen Ansätze, aber auch die Vernachlässigung ganzer Bereiche.[10]
 Zu den vernachlässigten Forschungsgebieten gehörte lange Zeit auch der Inhalt lokal orientierter Medien, die uns hier interessierende Lokalberichterstattung. „Zeitungspraktiker wie Zeitungstheoretiker geraten ins Stottern, wenn sie nach brauchbarer Literatur über den Lokalteil der Tagespresse gefragt werden", schrieb Günter Kieslich Ende der 60er Jahre; es gebe kaum ein Zeitungsressort, das von der Forschung und in der Reflexion der Praktiker so „stiefmütterlich" behandelt worden sei.[11] Von einer solchen Nicht-Beachtung der Lokalberichterstattung kann inzwischen nicht mehr die Rede sein. Neben einigen Publikationen für die lokaljournalistische Praxis gibt es vor allem eine ganze Reihe von Untersuchungen, die sich mit den Inhalten lokaler Printmedien beschäftigen. Die in früheren Jahren erhobene Klage der Vernachlässigung läßt sich mithin zumindest als quantitative Kritik nicht aufrechterhalten.
 Schwerpunktmäßig wurden der Lokalteil in Tageszeitungen und dort die verbalsprachlichen Texte untersucht. Erkenntnisse und empirisch gesicherte Befunde über Inhalte und Strukturen der alltäglichen Lokalberichterstattung sind dennoch rar oder beschränken sich auf Einzelaspekte. Forschungsgeschichtlich ist dies vor allem aus dem Mißverhältnis zwischen drängenden medienpolitischen Fragestellungen und dem Mangel an solider Grundlagenforschung zu erklären. Zur Forschungsgeschichte zählt aber auch die unkritische Rezeption der jeweils vorangegangenen Arbeiten; nicht selten entsteht doch der Eindruck, als sei die Beschäftigung mit dem Forschungsstand eine eher formale Pflichtübung: eine weitgehend folgenlose Fleißarbeit vor der „eigentlichen" Untersuchung.
 In dem folgenden Überblick geht es dagegen ausdrücklich um diesen Forschungsbezug. Es wird dreierlei versucht: die Entwicklung der an lokalen Medieninhalten orientierten Forschung nachzuzeichnen, die wichtigsten Ansätze und Einzelarbeiten zu diskutieren und konkrete Anknüpfungspunkte für die eigene Untersuchung herauszuarbeiten. – Der Bildberichterstattung, die in der bisherigen Lokalpresseforschung kaum beachtet wurde, wird ein eigener Abschnitt gewidmet (Kapitel 3).

2 Ansätze und Entwicklungen der Lokalpresseforschung

Die Anfangsphase einer ausgeprägteren und regelmäßigen Zeitungsberichterstattung mit lokalen Nachrichten liegt für den deutschen Sprachraum in der zweiten Hälfte des 19.Jahrhunderts. Hintergrund der Entstehung einer „Lokalpresse" war ein ganzes Geflecht politischer, wirtschaftlicher, demographischer und auch technischer Entwicklungen, die ein ausreichendes lokales Anzeigen- und Leserpotential bedingten und ein entsprechendes Medien-Angebot ermöglichten. Neben neuen, eigens als Lokalzeitung konzipierten Blättern gab es bald auch örtliche Beilagen in den etablierten, überregional verbreiteten Zeitungen. Bereits um 1900 sind in Ansätzen jene Grundzüge zu erkennen, die noch heute als Strukturmerkmale der bundesdeutschen Presse gelten: Die meisten Tageszeitungen erreichen ihre Leser als orts- oder kreisbezogene Zeitung und enthalten einen in sich geschlossenen Teil mit lokalen Anzeigen und Nachrichten. Solche Lokalteile werden den zentral redigierten Zeitungsmänteln für das jeweilige Verbreitungsgebiet beigelegt.[12]

Studien zu diesem klassischen, seit rund hundert Jahren etablierten lokalen Massenmedium blieben zunächst rar. Ansätze einer systematischen Erforschung von Lokalkommunikation per Zeitung sind erst in den 60er Jahren auszumachen; dies gilt auch für den Teilbereich der Analyse von Medieninhalten. Bis dahin bestimmten einige feuilletonistische Betrachtungen das Bild.

In Inhaltsanalysen von Tageszeitungen wurde „Lokales" lange Zeit nur pauschal als „Sparte" vermessen. Solche Zeitungsuntersuchungen nach Spartenaufteilung und Umfang der einzelnen Teile werden bereits seit über siebzig Jahren vorgenommen, zum Teil auch für Zeitungen des 19.Jahrhunderts. Diese Umfangsmessungen sind allein wenig aussagefähig; sie ermöglichen bestenfalls eine grobe Einschätzung der Bedeutung von Lokalberichterstattung in Relation zu den übrigen Zeitungsteilen. Vergleiche zwischen den einzelnen Messungen sind allerdings wegen der Abweichungen bei den Kategoriendefinitionen und Meßeinheiten kaum möglich.[13]

2.1 Erste Beschreibungen

Zum Inhalt von Lokalberichterstattung gab es bis in die 60er Jahre kaum mehr als einige feuilletonistische Charakterisierungen des Lokaljournalismus, die von Praktikern verfaßt wurden oder der historisch-normativen Publizistikwissenschaft zuzurechnen sind. Neben einigen wenigen entwicklungsgeschichtlich orientierten Beschreibungen einzelner Zeitungen [14] zählen hierzu vor allem die allgemeinen Darstellungen des Lokalteils von Edmund Krafft (1902), Otto Groth (1928), Emil Dovifat (1937/1976) und Valeska Voß-Dietrich (1969).[15] Jene Texte bewegen sich zwischen impressionistischen Beschreibungen und Entwürfen mit stark normativen Zügen: Sie enthalten Anmerkungen zu verschiedenen Themen lokaler Berichterstattung, Beschreibungen journalistischer Darstellungsformen, schließlich Warnungen vor „falschen Sensationen" oder auch die Ermahnung an Lokalredakteure, trotz des täglichen „Einerlei" und der „Enge" nicht die sprachliche Frische zu verlieren. Für die späteren, systematischen Analysen lokaler Berichterstattung boten diese Ausführungen bestenfalls ein schwach strukturiertes Vorwissen über lokalspezifische Themen und Darstellungsformen und hätten damit vielleicht bei der Kategorienbildung hilfreich sein können.

Ein solcher naheliegender Einfluß der impressionistischen Beschreibungen auf erste Ansätze einer systematischen Deskription (Kunz 1967, Hüther/Scholand/Schwarte 1973) ist allerdings nicht auszumachen. Aufgegriffen wurde dort lediglich die allgemeine Charakterisierung des Lokalteils als „Zeitung im Kleinen" oder „Zeitung in der Zeitung", wie sie in allen der oben genannten Beschreibungen leicht modifiziert zu finden ist.[16] Diese Charakterisierung wurde für die Inhaltsanalysen nun dahingehend interpretiert, daß Zeitungsmantel und Lokalteil (die „Zeitung im Kleinen") möglicherweise eine ähnliche Struktur bei Themen und journalistischen Stilmitteln aufweisen. Entsprechend wurden Kategoriensysteme gebildet, die auf Mantel und lokale Berichterstattung gleichermaßen anzuwenden waren. Diese Praxis bewährte sich allerdings nicht, da die besonderen Merkmale des „Lokalen" auf diese Weise nicht erfaßt werden konnten.[17]

Durch die Orientierung am Zeitungsmantel wurde ein der Lokalberichterstattung unangemessenes Kategoriensystem verwendet, das trotz der früh erkannten Mängel noch eine ganze Reihe von Arbeiten beeinflußte (vgl. Kapitel 2.31). Daß die schwammige Formel, der Lokalteil sei eine „Zeitung im Kleinen", einen erkennbaren Einfluß auf inhaltsanalytische Untersuchungen gewann, verweist auf den damaligen Stand der Forschung: Der langen Lokalabstinenz entsprach ein Mangel an Theorien und erprobten empirischen Methoden.[18]

2.2 Qualitätsmessungen

Das verstärkte Forschungsinteresse an lokalen Medieninhalten in den 60er und 70er Jahren war allerdings nicht darauf ausgerichtet, das geschilderte Forschungsdefizit durch eine Art „Grundlagenforschung" abzuarbeiten. Eine Ausnahme ist hier lediglich eine unveröffentlichte Studie der Arbeitsgemeinschaft für Kommunikationsforschung (1974/1981) mit einer aufwendigen 75-Prozent-Stichprobe aller Lokalausgaben der Bundesrepublik (September

1968), die sich allerdings auf eine Messung der Umfänge der Lokalteile sowie die Häufigkeit einiger spezieller Beitragsformen (Leserbrief, Kommentar, Karrikatur) beschränkt. – Ansonsten stand das Bemühen im Vordergrund, jene aktuellen medienpolitischen Fragen zu beantworten, die die Aufmerksamkeit überhaupt erst auf die Lokalberichterstattung gelenkt hatten.

Lokale Zeitungsmonopole

Die intensivere Auseinandersetzung mit dem „Lokalen" entwickelte sich vor dem Hintergrund der Pressekonzentration, die unter anderem einen deutlichen Rückgang der Zahl der Lokalausgaben und die Entstehung sogenannter „Lokalmonopole" beinhaltete.[19] Der marktwirtschaftlichen Wettbewerbstheorie gemäß wurden (und werden) bei Lokalmonopolen Qualitätseinbußen befürchtet im Sinne eines Nachlassens der „publizistischen Leistung" und einer Vernachlässigung der „öffentlichen Aufgabe" der Presse: weniger Kritik, eine geringere Aktualität usw.[20] So ging es in der jungen Lokalkommunikationsforschung zunächst vor allem um die Frage, „ob lokale Zeitungsmonopole von Nachteil für die lokale Öffentlichkeit sind oder nicht"[21]. Dieser Frage wurde mit Inhaltsanalysen, aber auch mit Leserbefragungen (Noelle-Neumann 1976b) und teilnehmenden Beobachtungen in Lokalredaktionen (Koller 1978) nachgegangen.

In den Inhaltsanalysen wird der Inhalt von „Monopolzeitungen" mit Ausgaben verglichen, die in einem lokalen Wettbewerb stehen. Hierzu zählen die Gegenüberstellung von Kommentaren in Monopol- und Wettbewerbsausgaben bei Knoche/Schulz (1969), die Langzeitvergleiche von Zeitungen vor und nach Erreichen einer Monopolstellung bei Blankenburg/Kneer/Theis (1970) und Elisabeth Noelle-Neumann (1976a) sowie Passagen in der Arbeit von Josef-Paul Benzinger (1980), der die verschiedenen lokalen Bezirksausgaben einer Zeitung miteinander vergleicht: ein Teil dieser Ausgaben hat im zugehörigen Verbreitungsgebiet ein „Monopol", die anderen stehen in lokalem Wettbewerb.

Ohne einen solchen Vergleich mit Wettbewerbszeitungen wurde der „Lokaljournalismus im Zeitungsmonopol" auch noch in einigen Einzelfallstudien untersucht und kritisiert, so beim *Donau Kurier* (Institut für Zeitungswissenschaft 1975, Dorsch/Roegele 1978), bei der *Allgäuer Zeitung* (Studententeam 1978), der *Badischen Zeitung* (Pöttker 1981, Nestler u.a. 1983) oder in der Schweiz bei der *Basler Zeitung* (Bürgi 1981).[22] Hier geht es teilweise schon mehr um eine grundsätzliche Bewertung von Lokaljournalismus. Die Untersuchungen ähneln von der Fragestellung her den im folgenden Abschnitt genannten Arbeiten, die eine umfassendere Lokalpresse-Kritik versuchen.

Politisches Potential

Bei diesem Ansatz wurde die Problemstellung einer möglichen Leistungseinbuße bei Monopolausgaben erweitert um die Frage nach der Qualität von Lokalberichterstattung schlechthin. Damit wurde kritisiert, daß bei der Auseinandersetzung mit der Pressekonzentration zu wenig gefragt werde, „wieweit dort, wo es eine Vielzahl von Zeitungen noch gibt, sich diese Zeitungen auch inhaltlich voneinander unterscheiden und ob deren Inhalte es rechtfertigen können, daß das Zeitungsangebot durch Subventionen vielleicht in der vorliegenden Form konserviert wird".[23] – Als Qualitätskriterium gilt dabei das „politische Potential", die Anzahl und Art jener Zeitungsartikel, mit denen der Lokalteil zur politischen Meinungsbildung und demokratischen Kontrolle beiträgt oder beitragen könnte.

Zu den Arbeiten mit dieser Problemstellung zählen die Kommentar-Untersuchung von Manfred Knoche (1968) und die bekannte Wertheim-Studie, in der unter anderem die Darstellung politischer Funktionsträger, sprachlicher Ausdrucksformen und Begründungsmuster untersucht werden (Haenisch/Schröter 1971, Zoll 1974, Ellwein/Zoll 1982). In der erwähnten Arbeit der Münchener Arbeitsgemeinschaft für Kommunikationsforschung (1974/1981) werden neben einer Kritik- und Kontrollfunktion der Lokalpresse die Quantität und Qualität von Hintergrundberichten sowie die Darstellung „Unorganisierter" behandelt. Die Artikulationschance für „Normalbürger" im Vergleich zur lokalen Machtelite untersuchten auch Arzberger/Murck/Vollmer (1980). Weitere Studien, die ebenfalls dieser Fragestellung nach einer politischen und kritischen Lokalberichterstattung zuzurechnen sind, analysieren die Berichterstattung zu bestimmten Themen und Anlässen. Einen Schwerpunkt bilden hier Arbeiten, die sich mit Stadtplanung und Bürgerbeteiligung auf diesem Gebiet mit Hilfe der Lokalpresse beschäftigen, so bei Buse/Nelles/Oppermann (1977), Hoffmeyer-Zlotnik (1981) und Morlock (1982). Untersucht wurden weiterhin Wahlkämpfe und Lokalberichterstattung (Horn/Kühr 1978, Horstmann 1985), die Darstellung des Bereichs Hochschulen/Wissenschaft (Austermann 1985) oder die Berichterstattung über Militär und Friedensbewegung im Lokalteil (Michel 1987).

Bedingungen im Verbreitungsgebiet

Die Betonung des politischen und kritischen Lokaljournalismus als allgemeine Qualitätsnorm ist nicht unumstritten. So wurde alternativ angestrebt, die Leistungen der Lokalberichterstattung anhand der spezifischen Gegebenheiten und Bedürfnisse im jeweiligen Verbreitungsgebiet („Kommunikationsraum") zu bewerten. Zum Stichwort „Lokalmonopol" wurden dabei Hinweise erwartet, „wie stark das Bedürfnis nach Informationsvielfalt durch das Bestehen mehrerer Zeitungen ist und bis zu welchem Grad dieses Bedürfnis auch durch die Öffnung der Zeitung für unterschiedliche Standpunkte befriedigt werden kann".[24] Die systemtheoretisch begründete Einbeziehung des Kommunikationsraumes als wichtigstem Maßstab zur Bewertung der Lokalpresse wurde vor allem von Franz Ronneberger und Heinz-Werner Stuiber (1976) propagiert. Wesentliches Merkmal des Ansatzes ist die parallele Analyse des Zeitungsinhalts und der spezifischen „Erwartungen" und Bedingungen des Verbreitungsgebietes. Der zu erstellende Datensatz zum Verbreitungsgebiet soll Angaben zur Bevölkerungs-, Siedlungs- und Erwerbsstruktur, zur Anzahl und Art von Vereinen, zu Lesegewohnheiten, zur örtlichen Medienstruktur u.ä. enthalten. Schuldig blieben die Vertreter dieses Ansatzes allerdings eine Theorie, die die beiden Datenssätze zum Verbreitungsgebiet und zum Zeitungsinhalt verbindet und damit offenlegt, wie sich die Strukturen des „Kommunikationsraumes" im Lokalteil manifestieren sollen. – Der Versuch einer empirischen Präzisierung des Ansatzes beschränkt sich bisher im wesentlichen auf die Arbeit von Wolfgang Stofer (1975), die bereits mehrfach kritisch analysiert wurde: Die Art, wie Ergebnisse der Zeitungsanalyse und örtliche Strukturdaten verbunden werden, nährt den Verdacht, daß der mit dem Ansatz eingeführte Rekurs auf die Bedingungen im Verbreitungsraum sehr leicht zu ganz beliebigen Interpretationen führen kann.[25] Die Analyse des Kommunikationsraumes taugt als theoretisch nicht eingebundene Datensammlung nicht zum „objektiven" Leistungsmaßstab.

Ergebnisse und Mängel der Qualitätsmessungen

Eine detaillierte Übersicht zu den Ergebnissen der verschiedenen Untersuchungen und Ansätze soll hier nicht gegeben werden. Die wichtigsten Studien sind bereits – zum Teil mehrfach – kritisch referiert und bewertet worden.[26] Ohne eine solche Differenzierung der Einzelbefunde läßt sich als Gesamttendenz aber resümieren:
▷ Es gibt keine eindeutigen Ergebnisse zu den Auswirkungen der Pressekonzentration auf die Struktur und Qualität der lokalen Berichterstattung: Deutliche Unterschiede zwischen „Monopol"- und „Wettbewerbszeitungen" wurden nicht ermittelt oder die Befunde widersprechen sich
▷ Recht eindeutig fällt dagegen die grundsätzliche Kritik der Lokalberichterstattung aus: Sie summiert sich zum deutlichen Verriß.
Gemessen an den theoretischen Zielvorstellungen einer politischen Meinungsbildung und demokratischen Kontrolle erscheint die Lokalberichterstattung als auffällig unpolitisch. In Schlagworten lautet die Kritik: Hofberichterstattung, Terminjournalismus, mangelnde Kritikbereitschaft, zu wenig Hintergrundinformation, kaum Artikulationschancen für Unorganisierte, Aussparung der Arbeitswelt.[27]

Beide Befunde – der Quasi-Freispruch für Lokalmonopole als auch die allgemeine Mängelliste – sind zu relativieren und zwar unter dem Aspekt der Untersuchungsmethoden in den genannten Arbeiten. Wir gelangen dabei wieder zum Ausgangspunkt (Kapitel 2.1) zurück, wo das Fehlen einer Theorie der Lokalzeitung und erprobter empirischer Methoden konstatiert wurde. Auf der Grundlage einer ausführlichen Analyse der hier aufgeführten Untersuchungen läßt sich folgendes feststellen:[28]

1. Mit den Fragen zur Pressekonzentration wurden komplexe Problemstellungen angegangen, ohne daß Basisinformationen zum Forschungsgegenstand *Lokalberichterstattung* vorlagen. Untersuchungen, die mit einer Inhaltsanalyse arbeiten, haben daher Schwierigkeiten, spezifische Leistungen der Lokalberichterstattung zu isolieren und zu messen. Es bleibt meistens bei der Registrierung recht oberflächlicher Merkmale. Die Kategoriensysteme sind noch zu sehr geprägt von den bekannten Strukturen und Formen der Zeitungsmäntel oder genügen nicht den Anforderungen, die gemeinhin an inhaltsanalytische Kategorien gestellt werden. – Der „Freispruch" für Lokalmonopole ist unter diesen Umständen eher als ein Freispruch aus Mangel an Beweisen zu sehen: Das Datenmaterial ist unzureichend.

2. Mit der beschriebenen Schwierigkeit, die Feinheiten der Lokalberichterstattung angemessen inhaltsanalytisch (im Sinne von „systematisch- quantifizierend") zu erfassen, hängt möglicherweise der Trend zu einer anderen Untersuchungsmethode zusammen, die in einigen Studien zu registrieren ist und dort als „qualitative Inhaltsanalyse" bezeichnet wird. Es handelt sich hier um eine Vorgehensweise, die Ähnlichkeit mit literaturwissenschaftlichen Interpretationstechniken hat: Die bei der Rezeption des Untersuchungsmaterials gewonnenen Eindrücke werden in Thesen gefaßt und durch entsprechende Textstellen belegt. Damit wird an ausgewählten Beispielen eine nachvollziehbare Kritik geleistet: die oben in Schlagworten referierte allgemeine Kritik der Lokalberichterstattung beruht denn auch im wesentlichen auf solchen Untersuchungen.[29] Der Vorteil dieser Methode liegt darin, daß Merkmale der Lokalberichterstattung berücksichtigt werden, die mit den kritisierten Kategoriensystemen gar nicht „abgefragt" worden sind. Positiv zu bewerten ist auch die Anschaulichkeit der Ergebnisse, denn das Untersuchungsmaterial wird (zumindest auszugsweise) als Illustration oder Beleg mitgeliefert. Der Nachteil des Verfahrens zeigt sich auch in dieser Anschaulichkeit: Es wird viel Kritikwürdiges gezeigt, aber doch wenig erklärt. Die Möglichkeiten der (quantitativen) Inhaltsanalyse – das Aufzeigen von Strukturen, die Abstraktion vom konkreten Text – kann auf diese Weise nicht genutzt werden.[30]

Die „Qualitätsmessungen" unter dem Eindruck der Pressekonzentration erbrachten mithin eine recht massive und anschauliche Kritik der Lokalberichterstattung, blieben dabei allerdings auf der Ebene markanter Beispiele. – Eckart Frahm kritisierte solche „selbstgerechten Defizitanalysen" und verlangte eine „nüchterne Bestandsaufnahme dessen, was tatsächlich derzeit als Lokalzeitungsinhalt täglich produziert wird".[31] Gründliche strukturelle Analysen fehlen besonders im Hinblick auf eine Veränderung journalistischer Praxis und ihrer Rahmenbedingungen. Die von der massiven Kritik initiierte Diskussion über einen „neuen Lokaljournalismus" und eine bessere Journalistenausbildung bedurfte und bedarf gerade solcher Hinweise, die über eine zwar engagierte, aber doch zu sehr an Symptomen orientierte Kritik hinausgehen.[32]

2.3 Strukturanalysen

In der jüngeren Lokalkommunikationsforschung spielen Medienvergleiche und Bewertungen der „Qualität" weiterhin eine wichtige Rolle. Dabei sind zwei Entwicklungen zu beobachten: Einmal die naheliegende Berücksichtigung weiterer lokaler Medien, nachdem sehr lange allein Tageszeitungen die Diskussion und Forschungsaktivitäten bestimmt hatten; in einigen Arbeiten werden etwa Alternativblätter einbezogen oder auch die elektronischen Medien, soweit im Zuge der sogenannten Regionalisierung oder durch neue Medientechnik Programme für kleinere Gebiete angeboten werden.[33] Die zweite Entwicklung, die uns hier besonders interessiert, ist der Versuch, lokale Medieninhalte doch systematischer zu analysieren und ihre Strukturen herauszuarbeiten.

2.31 Oberflächenstruktur

Einer der Ansatzpunkte ist die „Oberflächenstruktur" der Berichterstattung. Hierbei geht es in erster Linie um eine Inventarisierung und Klassifizierung der Medieninhalte nach Umfang, Plazierung, journalistischer Darstellungsform, nach angesprochenen Themen und genannten Akteuren. Auf erste Ansätze einer solchen Deskription lokaler Berichterstattung wurde bereits in Kapitel 2.1 hingewiesen. Zu der Arbeit von Hüther/Scholand/Schwarte (1973) wurde dabei angemerkt, daß bei der Analyse ein Kategoriensystem verwendet wird, das zu sehr an den Gegebenheiten des Zeitungsmantels ausgerichtet ist und der Lokalberichterstattung nicht gerecht wird. Obwohl die Autoren dieses Problem offen ansprechen,[34] wurde besonders ihr Schema zur Themenanalyse (Abbildung 1) auch in späteren Untersuchungen wiederholt eingesetzt, was vielleicht mit dem Pionier-Charakter der Studie zu erklären ist.[35]

Einige neuere Untersuchungen lösen sich von diesem Muster und versuchen, mit zum Teil recht differenzierten Kategoriensystemen „Lokalspezifisches" zu erfassen. Diese Kategoriensysteme sind in der Regel recht umfangreich und detailliert, wenn auch etwas unstrukturiert. Von hochentwickelten Kategoriensystemen kann man zwar wohl noch nicht sprechen, erkennbar ist aber die stärkere Orientierung an den zu untersuchenden Medieninhalten und Ansätze einer Überwindung herkömmlicher Analysemuster.

Politik	Kommunalpolitik, Wahlen, öffentliche Verwaltung, Rechtswesen, Sozialpolitik, Stadtplanung und Verkehrswesen
Kultur	Bildung und Erziehung, Kunst, Wissenschaft und Forschung
Wirtschaft	Wirtschaft, Arbeit und Beruf
Sport	
Religion/Kirchen	
Human Interest	Kriminalität, Gerichtsberichterstattung, Unfälle, Unglücksfälle und Katastrophen, Klatsch, Personalia, Freizeit und Hobbys
Verschiedenes	Gesellschaftliche Veranstaltungen, Heimatgeschichte, Lokalfeuilleton, Kuriosa, Veranstaltungskalender, Sonstiges

Abb.1 – Themenkategorien nach Hüther/Scholand/Schwarte (1973). Typische Elemente der Lokalberichterstattung werden in zwei Kategorien zusammengefaßt, die wie Restkategorien wirken: *Human Interest* und *Verschiedenes* enthalten jene Lokalteilelemente, die nicht in das Schema Politik/Kultur/Wirtschaft passen wollen.[36]

Zu diesen neueren Untersuchungen zählen die Schweizer Studie von Luchsinger/Meier/Saxer (1981) und die Arbeit von Günther Rager (1982), die beide im wesentlichen deskriptiv angelegt sind. Rager vergleicht zwar unter der Ausgangsfrage, ob „publizistische Vielfalt" erkennbar ist, auch verschiedene Medien (vier Zeitungen und ein „subregionales" Hörfunkprogramm), verzichtet dann aber auf inferenzstatistische Prüfung und begnügt sich mit einer auf Anschauung der Daten beruhenden Interpretation.[37] Im einzelnen werden folgende Merkmale beschrieben: die Themen, die Handlungsträger (das sind Personen, über die berichtet wird), die Zu-Wort-Kommenden, journalistische Darstellungsformen und das Vorkommen von Lob und Kritik.

Differenzierung des Kategoriensystems

Durch die allgemeine Zielrichtung, „Vielfalt" zu messen, ist Ragers Kategoriensystem ohne auffällige Schwerpunkte sehr breit angelegt. Das läßt sich recht gut an der Themenanalyse zeigen: Allein 60 mögliche Themen werden vorgegeben (siehe Abbildung 2), die auch alle in den untersuchten Medien nachgewiesen werden konnten.[38] Anders als die kritisierten herkömmlichen Kategoriensysteme, die sich an den klassischen Zeitungssparten orientierten, ist Ragers Themenliste mehr induktiv, anhand ausgewählter Lokalberichterstattung zusammengestellt und entsprechend stärker am Untersuchungsmaterial orientiert. Den Spezifika der Lokalberichterstattung trägt Rager zusätzlich Rechnung durch die Möglichkeit der Mehrfachkodierung, bei der bis zu vier Themen angegeben werden können. Es wird so berücksichtigt, daß Ereignisse aus lokaler Sicht *mehrere* Themenbereiche berühren können: Ein Bericht über die Ansiedelung eines Industriebetriebes kann beispielsweise neben der „Wirt-

Finanz-, Haushaltspolitik	Umweltpolitik
Finanzen	Landschaft, Umwelt
Baupolitik	Energie
Baumaßnahmen	Sportpolitik
Verkehrspolitik	Sportereignisse
Ereignisse Verkehr	Verwaltungspolit. Themen
Bildungs-, Kulturpolitik	Behörden
Kunst-, Kulturereignisse	Europa als Institution
Schulwesen	Partei, Parteipolitik
Erziehung	andere politische Themen
Städtepartnerschaft, Ausland	Wahlen
	sonstige Organisationen
Heimatgeschichte, Brauchtum	Vereine
	Kirche
Bildungswesen	Kinder
Wissenschaft	Jugendliche
Sozialpolitik	Alte
Soziales	Ausländer
Gesundheit	Frauen
Entwicklungspolitik	‚randständige Gruppen'
Sicherheitspolitik	Tiere
Militär	Human Interest
Polizei	Fest, Feier
Wirtschaftspolitik	Jubiläum, Ehrung
Wirtschaftsverbände	Verbrechen, Vergehen, Unfall
Gewerkschaft	Naturkatastrophen
Verbraucher	Rechtsprechung
Wirtschaftliches	Rechtliches
Landwirtschaft	Wetter
Arbeitswelt	Freizeitaktivitäten
Werbung, PR	Radio Kurpfalz
sonstiges Hauptthema	

Abb. 2 – Kategorien für die Bestimmung des Themas von Regional- und Lokalberichterstattung nach Rager (1982). Bis zu vier Themen pro Beitrag wurden kodiert.[39]

schaftsnachricht" Aspekte des Umweltschutzes, des Arbeitsmarktes, der Stadtplanung und des örtlichen Steueraufkommens enthalten.[40]

Ein Kategoriensystem wie das abgebildete erbringt in dieser Form sicherlich keine handliche Beschreibung der untersuchten Texte: Deren Komplexität wird durch die Differenziertheit der Themenliste kaum reduziert, sondern eher widergespiegelt. Dem herkömmlichen, nach den klassischen Zeitungssparten strukturierten Kategoriensystem (Abbildung 1) steht hier ein Konglomerat von Themen gegenüber, auf die im einzelnen noch weiter unten eingegangen wird. Der Umfang und die Vielfalt der Themen ergeben sich aus der induktiven Kategorienbildung am Text und dem damit verbundenen Versuch, ein Höchstmaß an Differenzierungen zuzulassen.[41] Begünstigt wird der Trend zur unstrukturierten Ausdifferenzierung bei lokalen Themenanalysen aber auch durch ein Fehlen geeigneter Kriterien, die eine Orientierung oder sinnvolle Reduzierung bei der Kategorienbildung erlauben.

Die Beurteilung einer solchen Ausdifferenzierung und einer entsprechend aufwendigen Analyse ist im einzelnen abhängig von der Fragestellung, von der inhaltlichen Struktur des Kategoriensystems und auch von praktischen Überlegungen etwa zur Zuverlässigkeit bei der Datenerhebung.[42] Grundsätzlich sinnvoll ist ein breiter angelegtes Kategoriensystem unter dem Aspekt, daß komplexe Inhalte nicht von vornherein in ein zu grobes Schema gepreßt werden. Die Möglichkeit, eine umfangreiche Themenliste durch die Zusammenfassung der Einzelthemen zu größeren Blöcken zu reduzieren, bleibt in jedem Fall bestehen;[43] gleichzeitig werden aber für weitere Analyseschritte subtilere Vorgehensweisen offengehalten, wenn etwa Zusammenhänge zwischen Themen und anderen Merkmalen der einzelnen Beiträge herausgearbeitet werden sollen.

Inhaltliche Veränderungen

Die stärkere Orientierung am Untersuchungsmaterial und die Ausdifferenzierung zeigt sich in neu hinzukommenden und in der Auffächerung bereits vorhandener Kategorien. Das traditionelle Muster (Abbildung 1) war an der üblichen Ressortaufteilung orientiert und von Kategorien wie *Politik, Wirtschaft, Kultur, Sport* geprägt. Die als Beispiel abgebildete Themenliste von Rager enthält nun sowohl etwas modifiziert jene „traditionellen" Kategorien als auch einige neue Elemente: Das räumliche Umfeld ist als Thema berücksichtigt (Landschaft/Umwelt, Baumaßnahmen), ebenso der private Verbrauch, aber auch Kategorien, die Bevölkerungsgruppen (Jugendliche, Alte, Ausländer...) oder Organisationen (Vereine, Behörden, Gewerkschaft...) nennen. In den letzten Beispielen zeigt sich allerdings nicht nur eine möglicherweise sinnvolle Erweiterung, sondern auch ein uneinheitliches Klassifikationsprinzip der Kategorien. Unter dem schillernden Begriff „Thema" werden recht unterschiedliche Inhalte versammelt, bei denen der Schwerpunkt auf Ereignissen (Unfall, Fest...) oder aber betroffenen Personengruppen (Alte, Frauen...), auf Sachbereichen (Gesundheit, Energie...) oder Organisationen liegt. – Dies kann man lediglich als Schwachpunkt der zitierten Untersuchung begreifen, vielleicht aber auch als Hinweis auf unterschiedliche Formen der „Thematisierung" im Lokalteil.

Eine vergleichbare Auffälligkeit in Ragers Liste ist die Verwendung der in Themenanalysen sehr etablierten Kategorie Politik, die hier gleich 13mal in verschiedenen Kombinationen vorkommt: Neben Umwelt gibt es Umweltpolitik, neben einzelnen Wirtschaftsthemen auch Wirtschaftspolitik, neben Sportereignisse auch Sportpolitik usw. Bei konsequenter Durchführung „politikfähiger" Kombinationen wären noch weitere dieser Themen denkbar: Energiepolitik, Ausländerpolitik, Kirchenpolitik... Aus der bei Rager implizit enthaltenen Annahme, daß Politik jeweils mit bestimmten Inhalten verknüpft ist, ließe sich für die Themenanalyse aber auch eine andere Konsequenz ziehen: „Politik" nicht mehr als Thema zu erfassen, sondern lediglich den „Inhalt" oder Sachbezug der Politik. Das Kategoriensystem würde damit an Einheitlichkeit gewinnen und wäre an dieser Stelle nicht durch den selten näher erläuterten Politik-Begriff belastet. – Ob in einem Beitrag „politisches Handeln" dargestellt wird, könnte als eigene, zusätzliche Variable erfaßt werden mit der Möglichkeit, „Politik" zu spezifizieren und die Politikdimension durch entsprechende Kategorien noch genauer zu charakterisieren.

Überwindung ressortspezifischer Analysemuster

Die am Beispiel vorgeführten Trends und Perspektiven bei der Analyse der Oberflächenstruktur verweisen auf die Abkehr von herkömmlichen Analysemustern, die ursprünglich für andere journalistische Texte konzipiert und der Lokalberichterstattung aufgesetzt worden waren. Die positiv zu bewertende stärkere Berücksichtigung des Untersuchungsmaterials geht einher mit Problemen bei der Bildung auch sonst methodisch einwandfreier Kategoriensysteme.[44] Die Schwierigkeiten liegen dabei offensichtlich nicht nur forschungsgeschichtlich im Fehlen geeigneter Vorarbeiten, sondern auch in Eigenschaften der Lokalberichterstattung selbst begründet. Die vielbeschriebene „Universalität" des Lokalteils manifestiert sich losgelöst von bekannten ressortspezifischen Formen. Möglicherweise wird in der Lokalberichterstattung tatsächlich die Chance genutzt, Lebenszusammenhänge als Ganzes zu erfassen und damit „quer zu liegen" zu den „herkömmlichen, festgestellten Ressort-Aufteilungen der verschiedenen Ausdrucksformen menschlicher Arbeit"[45]. Für eine bequeme Kategorienbildung fehlen der Lokalkommunikationsforschung dann offensichtliche Strukturen im Untersuchungsmaterial, die eine Orientierung bieten könnten.

2.32 Tiefenstruktur

Bei der im vorangegangenen Abschnitt dargestellten Analyse der Oberflächenstruktur werden mit Umfang, Form, Themen und Akteuren recht naheliegende Merkmale festgehalten, die eine relativ konkrete Beschreibung der Berichterstattung erlauben. Weitgehend losgelöst von diesen Merkmalen ist aber auch eine stärker abstrahierende Charakterisierung möglich, die wir hier als Beschreibung der „Tiefenstruktur" bezeichnen. Bei der Analyse der Tiefenstruktur wird die Ausprägung sogenannter Nachrichtenfaktoren ermittelt. Mit deren Hilfe können beispielsweise Aussagen darüber gemacht werden, ob die Berichterstattung eher an Personen und kurzen, markanten Ereignissen orientiert ist oder mehr an gesellschaftlichen Strukturen und längerfristigen Entwicklungen; es wird unter anderem ermittelt, welche Rolle prominente Personen, Erfolgsmeldungen oder Negativereignisse (Unglücke, Skandale) in der Nachrichtengebung spielen. Die Identifizierung solcher Strukturelemente ermöglicht die Beschreibung typischer Darstellungsformen, in denen die Medien beobachtetes Geschehen vermitteln.

Ähnlich der Analyse der Oberflächenstruktur, die sich zuerst an Merkmalen des Zeitungsmantels orientierte, geht auch die Untersuchung der Tiefenstruktur lokaler Berichterstattung auf Ansätze zurück, die zunächst für andere journalistische Texte entwickelt wurden. Die ursprüngliche Strukturanalyse von Auslandsnachrichten wurde auf nationale und lokale Nachrichten übertragen.[46] Die relativ starke Abstraktion vom konkreten Text erleichterte eine solch übergreifende Anwendung.

Konstruktion von Medienrealität

Am Ausgangspunkt dieser Forschungsrichtung standen Überlegungen zur Darstellung von Wirklichkeit in den Nachrichtenmedien. Die Berichterstattung leistet danach eine Interpretation unserer Umwelt: Die Medien wählen aus den vielfältigen Vorgängen und Zuständen einige Aspekte aus und „konstruieren" in einem komplexen Verarbeitungsprozeß ein Bild von der Wirklichkeit, die „Medienrealität".[47] Die Untersuchungen zielen nun darauf ab, die Prinzipien zu bestimmen, nach denen strukturiert, ausgewählt und dargestellt wird. Dabei wird nicht der Entstehungsprozeß selbst untersucht, sondern inhaltsanalytisch der „Output", also die in der Berichterstattung erkennbaren Merkmale. Die Struktur der von den Medien vermittelten Wirklichkeit wird herausgearbeitet und damit gleichzeitig der journalistische Verarbeitungsprozeß charakterisiert. Bei der Analyse der Tiefenstruktur geht es mithin weniger um eine Inventarisierung der einzelnen Elemente in Zeitungsbeiträgen als um die Regeln, nach denen diese Beiträge entstehen.

In verschiedenen Untersuchungen zu Nachrichten auf nationaler und internationaler Ebene wurden rund zwanzig Strukturmerkmale („Nachrichtenfaktoren") ermittelt. Sie betreffen im wesentlichen:
▷ Ablauf und Dauer des berichteten Ereignisses
▷ den sozialen Rang der erwähnten Akteure
▷ die Tragweite des Geschehens
▷ die Möglichkeiten der Identifikation (z.B. durch die räumliche Nähe des Geschehens oder eine personenbezogene Darstellung)
▷ Elemente, die auf Negativ-Entwicklungen (Verbrechen, Konflikte u.ä.) oder Erfolge verweisen.[48]

Nachrichtenfaktoren im Lokalteil

Ein Großteil der einzelnen Nachrichtenfaktoren wurde für die Untersuchung der Lokalberichterstattung leicht modifiziert übernommen (Übersicht: Abbildung 3) und zwar erstmals in der Magisterarbeit von Robert Rohr (1975). Von zentraler Bedeutung sind die Nachrichtenfaktoren dann in den Untersuchungen von Klaus Schönbach (1978 und 1980), Manfried Prater (1980) und auch in der bereits erwähnten Schweizer Lokalpresse-Studie (Luchsinger/Meier/Saxer 1981).[49] Untersucht wurden jeweils die Zeitungen in einer ausgewählten Stadt bzw. eines Schweizer Kantons. Prater berücksichtigt neben den Tageszeitungen auch ein Anzeigenblatt und eine „alternative Stadtillustrierte".

Durch die weitgehend identischen Kategoriensysteme sind die Ergebnisse der Untersuchungen gut miteinander zu vergleichen. In den Lokalteilen der analysierten deutschen Tageszeitungen sind danach übereinstimmend folgende

Nachrichtenfaktor	Operationalisierungsbeispiele
DAUER	Das geschilderte Ereignis dauert wenige Stunden / mehrere Tage
ZEITFORM	Das Ereignis hat bereits stattgefunden / wird erst in der Zukunft stattfinden
THEMATISIERUNG	Thema ist bereits seit längerem eingeführt / relativ neu
RÄUMLICHE NÄHE	Ereignis findet am Erscheinungsort der Lokalausgabe / außerhalb statt
ETHNOZENTRISMUS	Am Ereignis sind ausschließlich Einwohner der Stadt / Auswärtige beteiligt
RELEVANZ	Von der Nachricht ist ein Großteil der Bevölkerung betroffen / geringe Betroffenheit
PERSONALISIERUNG	Eine oder mehrere Personen stehen im Mittelpunkt des Ereignisses / Es wird ein abstraktes Geschehen geschildert
PERSÖNLICHER EINFLUSS	Es sind Personen mit politischen Ämtern beteiligt / nicht beteiligt
PROMINENZ	Es sind andere Prominente beteiligt / nicht beteiligt
ÜBERRASCHUNG	Es wird Überraschung über Zeitpunkt, Verlauf des Geschehens ausgedrückt / keine Überraschung
UNGEWISSHEIT	Der weitere Verlauf des Ereignisses ist ungewiß / abzusehen
KONTROVERSE	Der Beitrag schildert Konflikt / keinen Konflikt
KRIMINALITÄT	Das Ereignis ist eine kriminelle Handlung / Ereignis ohne jede Form von Verbrechen
ERFOLG	Der Beitrag enthält Hinweise auf Erfolg / keine Hinweise auf positive Veränderung

Abb. 3 – Nachrichtenfaktoren und Operationalisierungsbeispiele bei Lokalteiluntersuchungen nach Schönbach und Rohr.[50]

Faktoren ausgeprägt: Die Berichterstattung ist hochgradig personalisiert, schildert überwiegend ein Geschehen von geringer Dauer und dieses Geschehen findet zumeist innerhalb der Grenzen des Verbreitungsgebietes statt.[51] Diese und andere Übereinstimmungen fördern die Annahme, daß es so etwas wie ein „Grundmuster" der Berichterstattung gibt.[52] Ein Muster, das allerdings durchaus modifiziert wird, wie Schönbach (1980) anhand eines Vergleichs der Nachrichtenfaktoren bei miteinander konkurrierenden Lokalzeitungen aufzeigt: Einige der Nachrichtenfaktoren sind bei den Zeitungen unterschiedlich stark ausgeprägt; die statistischen Unterschiede sind allerdings nicht sehr groß.

In einem weiteren Analyseschritt wurde eine Differenzierung vorgenommen: Es wurden nicht mehr alle Beiträge in der Zeitung gleich gewichtet, sondern auch ihr Umfang und ihre Aufmachung berücksichtigt. Bei „groß aufgemachten" Artikeln spielen danach ganz bestimmte Nachrichtenfaktoren eine Rolle, etwa die Beteiligung von prominenten Personen, speziell politischer Prominenz.[53] „Erfolgsmeldungen" oder die „Ungewißheit über die weitere Entwicklung" sind ebenfalls relativ häufige Merkmale in größeren Lokalteil-Beiträgen. Insgesamt ist das Bild hier aber nicht so einheitlich: Es gibt bei den auffällig aufgemachten Beiträgen hinsichtlich der Ausprägung der einzelnen Nachrichtenfaktoren doch deutliche Unterschiede zwischen den Zeitungen. In den verschiedenen Redaktionen herrschen offensichtlich abweichende Vorstellungen über die Auswahl auffällig zu plazierender und ausführlich darzustellender Ereignisse.[54]

Eine solche vergleichende Analyse verschiedener Lokalteile läßt sich erweitern auf einen Vergleich von Medientypen, wie er oberhalb des lokalen Bereichs schon durchgeführt und auch bei Prater (1980) mit Einbeziehung der alternativen Stadtillustrierten bereits ansatzweise verwirklicht wurde.[55] Da bei den Untersuchungen der Tiefenstruktur eine weitgehende Abstraktion von den konkreten Inhalten und Formen der Texte erfolgt, ist die Ebene der Nachrichtenfaktoren besonders geeignet, um Vergleiche zwischen Medientypen (Tageszeitungen, Alternativpresse, Anzeigenblätter, Hörfunk, Fernsehen...) durchzuführen und medientypische Unterschiede herauszuarbeiten.

Nachrichtenfaktoren und journalistische Praxis

Die Perspektive einer Analyse der Tiefenstruktur beschränkt sich nun nicht auf die vorgestellte differenziertere Beschreibung der Zeitungen und den Vergleich einzelner Lokalteile oder verschiedener lokaler Medientypen. Die Nachrichtenfaktoren enthalten auch diagnostische und prognostische Möglichkeiten: „Oberflächliche" Erscheinungsformen lassen sich auf die dahinter liegenden Grundprinzipien zurückführen, und umgekehrt können diese Grundprinzipien zur bewußten Konstruktion solcher Nachrichten dienen, die nachfolgende Selektionsprozesse mit großer Wahrscheinlichkeit überstehen.

Jene Kritik der Lokalberichterstattung etwa, die im Kontext der Qualitätsmessungen (Kapitel 2.2) geübt wurde, ließe sich mit Hilfe der Nachrichtenfaktoren genauer fassen: Der allgemeine Vorwurf fehlender Hintergrundinformationen und ausgeprägter Hofberichterstattung wäre etwa möglicherweise aus der Kombination verschiedener Nachrichtenfaktoren (DAUER, PERSONALISIERUNG, PROMINENZ)erklärbar – aus der zu ausgeprägten Beachtung von Kurz-Ereignissen und dem Hang, das Handeln (prominenter) Personen zu schildern.

Die Auseinandersetzung mit dem Lokaljournalismus wird auf diese Weise ein wenig von den Schlagworten und den illustrierenden Einzelbeispielen gelöst. Anders als in den anklagenden Sentenzen wird mit einer mehr analytischen Kritik die Aufmerksamkeit auf mögliche Ursachen, auf journalistische Arbeitsweisen und Arbeitsbedingungen gelenkt. – Unter diesem Aspekt der Reflexion journalistischer Praxis ist der Nachrichtenfaktoren-Ansatz bisher allerdings nur ungenügend rezipiert worden, wenn man die dürftigen Ausführungen auch neuerer Journalisten-Lehrbücher zum Thema „Nachrichten" als Indiz nimmt.[56]

Gerade im Zusammenhang mit Journalisten-Lehrbüchern und einer Verwertung des Ansatzes in der publizistischen Praxis ist freilich auch darauf hinzuweisen, daß die Kenntnis der Tiefenstruktur nicht nur kritisch-reflexiv, sondern auch pragmatisch-technologisch umgesetzt werden kann. In diesem Fall dient die Struktur der Nachrichtenfaktoren als erfolgreiches Muster, das von Redakteuren und den Nachrichten-Verkäufern im Vorfeld (PR-Leute, Agenturen, freie Journalisten...) lediglich reproduziert wird.[57] Professionelle Public-Relations-Arbeit enthält neben anderen Aufgaben explizit eine Konstruktion von Nachrichten in Kenntnis journalistischer Nachrichtenmuster.[58]

Weiterentwicklung der Analyse

Die durch die Nachrichtenfaktoren erreichte Abstraktion eröffnet zwar die oben beschriebenen Möglichkeiten, beschränkt andererseits aber die Auseinandersetzung mit dem konkreten Untersuchungsmaterial. Es sind allgemeine Charakterisierungen möglich, die aber nur bedingt anschaulich sind und andere Textmerkmale ausblenden. Entsprechend spekulativ wirken Versuche, allein aus den Nachrichtenfaktoren heraus konkrete und prägnante Charakterisierungen der Lokalberichterstattung abzuleiten.

Schönbach (1978) genügt etwa ein Übergewicht von Beiträgen mit den Nachrichtenfaktoren KRIMINALITÄT und KONTROVERSE gegenüber Beiträgen mit dem Faktor ERFOLG für die Aussage, auch in der Lokalberichterstattung stelle sich „die Welt dem Leser offenbar als eher bedrohlich dar".[59] Für solche Interpretationen reichen die Nachrichtenfaktoren allein nicht aus: Schönbachs Aussage wäre möglicherweise bereits durch Einbeziehung der Textumfänge zu relativieren, wenn sich herausstellt, daß sich der „bedrohliche" Faktor

KRIMINALITÄT vor allem in kurzen Polizeimeldungen findet.[60] – Die oben vorgestellte Einbeziehung der Aufmachung von Beiträgen hat ebenfalls gezeigt, wie die Berücksichtigung zusätzlicher Textmerkmale die Erkenntnisse zur Grundstruktur der Nachrichtenfaktoren differenziert. Und auch bei der Umsetzung des im vorangegangenen Abschnitt angedeuteten Versuchs, die Kritik an der Lokalberichterstattung mit Nachrichtenfaktoren zu präzisieren, wären für eine fundierte Herleitung zusätzliche Textmerkmale zu berücksichtigen.

Zur Weiterentwicklung der Analyse von Lokalberichterstattung dürfte mithin eine Kombination und Integration der Ansatzpunkte sinnvoll sein, die hier unter den Schlagworten „Oberflächenstruktur" und „Tiefenstruktur" vorgestellt wurden. Der Zusammenhang zwischen der Ausprägung einzelner Nachrichtenfaktoren und Merkmalen der Oberflächenstruktur wurden bisher kaum untersucht: Welchen Einfluß hat das Thema? Welche Rolle spielt die Bildberichterstattung: Fördert sie eine personenbezogene Darstellung? Wie wirkt sich der Umfang des Lokalteils auf die Ausprägung der Nachrichtenfaktoren aus?

Bei der Weiterentwicklung der Analyse von Lokalberichterstattung ist neben einer stärkeren Integration der verschiedenen Ansätze schließlich auch die Zusammensetzung der Liste der Nachrichtenfaktoren (Abbildung 3) zu überprüfen. Dies erscheint notwendig, da diese Kategorien ursprünglich für internationale Nachrichten entwickelt und erst im Nachhinein für die Lokalberichterstattung übernommen wurden. So ist beispielsweise zu überlegen, ob es bei Zeitungsbeiträgen, die durch ihren räumlichen Bezug (*Lokal*berichterstattung) charakterisiert werden, sinnvoll ist, einen Nachrichtenfaktor RÄUMLICHE NÄHE zu analysieren.

2.33 Leistungsstruktur

Ein dritter Ansatzpunkt betrifft schließlich einzelne Funktionen der Zeitungsinhalte. Es geht dabei um Leistungen, die etwa aus Sicht der Leser oder auch ganz allgemein für das gesellschaftliche System erbracht werden oder erbracht werden sollen. Solche Funktionen oder Leistungen lassen sich sowohl normativ (z.B. als „Aufgabe der Presse") definieren als auch aus der tatsächlichen Mediennutzung und der Wirkung beim Publikum ableiten.

Im folgenden geht es nun um Ansätze, Zeitungsinhalte hinsichtlich ihrer möglichen Funktion, ihrer potentiellen Kommunikationsleistung zu interpretieren. Die Kapitelüberschrift „Leistungsstruktur" impliziert, daß nicht alle Zeitungsinhalte dieselbe Funktion erfüllen: Ein Beitrag trägt beispielsweise zur politischen Meinungsbildung bei und ermöglicht vielleicht so etwas wie demokratische Kontrolle, ein anderer bietet einen Überblick über kulturelle Angebote, ein dritter Beitrag hat vor allem eine Unterhaltungsfunktion. Auch Mischformen sind möglich.

Zur Funktion der Inhalte lokal orientierter Medien gibt es unterschiedliche

Vorstellungen; je nach Ausgangspunkt werden andere Funktionen betont. Keine Rolle spielt bisher der angesprochene Unterhaltungsaspekt, was vermutlich darauf zurückzuführen ist, daß Zeitungen nicht so eindeutig auf Unterhaltung abzielen und die wenigen typischen Unterhaltungsbeiträge (Comic Strips, Fortsetzungsroman, Rätsel) in der Regel nur im Hauptteil zu finden sind. Bei einer Einbeziehung von lokalem Fernsehen und Hörfunk dürfte die Unterhaltungsfunktion zukünftig stärker zu beachten sein.[61]

Für die lokal orientierten Zeitungen wurden bislang andere Funktionen angesprochen, die vor allem drei größere Bereiche betreffen. Danach kann oder soll die Zeitung folgende Leistungen erbringen:
▷ Integration in die Gemeinde oder Region
▷ politische Information und Kontrolle
▷ Orientierung im Reproduktionsbereich.[62]

Zum Teil ergeben sich hier Berührungspunkte zu den Qualitätsmessungen (Kapitel 2.2), besonders zu der Frage nach dem politischen Potential der Zeitungen. Gemeinsame Aspekte gibt es auch zwischen den Versuchen, die Bedürfnisse und Bedingungen des „Kommunikationsraumes" zu erfassen, und der hier angesprochenen Integrationsleistung. – Vergleichbar sind schließlich auch die empirischen Probleme, nämlich die genannten Leistungen der Zeitungen wirklich „dingfest" zu machen, sie zu operationalisieren und zu messen.

Integration

Bei der Integrationsleistung sind Operationalisierung und Messung besonders schwierig, da gesellschaftliche Integration ein sehr komplexer, schwer zu erfassender Sachverhalt ist. Zu den Problemen des Ansatzes zählt dann auch die fehlende Präzision des Integrationsbegriffs.

Erste Versuche, das Integrationsvermögen der Lokalpresse zu bestimmen, gab es bereits in den 50er und 60er Jahren vor allem in Form von Leserbefragungen.[63] Der vermutete einfache Kausalzusammenhang zwischen intensiver Lokalteil-Lektüre und einer stärkeren Integration der Leser in die jeweilige Gemeinde ließ sich allerdings nicht nachweisen.[64] – Zu methodischen Problemen kamen bald prinzipielle Einwände. Daß gesellschaftliche Defizite (hier: Desintegration) durch Massenmedien beseitigt oder gemildert werden sollten, machte den Ansatz suspekt: Die einseitige Betonung der Harmonisierungsleistung von Zeitungen mochte eine aufgesetzte, symbolische Integration begünstigen, bei der vorhandene Interessengegensätze lediglich kaschiert werden.[65]

Die Forschungsaktivitäten des Ansatzes liefen in den 60er Jahren zunächst aus, zumal bald andere, konfliktbezogenere Leistungen der Lokalpresse („Kritik und Kontrolle") in den Mittelpunkt des Forschungsinteresses rückten – anstelle der an einer unkritischen heimatlichen Bindung ausgerichteten Integrationsleistung. Die wurde erst wieder aktueller vor dem Hintergrund einer „Renaissance des Heimatgefühls" Anfang der 80er Jahre.[66]

Ulla Meister (1984) greift den integrationsorientierten Ansatz mit dem Schwerpunkt „regionaler" Integration und einer anderen methodischen Vorgehensweise wieder auf. Es wird nicht mehr versucht, die integrative Wirkung einer Zeitung direkt beim Publikum zu messen, sondern der „Integrationsgehalt" der Zeitungsbeiträge wird anhand bestimmter Merkmale abgeschätzt. Inhaltsanalytisch werden jene Elemente der Berichterstattung erfaßt, die als „besonders integrationsfördernd" angesehen werden (siehe Abbildung 4).

▷ Inhalte, die dem Leser regionale Zusammenhänge verdeutlichen und ins Bewußtsein bringen

▷ Möglichkeiten, sich mit dem sozialen System zu identifizieren:
Darstellung von Veranstaltungen und Vorstellung von Persönlichkeiten, die in besonderer Weise die Region repräsentieren
Pflege eines positiven regionalen Images

▷ Vermittlung von Werten und Normen, die ein regionales Zusammengehörigkeitsgefühl entstehen lassen können

▷ Herbeiführung von Konsens, Aufzeigen von gemeinsamen Zielen

▷ Konstruktive Kritik

Abb. 4 – Elemente in der Zeitungsberichterstattung, die als integrationsfördernd angesehen werden, nach Meister (1984).[67]

Unabhängig von der bereits erwähnten grundsätzlichen Kritik am gesamten Ansatz lassen die als integrationsfördernd eingestuften Merkmale und die Erläuterungen hierzu daran zweifeln, daß *Integration* wirklich ein brauchbares Konzept bei der Analyse und Beschreibung von Zeitungsinhalten ist. Mit dem Schlagwort „Integration" lassen sich offensichtlich ganz beliebige Inhalte und Formen der Zeitungsberichterstattung verbinden: eine ausgeprägte Personalisierung mit Schwerpunkt bei den Honoratioren (zur Förderung der Identifikation), das Vermitteln gemeinsamer Werte und Normen (genannt werden u.a. „Leistungsdenken" und „Durchhaltevermögen" trotz der Probleme in der Region), aber auch konstruktive Kritik, die dem Leser das „Gefühl" vermittle, „daß seine Belange Beachtung finden".[68] An einer anderen Stelle wird der Abdruck von Fotos bei manchen Themen als ebenfalls integrationsfördernd eingestuft.[69] Es ist aber überhaupt nicht geklärt (wie die Autorin auch einräumt), ob diese verschiedenen Zeitungselemente wirklich mit „Integration" in Zusammenhang stehen und ein „Regionalbewußtsein" erzeugen.

Die willkürlich wirkende Liste vermeintlich integrationsfördernder Faktoren unterstreicht die bereits genannten grundsätzlichen Bedenken gegen diesen Ansatz: Der positiv besetzte, nicht so genau zu fixierende Begriff der Integration erscheint fast beliebig verfügbar, um irgendwelche Inhalte und Formen der

Berichterstattung zu legitimieren. Die Untersuchung ist im Grunde eine nicht besonders originelle Inhaltsanalyse, bei der einige bekannte Elemente der Berichterstattung als „integrationsfördernd" etikettiert werden. Diese Interpretation und Etikettierung entzieht die so bezeichneten Inhalte und Formen dabei tendenziell einer Kritik.[70]

Politische Information

Präziser und schlüssiger als die Spekulationen über integrierende Elemente der Lokalberichterstattung wirken Versuche, die Leistungen der Lokalpresse hinsichtlich politischer Information und politischer Kontrolle zu bewerten. Ausgangspunkt sind demokratietheoretische Überlegungen: Die Aufgaben, die den Medien dort zugeteilt werden, bilden den Maßstab für die Bewertung der tatsächlichen Veröffentlichungen, ohne daß Aussagen über die „politisierende" Wirkung bei der Rezeption gemacht werden. Dieser Ansatz erscheint durchschaubarer, da das jeweilige Demokratie- und Politikverständnis mehr oder weniger explizit dargelegt werden muß und die Kritik der Berichterstattung oder auch Alternativmodelle aus diesen Positionen abgeleitet werden.

Einige Untersuchungen mit diesem Ansatz wurden unter dem Schlagwort „politisches Potential" bereits in Kapitel 2.2 erwähnt. Vornehmlich mit Hilfe von Textbeispielen werden die Lokalteile in diesen Studien als weitgehend „unpolitisch" charakterisiert wegen der auffällig zahlreichen Veranstaltungsberichte aus dem Kultur- und Freizeitbereich, während sich Politik in einer an den jeweiligen Amtsträgern orientierten „Hofberichterstattung" erschöpfe. Vermißt wird danach das Aufzeigen von Interessenskonflikten und Entscheidungsalternativen: Die Zeitungen sollten Entscheidungsprozesse transparent machen und damit eine breitere Beteiligung („Partizipation") von betroffenen Bürgern an der politischen Willensbildung ermöglichen.

Vor dem Hintergrund der Schweizer „Referendumsdemokratie" versucht eine Studie zur Züricher Lokalpresse von Haller/Jäggi/Müller (1981), die Erfüllung der Partizipationsfunktion systematischer zu erfassen. Als Kriterium gelten Anzahl, Art und Präsentationsform der erkennbaren Quellen. Danach werden drei Beitragstypen unterschieden: Es überwiegt eine „affirmative" Berichterstattung, in der „identifikatorisch-unkritisch" Verlautbarungen von Organisationen weitergegeben werden; seltener sind Kommentare, die „einseitig-kritisch" Meinung bilden. Nicht besonders ausgeprägt ist auch die von den Autoren favorisierte „plural/kontroverse" Form, bei der „distanziert-differenzierend" mehrere Stellungnahmen eingeholt werden und die Zeitung die Funktion eines Öffentlichkeitsforums hat.

Umfassender ist die Arbeit von Theo Rombach (1983) angelegt. Unter dem Aspekt, ob und in welcher Form „partizipationsrelevante" Informationen vermittelt werden, sind verschiedene Elemente politischer Berichterstattung zusammengefaßt, die bereits in den früheren Studien herausgestellt wurden. Im Gegensatz zu den meisten früheren Arbeiten legt Rombach bei seiner Analyse auch Wert auf eine exakte Quantifizierung der Beobachtungen. Ziel der Untersuchung ist es, systematisch zu erfassen, ob alle wichtigen Themenbereiche angesprochen werden, ob zweitens eine politische Dimension erwähnt wird und drittens, in welcher Form dies erfolgt.[71]

Die Inhaltsanalyse ist in ihrem Kategoriensystem weitgehend angelehnt an die bereits vorgestellte Arbeit von Rager zur „Oberflächenstruktur" (Kapitel 2.31) mit besonderer Berücksichtigung partizipationsrelevanter Informationen: Vorausberichterstattung (Ankündigungen), Lob und Kritik, Aufzeigen von Alternativen u.ä.[72] Die Eindrücke der früheren Studien werden in dieser Untersuchung bestätigt, das weitgehende Fehlen von Arbeitswelt und Verbraucherfragen auf thematischer Ebene und auch die anderen bekannten „Defizite": Kritik ist selten, Alternativen und Handlungsmöglichkeiten werden kaum aufgezeigt. Insgesamt wird bei Rombach die zuvor vornehmlich an Einzelbeispielen geübte Kritik zum „politischen Potential" der Lokalberichterstattung systematisiert und untermauert. Möglichkeiten einer quantifizierenden Erfassung politischer Aspekte der Berichterstattung werden aufgezeigt.

Unbefriedigend ist allerdings an dieser doch recht aufwendigen Untersuchung, daß keine weiteren Hypothesen oder Hinweise gewonnen werden, die über die Aufzählung bereits bekannter „Defizite" lokaler Berichterstattung hinausgehen. Dies ist nicht der gewählten Methode – einer deskriptiv angelegten Inhaltsanalyse – anzulasten, sondern eine Frage der hier mangelhaften Datenauswertung.[73] Die versprochene Herausarbeitung von typischen Strukturen durch eine „Datenagglomeration" erfolgt bestenfalls in Ansätzen, wenn etwa das Vorkommen von Lob/Kritik oder (partizipationsrelevanter) Vorankündigungen immerhin thematisch aufgeschlüsselt werden.[74] Neben wenigen weiteren Beispielen einer angedeuteten Dateninterpretation überwiegen sonst schlichte Häufigkeitstabellen getrennt nach einzelnen Variablen und untersuchten Zeitungen, aber ohne statistische Kennwerte.

Orientierung im Reproduktionsbereich

Analog zur politischen Information und Partizipation können lokale Medien auch das Handeln in den Bereichen Freizeit, Kultur, Konsum... begleiten oder auch fördern und anregen, indem sie eine entsprechende Orientierung für diesen „Reproduktionsbereich" bieten. Diese Funktion wird allerdings in den meisten Untersuchungen und theoretischen Arbeiten eher am Rande erwähnt.

Diese geringe Beachtung hängt mit dem andererseits großen Interesse für die im engeren Sinne politische Berichterstattung zusammen. Die Orientierungsfunktion im Reproduktionsbereich ist zudem mit Beitragsformen verbunden, die in den Untersuchungen generell eher vernachlässigt werden: Ankündigungen, Veranstaltungskalender und Anzeigen. In den meisten Studien werden diese Beitragsformen ausgeblendet, da schwerpunktmäßig die aktuelle Nachrichtengebung behandelt wird. Diese Vorgehensweise ist wieder geprägt von der Analyse des Zeitungsmantels, wo dies durchaus angemessen ist, da dort Ankündigungen und Anzeigen eine weitaus geringere Rolle spielen.[75]

Für die Analyse des Lokalen ist eine solche Beschränkung auf die aktuelle Nachrichtengebung dagegen nicht unproblematisch. Petra E. Dorsch (1984) kommt nach einer Untersuchung der Zeitungsfunktion zu der These, daß der Lokalteil unter dem Aspekt des Leserinteresses sowohl den redaktionellen Teil, als auch den „Serviceteil" und den gesamten lokalen Anzeigenteil umfaßt: „Von außen angelegte Wertmaßstäbe haben vielfach verhindert, daß das Alltägliche – Veranstaltungskalender, Terminkalender der Vereine, Kino- und Fernsehprogramme, Kleinanzeigen, sonstige Anzeigen – als ebenso genuin zeitungsgemäß angesehen wird wie das unerwartet Ereignishafte in der Kommunalpolitik, der Kultur, im Sozialen und im Polizeibericht."[76]

Es gibt nur wenige Analysen, die etwa Veranstaltungsankündigungen überhaupt registrieren. Im üblichen Schema der Beitragsformen (Nachricht, Bericht, Kommentar...) wird die für das Lokale typische Form der Vorausberichterstattung selten erfaßt, zwischen Nachrichten über vergangene und zukünftige Ereignisse selten unterschieden. Jene Arbeiten, die diese Besonderheiten der Lokalberichterstattung dagegen berücksichtigen, stellen einen recht hohen Anteil dieser Vorausberichterstattung oder „Service-Beiträge" fest.[77]

Die Anzeigen schließlich spielen in der Forschung eine sehr geringe Rolle, dies gilt für das Anzeigengeschäft und die damit verbundenen ökonomischen Abhängigkeiten ebenso wie für den *Inhalt* der Anzeigen.[78] Wenn auch Dorsch den Nachrichtencharakter der Anzeigen betont,[79] so wird der Zusammensetzung dieser Anzeigen-"Nachrichten" bisher keine Aufmerksamkeit geschenkt: Die Struktur des lokalen Anzeigenteils gehört nicht zum Untersuchungsprogramm von Inhaltsanalysen des Lokalteils. In der Regel wird höchstens der Gesamtumfang des Anzeigenteils in Relation zum redaktionellen Teil gemessen.

Die Ausklammerung der Anzeigen trifft allerdings nur für die veröffentlichende, hochschulbezogene Forschung zu: Tatsächlich werden ständig differenzierte und umfassende Inhaltsanalysen der Anzeigenteile vorgenommen und zwar von einigen Zeitungsverlagen und ihren Verbänden. Die Analysen der Anzeigenstruktur erfolgen dort für den internen Gebrauch unter Marketing-Gesichtspunkten und bleiben in der Regel unveröffentlicht. Für unsere Fragestellung sind diese Daten jedenfalls noch nicht genutzt worden. Anders als Angaben, die die unmittelbare ökonomische Struktur der Unternehmen betreffen, sind Ergebnisse dieser Untersuchungen aber zum Teil durchaus für eine weitere wissenschaftliche Auswertung zugänglich.[80]

Inhaltsanalyse und kommunikative Leistungen

Wenn Funktionen oder Leistungen der Massenmedien untersucht werden, so ist immer impliziert, daß die Medieninhalte bestimmte Wirkungen erzeugen, hier: integrieren, politisches Handeln beeinflussen oder Konsum- und Freizeitverhalten mitbestimmen. Daß die Medien solche und andere Wirkungen haben und damit auch die erwähnten Funktionen erfüllen, ist naheliegend und vermutlich unstrittig; problematisch ist indes der Nachweis bestimmter Wirkungen durch ebenso bestimmte, identifizierbare Inhalte. Der Schluß von den inhaltsanalytisch erfaßten Merkmalen auf den sozialen Kontext bedarf der Absicherung.[81] Für die in diesem Kapitel angesprochenen Funktionen liegen entsprechende Nachweise durch Außenvalidierung (etwa Rezipientenbefragung) nicht vor. Entsprechend deutlich fiel die Absage an den integrationsorientierten Ansatz aus, bei dem lediglich einige bekannte Elemente der Berichterstattung als „integrationsfördernd" etikettiert werden, ohne den behaupteten Zusammenhang halbwegs plausibel herzustellen.

Bei den anderen Funktionen, die die politische Partizipation bzw. die Orientierung im Konsum- und Freizeitbereich betreffen, sieht die Situation etwas anders aus. Das Nachdenken über die Funktion der Zeitung, über die potentiellen Leistungen für die Zeitungsleser, macht auf bestimmte Aspekte des Zeitungsinhalts aufmerksam. Es wird für diese Bereiche zielgerichtet eine differenzierte Analyse initiiert, d.h. es erfolgt eine Fortentwicklung der Analyse des Medienangebots, ohne daß im einzelnen über spezifische Wirkungen beim Publikum spekuliert wird. Maßstäbe bei der Analyse der politischen Partizipation sind Modelle einer „idealen" Berichterstattung bzw. der Vergleich mit den Inhalten anderer Medien. Für weitergehende Untersuchungen der tatsächlichen Wirkung wird hier für den Teilbereich Medieninhalt die Grundlage geschaffen.

Zusammenfassung

Bei der Untersuchung lokaler Medieninhalte lassen sich drei Phasen unterscheiden. Die erste Phase wird dominiert von den impressionistischen Beschreibungen der traditionellen Publizistikwissenschaft. Erste deskriptive Inhaltsanalysen greifen das dort geprägte Bild des Lokalteils als „Zeitung im Kleinen" auf und untersuchen die Lokalberichterstattung mit Maßstäben des Zeitungsmantels.

Die zweite Phase wird bestimmt durch die medienpolitische Frage nach den Folgen der Pressekonzentration. Es wird versucht zu klären, ob Lokalzeitungen ohne örtlichen Wettbewerb eine „schlechtere" Lokalberichterstattung leisten als Zeitungen mit Konkurrenz. Diese Beschäftigung mit der Qualität von Lokalteilen führt zu einer generellen Kritik der vorgefundenen Lokalberichterstattung. Gleichzeitig werden methodische Probleme deutlich: Diskutiert wird die Qualität der Lokalteile vor allem auf der Ebene ausgewählter Beispiele; das analytische Instrumentarium ist noch unzureichend entwickelt.

In der jetzigen Phase bleiben Medienvergleiche und Einschätzungen der Qualität weiterhin aktuell, allerdings unter veränderten Rahmenbedingungen:

▷ Die Pressekonzentration verläuft weniger spektakulär; das lokale Zeitungsangebot hat sich gegen Ende der 70er Jahre (bei hohem Konzentrationsgrad) stabilisiert[82]; andere Medien offerieren zumindest in Ballungsgebieten zusätzlich lokale Berichterstattung

▷ Die an der Lokalberichterstattung geübte Kritik ist weitgehend rezipiert; die Aufmerksamkeit gilt nun mehr praktischen Konzepten zur Optimierung lokaljournalistischer Arbeit.

Methodisch sind eine Ausdifferenzierung der Kategoriensysteme und eine stärkere Orientierung an den Besonderheiten des Untersuchungsmaterials zu registrieren. Einige Arbeiten übertragen einen Ansatz der Nachrichtenforschung auf den Lokalteil und untersuchen die Ausprägung von Nachrichtenfaktoren, um grundlegende „Konstruktionsmerkmale" der Berichterstattung zu ermitteln. Ein weiterer Ansatz, die Lokalberichterstattung nach unterschiedlichen Funktionen zu gliedern, bietet zusätzliche Perspektiven, stößt zum Teil aber an die Grenze einer auf den Medieninhalt konzentrierten Forschung.

3 Aussagen zur Bildberichterstattung

Zeitungsinhalte bestehen aus verbalsprachlichen Texten und Bildmaterial. Bilder verschiedener Art lassen sich bereits seit der Frühzeit der Presse nachweisen. Am Anfang standen graphische Techniken wie Kupfer-, Stahl- und Holzstich; gegen Ende des 19. Jahrhunderts wurde dann mit der Erfindung einer entsprechenden Klischiertechnik die Wiedergabe von Fotografien möglich. Das klischierte Foto setzte sich in den 20er und 30er Jahren mehr und mehr gegenüber den traditionellen graphischen Techniken durch.[83]

Die in der Herstellung vergleichsweise schnelle und kostengünstige Technik förderte nicht nur den Einsatz von Fotografien als Zeitungsbild, sondern an sich einen verstärkten Einsatz von Bildmaterial. „Die Tageszeitungen bebildern immer mehr ihre Texte", stellte Siegfried Kracauer jedenfalls bereits in den 20er Jahren fest und mokierte sich über den „räumlichen Abklatsch der Personen, Zustände und Ereignisse aus allen möglichen Perspektiven".[84]

Heute, in unserem „Fernsehzeitalter" mit seinem generell extensiven Gebrauch optisch-illustrativer Darstellungsformen, ist eine ausführliche Bebilderung mit Fotografien in den Zeitungen zur Regel geworden. Die Tendenz gilt dabei als weiter steigend: „Vom Zeitungsleser zum Zeitungsseher?" fragt eine österreichische Studie, die eine entsprechend deutliche Veränderung im optischen Erscheinungsbild von Zeitungen zwischen 1957 und 1982 registriert.[85] Und einer der Trends in Heinz Pürers Prognose zur Zukunft der Zeitung lautet schließlich: „mehr Farbe, noch mehr Bilder".[86]

Bilder, ebenfalls zumeist in Form von Fotos, haben sich auch in der Lokalberichterstattung etabliert. Bereits in Emil Dovifats normativer Beschreibung des „Orts- und Heimatteils" gilt das Bild als „für die Ausstattung des lokalen Teils heute unentbehrlich".[87] Es gibt darüber hinaus Hinweise, daß die Lokalseiten im Vergleich zu den übrigen Teilen der Tageszeitungen sogar besonders reich bebildert sind. Entsprechende Meßergebnisse einiger Inhaltsanalysen[88] lassen sich durch ein auffälliges Beispiel ergänzen: Die *Frankfurter Allgemeine*, die im überregionalen Zeitungsmantel extrem sparsam mit Bildmaterial operiert, bringt in ihrem Lokalteil für den Raum Frankfurt regelmäßig ein großformatiges Foto als Aufmacher.

Trotz ihrer nicht zu übersehenden Präsenz sind Fotos ein weitgehend unerforschter Zeitungsinhalt. Zwar wird die „Bilderflut" der Medien im Sinne Kracauers weiterhin beklagt,[89] zwar gibt es auch einige Anmerkungen zur Pressefotografie und erste Versuche einer systematischen Analyse: insgesamt gesehen steckt die Auseinandersetzung mit der Bildberichterstattung aber noch in den Anfängen. Die Funktion von Zeitungsbildern, ihre Strukturierungs- und Darstellungsleistung oder die Beziehung zu den Zeitungstexten werden nur in Ausnahmefällen reflektiert.[90] Diese Einschätzung gilt erst recht für die lokale Bildpublizistik, zu der sich kaum brauchbares Material zusammentragen läßt.

Das Forschungsdefizit läßt sich dabei nicht nur anhand der wenigen wissenschaftlichen Studien dokumentieren, sondern indirekt auch an den praxisorientierten Journalismus-Handbüchern, soweit diese die Bildberichterstattung berücksichtigen.

3.1 Praxisorientierte Literatur

In einem der neueren Journalismus-Handbücher wird den Fotografen für ihre Arbeit wortreich, aber vage ganz einfach mehr Originalität und Engagement empfohlen: „Wie auch in anderen Bereichen schafft die Beschäftigung mit dem Thema, das Recherchieren und Herumprobieren, das Suchen neuer Standpunkte und Entdecken anderer Ansichten die Chance, Varianten und Lösungen alter Bild- Probleme zu finden."[91] Solche sehr allgemein gehaltenen, manchmal etwas hilflos wirkenden Ausführungen verweisen auf den Mangel an theoretischen und empirischen Arbeiten, die Hinweise für eine fundiertere Diskussion der Pressefotografie geben könnten.

Zur lokalen Bildberichterstattung finden sich in Handbüchern so vor allem pathetische Leerformeln und Platitüden: „Journalistische Fotos im Lokalteil einer Zeitung sind ‚Neuentdeckungen' des Alltags durch die Redaktion" oder „Das sogenannte ‚Schmuckfoto' ist oft keine Zierde, sondern ein Füller".[92] Ergänzt werden solche Gemeinplätze durch Tips, die an jene Ratschläge erinnern, die den Hobby-Fotografen zur Hauptreisezeit für „bessere" Urlaubsbilder mit auf den Weg gegeben werden. Für Bildjournalisten heißt die entsprechende, keineswegs ironische Eingangsfrage: „Wie mache ich ein Händeschüttelfoto interessant?"[93] Die Auseinandersetzung bewegt sich auf dem oberflächlichen Niveau der bloßen Optimierung einer weitgehend unreflektierten Praxis. Es geht vor allem um eine handwerklich-technische Lösung regelmäßig wiederkehrender Foto-Situationen nach dem Motto: „Keine Angst vor Gruppenbildern."[94] Solche technischen Hinweise sind legitim, können aber eine inhaltliche Auseinandersetzung, beispielsweise zur Angemessenheit fotografischer Darstellungsmittel bei bestimmten Themen und Anlässen, nicht ersetzen.

Eine solche inhaltliche Auseinandersetzung findet aber nicht statt. Der Bereich Foto/Illustration wird statt dessen in den Journalismus-Lehrbüchern und anderen theoretischen Arbeiten gern im Kontext von Layout-Fragen abgehandelt. Den Zeitungsbildern wird damit vor allem eine graphische Funktion zugewiesen: Sie sind „Blickfang" und haben eine „auflockernde" Wirkung beim Umbruch, sind ein „dunkler Fleck, der im Grau der Zeitung auffällt".[95]

Im Vergleich zu den Textnachrichten erscheinen die Fotografien als zwar akzeptierter, aber doch nebensächlicher Inhalt von eher ornamentalem Charakter. Damit spiegelt die praxisorientierte Literatur (in allerdings ziemlich schlichter Manier) die Dominanz des Wortes in der journalistischen Praxis wider.[96] Die Geringschätzung der Fotos gilt dabei nicht nur für Aussagen über Bilder in den „etablierten" Zeitungen. Auch in der Alternativpresse hat das Foto im allgemeinen wohl keinen höheren Status, und da dort auf eine „aufgelockerte" Aufmachung zumeist weniger Wert gelegt wird, können Bilder schon einmal wie überflüssiges Dekor entfallen, wie dies 1982 für die Berliner *tageszeitung* beschrieben wurde: „Wenn einer der Artikel mal wieder länger wurde als angemeldet oder die Fülle der Informationen unvorhersehbar angeschwollen ist, schneidet die Layouterin am Leuchttisch, wenn auch widerwillig, eben noch [ein] paar Zeilen oben und unten von einem Foto ab, zur Not fliegt allemal zuerst das Bild heraus."[97] Hinweise zu Bildinhalten bleiben ähnlich wie beim traditionellen Journalismus vage: Ein konkretes „alternatives" Fotokonzept scheint sich noch nicht abzuzeichnen, lediglich eine allgemeine Antiposition zur bürgerlichen Presse mit ihren „sensationalistischen" Bildern und den „ewiggleichen häßlichen Politikerköpfen".[98]

3.2 Bildanalysen

Präzisere Hinweise für eine inhaltliche Auseinandersetzung mit Zeitungsbildern liefert Klaus Wallers Abhandlung *Fotografie und Zeitung* (1982) mit den Stichworten „Personalisierung" und „Prominenz". Die Fotografie kommt danach dem Trend zur Personalisierung sehr entgegen: Menschen seien das bestimmende Objekt der Fotos. Waller hat zudem, auch in Lokalteil-Fotos, eine „Vorliebe für die Prominenz, vor allem für die politische Prominenz" beobachtet.[99] Wenn dieser Eindruck zutrifft, ergibt sich ein Anknüpfungspunkt zu empirischen Untersuchungen von Lokalteilen, bei denen in den verbalsprachlichen Beiträgen ebenfalls die Merkmale „Personalisierung" und „Prominenz beteiligt" als wichtige Faktoren registriert wurden (s. Kapitel 2.32: Tiefenstruktur).

Diese und andere der in Kapitel 2 genannten Lokalteil-Untersuchungen bieten selbst zum Bereich der lokalen Bildberichterstattung aber nur sehr wenig. Mit Ausnahme zweier noch vorzustellender Arbeiten, die ganz speziell Zeitungsfotos analysieren, gilt ganz allgemein, daß Bilder in den Arbeiten zur Lokalberichterstattung gar nicht oder nur oberflächlich betrachtet werden. Lediglich Anzahl und Größe der Fotos sind gelegentlich vermerkt [100] oder die Bilder dienen (reduziert auf die bereits erwähnte Layout-Funktion) als Indikator für die großzügige „Aufmachung" eines Textbeitrages.[101] In Untersuchungen, die schließlich doch Inhaltliches zu den Zeitungsfotos bieten, beschränkt sich eine Bild-Bewertung auf die Qualifizierung der Fotos als „Schmuckbilder" beziehungsweise als „meist schmückendes Beiwerk ohne besonderen Informationswert".[102]

Analyseprobleme

Die zitierten Bewertungen ersparen mit ihrer pauschalen Charakterisierung eine weitergehende Auseinandersetzung mit dem nicht ganz einfach zu analysierenden Bildmaterial. Daß die Analyse in den angesprochenen Untersuchungen über eine schlichte Bildumfangsmessung nicht hinausgeht, verweist nämlich auf einen Aspekt, der bei der insgesamt auffälligen Vernachlässigung von Bildanalysen ebenfalls eine Rolle gespielt haben dürfte: Es gibt erhebliche methodische Probleme, jenseits von einfachen Flächenberechnungen zu einer inhaltlichen Gliederung von Bildern zu gelangen.

Der Gemeinplatz, „Ein Bild sagt mehr als tausend Worte", deutet die Problematik an: Die Mehrdeutigkeit, die Variationsbreite, die komplexe Vielfalt visueller Formen sind einer systematischen Inhaltsanalyse weniger leicht zugänglich als ein verbalsprachlicher Text. Aus sprachwissenschaftlicher Sichtweise lassen sich die Analyseprobleme mit dem Fehlen eindeutig bestimmbarer Struktureinheiten erklären: Die Bildersprache kennt keine „distinktiven Einheiten", keine Grundeinheiten, die sich wie Morpheme bei Verbalsprachen als kleinste sinntragende Elemente identifizieren lassen; darüber hinaus sind visuelle Formen nicht logisch fortschreitend verknüpft, sondern bieten ihre Bestandteile gleichzeitig dar.[103] Während Texte mit einem gewissen intellektuellen Aufwand nach syntaktischen und semantischen Regeln wahrgenommen und damit fast automatisch strukturiert werden, lassen sich Bilder scheinbar als komplexes Ganzes „auf einen Blick" erfassen. Zwar ist auch die Wahrnehmung von Hell-Dunkel-Kontrasten, der gedruckten Rasterpunkte als Bild mit Linien und Flächen und schließlich die Identifikation von Objekten eine gelernte kulturelle Leistung, die aber eben nicht der formalen Strenge der verbalsprachlichen Ausdrucksmittel unterworfen ist.[104] Gerade die weniger regelhafte, als „einfach" empfundene komplexe Rezeption von Bildern macht ihre auf Systematik und Strukturierung angelegte Analyse schwierig.

Untersuchungen

Deutlich werden die Analyseprobleme auch bei Holger Twele (1982) und Michael Endulat (1985), die erste Versuche unternommen haben, speziell lokale Pressefotos zu strukturieren. Beide Arbeiten erfassen Themen und Personenbezogenheit der Bildberichterstattung sowie Merkmale, die den Bildausschnitt betreffen.

Twele analysierte die Stadtausgabe der *Nürnberger Nachrichten* im ersten Halbjahr 1979. Er ordnete dabei die Bilder 19 Motivbereichen zu, z.B.: Persönlichkeiten des öffentlichen Lebens, Städtebau, allgemeine gesellschaftliche Ereignisse/Feste, Wirtschaft, Jahreszeiten- und Wetterfotos, Bürgerinitiativen. Dabei wird letztlich aber nicht so ganz klar, ob mehr das Abgebildete („Persönlichkeiten des öffentlichen Lebens"), der Anlaß der Berichterstattung („Gesellschaftliche Ereignisse"), der thematische Bereich („Wirtschaft") oder ein Bildtyp („Wetterfoto") erfaßt wurde. Die einzelnen Kategorien beziehen sich nicht auf dieselbe Bedeutungsdimension und es wird deutlich, daß die naheliegende Frage nach dem Bildinhalt noch präzisiert werden muß.

Ein zweiter Ansatz ist an der Abbildungsleistung der Zeitungsfotos orientiert. Twele unterscheidet „Situationsfotos" und „Personenfotos"; letztere werden definiert als Bilder, in denen eindeutig eine oder wenige Personen herausgestellt werden. Als mögliche Leistung nennt Twele (in der unveröffentlichten Erstfassung seiner Studie) die Personalisierung und die Formung eines Geschichtsverständnisses, „in der 'Geschichte' von einzelnen herausgestellten Persönlichkeiten gemacht wird". In den *Nürnberger Nachrichten* überwiegen allerdings die nicht näher untersuchten „Situationsfotos". Dies hängt aber möglicherweise mit der Kategoriendefinition zusammen, die als „Personenfotos" praktisch nur Porträts im Sinne sogenannter Brustbilder zuläßt.[105]

Ergänzt wird dieser Versuch der Einordnung des Bildinhalts und der Unterscheidung von Abbildungstypen durch Einschätzungen, deren Kriterien nicht transparent gemacht werden. Hierzu zählt die Beurteilung des Informationswertes und der ästhetischen Gestaltung, die Twele zu der Aussage verbindet: „Je geringer der Informationswert der Fotos, desto mehr wird versucht, ästhetisch zu fotografieren [...]".[106] Dabei wird allerdings weder ausgeführt, was den „Informationswert" eines Bildes ausmachen kann, noch werden die Merkmale einer „ästhetischen" Fotografie genannt.

Wie schwierig (und im Ergebnis unbefriedigend) der Versuch einer exakten, überprüfbaren inhaltsanalytischen Erfassung solcher Merkmale sein kann, zeigt auch die Arbeit von Gisela Kottwitz über die *Entwicklung von Kategorien zur vergleichenden Analyse von Bildaussagen in Zeitungen* (1970). Dort wird u.a. versucht, in Zeitungsfotos das Verhältnis von „sachlicher Information" und „emotional ansprechenden" Inhalten zu bestimmen, „Tendenzen zu ästhetischer Gestaltung" zu registrieren oder – angeregt von mathematischen Modellen der Informationstheorie – das „Informationsniveau" (d.i. die Wahrscheinlichkeit des wiedergegebenen Ereignisses) zu bewerten. Bei der schwammigen Formulierung von Kategorien und Meßskalen bleibt es aber letztlich dem Kodierer und auch dem Rezipienten der Untersuchungsergebnisse überlassen, all dies inhaltlich zu füllen.[107] Ein brauchbarer methodischer Zugriff für die systematische Analyse von Zeitungsfotos ist hier jedenfalls kaum auszumachen; bei einer begrifflichen Präzisierung könnte sich zudem herausstellen, daß es bei diesem Kategoriensystem im wesentlichen gar nicht um manifeste Merkmale der Fotos geht, sondern um „latente Inhalte", wie sie Klaus Merten definiert, als „Relationen zwischen den [...] Textmerkmalen und den Benutzern des Textes".[108] – So beschreiben etwa die „emotionalen Komponenten" oder die „Tendenzen zu ästhetischer Gestaltung" möglicherweise die Wirkung einzelner Fotos, ohne daß konkrete Merkmale des Fotos identifiziert werden, die diese Wirkung erzeugen.

Auch Endulat (1985) lehnt diesen Ansatz für seine Untersuchung lokaler Pressefotos ab und versucht, Grundstrukturen der „alltäglichen" Bildberichterstattung herauszuarbeiten. Bei der deskriptiven Analyse dreier Kreiszeitungen aus Schleswig-Holstein erfaßt er neben den äußeren Merkmalen der Bilder (Format, Größe) die verschiedenen Bildausschnitte, die Personendarstellung und die durch die zugeordneten Texte angesprochenen Themenbereiche. Obwohl die Daten nur teilweise und in unzureichender Form ausgewertet werden, ergeben sich doch einige Anhaltspunkte für eine grobe Einschätzung lokaler Bildberichterstattung. So werden bei der äußeren Form der Zeitungsfotos Bildformate bevorzugt, die etwa dem Seitenverhältnis einer Postkarte entsprechen. Inhaltlich stellt Endulat einen sehr hohen Anteil von Personenabbildungen fest. Bei der Aufschlüsselung nach Themenbereichen gibt es Unterschiede: Wirtschaftstätigkeit, besondere Ereignisse (Unfälle usw.) und Aspekte aus dem etwas undifferenzierten Sammelbereich *Öffentliche Aufgaben* (Bautätigkeit, Verkehr, Umwelt, Schule, Soziales, Polizei, Feuerwehr) werden nicht ganz so auffällig personenbezogen dargestellt. Entsprechend häufiger finden sich hier „Übersichtsaufnahmen", auf denen ganze Landschaften, Industrieanlagen, Gebäude oder Verkehrswege abgebildet sind. Endulat erkennt darin einen „Trend" zu einer themenspezifischen Darstellungsweise. [109]

Die anderen, personenbezogenen Bilder führen zu der Frage, welche Personen abgebildet werden. Twele verweist auf einen großen Anteil „Persönlichkeiten des öffentlichen Lebens" und registriert – auf die Gesamtzeitung bezogen – einen geringen Frauenanteil.[110] Eine genauere Aufschlüsselung der abgebildeten Personen und ihrer Themenzuordnung liegt für die Lokalberichterstattung noch nicht vor, während es für Zeitungs- und Zeitschriftenbilder allgemein bereits fortgeschrittenere Arbeiten gibt, speziell für den Teilaspekt der geschlechtsspezifischen Darstellungsweise; neben dem Zahlenverhältnis von Männern und Frauen werden dort auch thematische Zusammenhänge herausgestellt.[111] Außerdem wurde eine geschlechtsspezifische Darstellungsweise hinsichtlich des Bildausschnittes ermittelt: Bei Männern liegt danach die Betonung auf der Darstellung des Kopfes, während bei Frauen tendenziell ein größerer, körperbetonter Ausschnitt gezeigt wird (Archer u.a. 1983/1985). Da dieses Phänomen interkulturell und auch bei ganz unterschiedlichen Medien auftritt, sind entsprechende Darstellungsformen auch in der lokalen Bildberichterstattung denkbar.

Zusammenfassung

Viele offene Fragen und erste Annäherungen – von einem „Forschungsstand" zum Bereich lokaler Bildberichterstattung mag man noch kaum sprechen. Die zusammengetragenen Aussagen über lokale Zeitungsfotos verweisen lediglich auf einen Bedarf an fundierten Auskünften, wie sie in ersten Analysen auch angedeutet werden. Als derzeitiger Stand läßt sich folgendes festhalten:

▷ Normative Aussagen zu Inhalt und Form der Fotos beschränken sich auf Gemeinplätze und „Tips" zur oberflächlichen Korrektur einer nicht weiter reflektierten Praxis; auch die Ablehnung dieser Praxis durch Teile der Alternativpresse hat bislang kein konkretes „alternatives" Fotokonzept erbracht
▷ Aussagen zur Funktion des Zeitungsbildes beschränken sich weitgehend auf die „auflockernde" Wirkung beim Layout; empirische Zeitungsuntersuchungen werten Bilder analog als Aufmachungskriterium
▷ Die traditionelle Lokalpresseforschung klammert die Bildberichterstattung weitgehend aus.

Analysen, die sich mit dem Bild als inhaltlichem Zeitungsbeitrag beschäftigen, existieren erst in Ansätzen. Es gibt methodische Probleme mit der Erfassung von Merkmalen visueller Darstellungsformen. Als Möglichkeiten eines Zugriffs lassen sich folgende Ansätze in den bisherigen Arbeiten ausmachen: das abgebildete Motiv (Klassifizierung der gezeigten Inhalte oder Themen), die Abbildungsleistung (Situation oder Personen) und der Status abgebildeter Personen (Prominenz).

Teil II

Standard und Vielfalt im Lokaljournalismus:
Problemstellung und Untersuchungsmethode

Die Ausgangsfrage nach *Strukturen lokaler Nachrichten* zielt auf Prinzipien der Konstruktion lokaler Medienrealität. Medienrealität ist das Bild, das die Medien von der Welt zeichnen, in diesem Fall die Darstellung der lokalen Wirklichkeit durch die Lokalberichterstattung von Zeitungen. Diese Darstellung der lokalen Wirklichkeit setzt sich aus vielen Elementen zusammen, formal aus einer Fülle von Beiträgen unterschiedlicher Aufmachung, inhaltlich aus den dort behandelten Sachthemen, aus den vorgestellten Personen usw. Als Strukturen werden solche inhaltlichen und formalen Merkmale der Berichterstattung in ihrer Gesamtheit verstanden und ihre Beziehung zueinander. Mit der folgenden Konzeption wird eine inhaltsanalytische Untersuchung entworfen, diese Strukturen angemessen zu beschreiben und für speziellere Fragestellungen zugänglich zu machen.

Die herauszuarbeitenden Strukturen weisen über die Beschreibung der analysierten Berichterstattung hinaus auf Aspekte der Produktion und Rezeption. Sie charakterisieren einmal das Bild, das der Leser per Zeitung von der lokalen Wirklichkeit erhält, und verweisen zum anderen auf Standards der journalistischen Nachrichtenproduktion, also auf Kriterien der Auswahl und Interpretation. *Standards* und der oben gewählte Begriff der *Konstruktionsprinzipien* deuten eine vermutete Regelhaftigkeit an, deren Ermittlung ein Ziel dieser Untersuchung ist. Dahinter steht die Hypothese, daß es „genormte" Berichterstattungsmuster gibt, die auch zeitungsübergreifend wirksam sind. Gleichzeitig ist abzuschätzen, inwieweit die Hypothese von lokaljournalistischen Standards mit der Idee der Medienvielfalt konkurriert, also mit der Vorstellung, daß verschiedene Medien auch eine unterschiedliche Berichterstattung leisten. Dieser Aspekt verweist auf eine klassische, immer noch aktuelle Frage der Lokalkommunikationsforschung, die von der Diskussion über die Auswirkungen der Pressekonzentration bis zur behaupteten Vielfalt durch Neue Medien reicht.

Tradition hat auch die Diskussion um die „Qualität" von Lokalberichterstattung. Die häufig an markanten Beispielen aufgehängte Kritik ist für eine Veränderung und Weiterentwicklung des Lokaljournalismus vermutlich nur bedingt hilfreich, ähnlich wie unreflektierte „Praxistips" in Lehrbüchern – beide bleiben auf der Ebene der Symptome. Strukturanalysen können vielleicht dazu beitragen, die Diskussion grundsätzlicher zu führen und damit die individualisierende Betrachtung zu überwinden, bei der vor allem die Journalisten als „Verursacher" der kritisierten Berichterstattung im Mittelpunkt stehen. Eine bei Strukturmerkmalen ansetzende Betrachtung dürfte schließlich zu den Voraussetzungen gehören, um Beziehungen zwischen journalistischem Produkt und den Produktionsbedingungen herauszuarbeiten und damit auch realistische Einschätzungen für Verbesserungsmöglichkeiten.[112]

Soweit die möglichen Perspektiven. Die Realisation der Analyse von Strukturen lokaler Nachrichten wird mitbestimmt durch den in Teil I referierten Forschungsstand, konkret von den vorhandenen Ansätzen und Schwierigkeiten, Lokalberichterstattung angemessen zu erfassen. Im Anschluß an die Methodenkritik ist das inhaltsanalytische Instrumentarium für lokale Nachrichten in den kritisierten Bereichen zu modifizieren und weiterzuentwickeln. Besprochen werden in den beiden folgenden Kapiteln grundlegende konzeptionelle Fragen; eine Rolle spielt dabei etwa die Auseinandersetzung mit dem beobachteten Trend, Modelle nationaler/internationaler Nachrichten auf den Lokalteil zu übertragen. – Die Details des Kategoriensystems werden dagegen vor allem bei der konkreten Darstellung der Ergebnisse in Teil III angesprochen.

Die Bildberichterstattung als bislang wenig beachtetes Nachrichtenelement wird in dieser Untersuchung stärker einbezogen. Für die bisherige Ausklammerung oder Vernachlässigung der Bilder hat es nie wirklich inhaltliche Begründungen gegeben, und es gibt auch keinen Anlaß, die Funktion und Darstellungsleistung dieser Nachrichtenform innerhalb der lokaljournalistisch erzeugten Medienrealität geringzuschätzen.[113]

Text- und Bilduntersuchung sind hier Elemente einer gemeinsamen Analyse von Lokalberichterstattung. Daß die Konzeption und Darstellung in den folgenden Kapiteln dennoch nach Text und Bild getrennt erfolgt, liegt am unterschiedlichen Charakter der Untersuchungsmaterialien und am unterschiedlichen Niveau des Forschungsstandes: Die Untersuchung lokaler Zeitungsbilder muß in viel stärkerem Maße gleichzeitig Grundlagenforschung sein. Die Konzeptionen von Text- und Bildanalyse unterscheiden sich entsprechend in Teilzielen und Strategie.

4 Konzeption der Textanalyse

Die Textanalyse muß nach der formulierten Problemstellung vor allem zweierlei leisten, eine angemessene Deskription lokaler Berichterstattung und einen Medienvergleich, um Standards und Vielfalt des Lokaljournalismus abzuschätzen.

Für Textbeiträge liegen – wie in Kapitel 2 berichtet – eine ganze Reihe von Arbeiten vor, die die inhaltliche Struktur der Lokalteile von Zeitungen beschreiben und Ansätze zur Analyse lokaler Berichterstattung entwickeln. Neben Formen der direkten Textinterpretation wurden bei den eigentlichen Strukturanalysen drei Ansätze unterschieden:

▷ Beim Ansatzpunkt *Oberflächenstruktur* wurden die Zeitungstexte nach Umfang, Plazierung, journalistischer Darstellungsform und inhaltlich vor allem nach der angesprochenen Thematik und den genannten Akteuren erfaßt (vgl. Kapitel 2.31)

▷ Als Analyse der *Tiefenstruktur* wurde der Ansatz gewertet, der die Berichterstattung auf grundlegende Konstruktionsmerkmale, sogenannte Nachrichtenfaktoren, reduziert. Herausgearbeitet werden hier Nähe, Dauer und Dynamik des berichteten Ereignisses, der soziale Rang der Akteure, der Grad der Personalisierung sowie Negativ- und Erfolgselemente in einer Nachricht (vgl. Kapitel 2.32)

▷ Bei der Analyse der *Leistungsstruktur* wird die mögliche Funktion der Beiträge abgeschätzt. Untersucht wurde etwa, ob ein Beitrag politische Partizipation ermöglicht oder Orientierung im Konsum- und Freizeitbereich bietet (vgl. Kapitel 2.33).

Diese Ansätze zur Analyse lokaler Berichterstattung werden im folgenden bei der Präzisierung der Problemstellung und der methodischen Orientierung eine Rolle spielen. Einzelne Arbeiten dienen schließlich als Diskussionsgrundlage oder Vorlage bei der Entwicklung des Kategoriensystems.

4.1 Zielsetzung und methodische Orientierung

Das gleichzeitige Fragen nach journalistischen Standards und journalistischer Vielfalt enthält implizit folgende Annahme: Die Berichterstattung verschiedener Journalisten bzw. verschiedener Zeitungen weist nennenswerte strukturelle Übereinstimmungen oder Ähnlichkeiten auf, aber auch gewisse Abweichungen bis hin zu einzelnen, möglicherweise markanteren Unterschieden. Zeitungsvergleiche, die in diese Richtung weisen, wurden bereits in den vorgestellten Analysen der Tiefenstruktur mit Hilfe der Nachrichtenfaktoren vorgenommen.

Klaus Schönbach hat nach den Ergebnissen dieser Lokalteiluntersuchungen von einem *Grundmuster* gesprochen und von allgemeinen professionellen Regeln, die „modifiziert und variiert" werden.[114]
Die Begriffe Standard, Grundmuster, professionelle Regeln verweisen auf eine Regelhaftigkeit im Sinne eines sozialwissenschaftlichen Gesetzes etwa nach folgendem Muster: Wenn ein Text zur Klasse der lokalen Nachrichten gehört, weist er mit hoher Wahrscheinlichkeit eine bestimmte Struktur auf. Diese Struktur könnte etwa mit den erwähnten Nachrichtenfaktoren umschrieben werden, und anhand der Hauptausprägung der einzelnen Faktoren ließe sich ein „Tiefenstruktur-Profil" der Berichterstattung erstellen. Die Hypothese, „Es gibt lokaljournalistische Standards", ließe sich entsprechend präzisieren: Die Lokalberichterstattung verschiedener Zeitungen stimmt in den Tiefenstruktur-Profilen überein.

Die Formulierung und Darstellung einer umfassenden Charakterisierung des Konglomerats Lokalberichterstattung, die mit einigen wenigen Merkmalen auskommt und dabei Texte ganz unterschiedlicher Art und Thematik erfaßt, wäre eine beachtliche Reduktionsleistung. Auf dieser Reduktionsebene wären dann jene Hinweise der einschlägigen Nachrichtenforschung weiter zu verfolgen, nach denen übergreifende Strukturprinzipien in *allen* Nachrichtenmedien existieren, so daß das Tiefenstruktur-Profil lokaler Berichterstattung möglicherweise in eine umfassendere Nachrichtentheorie eingebettet werden könnte.[115] Für ein so allgemeines Grundmuster oder „Konstruktionsgesetz" journalistischer Aussagen sprechen eine Reihe empirischer Befunde. Weitere Überlegungen, die Erkenntnisse zur beruflichen Sozialisation von Journalisten, zur Wahrnehmungspsychologie und auch Entwicklungen in der Geistesgeschichte berücksichtigen, machen die Vorstellung eines umfassenden, gemeinsamen Grundmusters zusätzlich plausibel und interessant.[116]

Eingeschränkte Interpretation

So attraktiv der Gedanke an ein mit Nachrichtenfaktoren herausgearbeitetes allgemeines Grundmuster lokaler Berichterstattung (mit der Aussicht auf Einbettung in eine übergreifende Nachrichtentheorie) einerseits ist, so sind andererseits mit Blick auf unsere Fragestellung auch Probleme mit einer sehr ausgeprägten Verallgemeinerung verbunden:
1. Generalisierende Aussagen über Strukturen journalistischer Texte beschränken sich – das ist die Folge der großen Reduktionsleistung – auf recht abstrakte Prinzipien (Personalisierungsgrad, Konfliktausprägung, Ereignisdauer u.ä.). Die starke Reduktion ist gewollt, erschwert aber die Interpretation der Analyse-Ergebnisse, wenn die Abstrakta wieder mit „Inhalt" gefüllt werden sollen. Am Ende des Kapitels 2.32 wurde bereits vorgeführt, wie der Versuch, die Ausprägung der Nachrichtenfaktoren in eine anschauliche Charakterisie-

rung zu überführen, leicht ins Spekulative abrutscht. Ähnliche Probleme mit der Interpretation von Nachrichtenfaktoren ergeben sich auch, wenn eine Fundierung der Kritik der Lokalberichterstattung erfolgen soll. Die Analyse der Tiefenstruktur ist hierfür eine zwar notwendige, aber eben nicht hinreichende Bedingung: Ohne die Erhebung zusätzlicher Merkmale verkäme der Versuch einer „analytischeren Kritik" möglicherweise zum zweifelhaften Jonglieren mit den Nachrichtenfaktoren.

2. Generalisierung im Sinne eines umfassenden Grundmusters hieße auch, daß die Medieninhalte in toto betrachtet werden, ohne daß innerhalb der groben Einordnung (hier: Lokalberichterstattung) unbedingt weiter differenziert wird. Die Ausprägung der Nachrichtenfaktoren wird insgesamt gemessen und damit ein durchschnittliches Tiefenstruktur-Profil ermittelt. Auch bei Medienvergleichen werden meist solche Durchschnittsprofile gegenübergestellt.[117] Ansätze einer Differenzierung bei Nachrichtenfaktor-Untersuchungen (z.B. durch thematische Aspekte) haben aber auch durchaus relevante Abweichungen von diesen Durchschnittswerten ergeben.[118] So wäre beispielsweise denkbar, daß zwei Zeitungen, die in ihrem durchschnittlichen Profil differieren, sich innerhalb der Darstellung der einzelnen Themenbereiche gar nicht unterscheiden, sondern lediglich unterschiedliche Themenschwerpunkte setzen. – Solche und ähnliche Zusammenhänge werden bei einer pauschalen Nachrichtenfaktoren-Untersuchung vernachlässigt.

Eine Analyse, die sich allein auf Nachrichtenfaktoren stützte, würde mithin der Zielsetzung der Untersuchung nicht voll genügen. Bei den journalistischen Standards sind neben der Herausarbeitung abstrakter Strukturprinzipien auch begründete Charakterisierungen und textnahe Interpretationen zu ermöglichen. Und unter dem Schlagwort „Vielfalt" geht es ganz explizit um Nuancen und Variationen, nämlich um eine Abschätzung der „Bandbreite" lokaljournalistischer Formen und mögliche Bedingungen für registrierte Unterschiede. Das alles heißt: Die Reduktionsleistung per Nachrichtenfaktoren ist durch die Erhebung zusätzlicher Variablen zu ergänzen. Wir fragen damit weniger nach einem allgemeinen Grundmuster als nach spezifischen Mustern in bestimmten Segmenten von Lokalberichterstattung. Die Suche nach journalistischen Standards beschränkt sich also nicht auf *ein* Raster, das der Lokalberichterstattung durchgehend zugrunde liegt, sondern auch – in der hier eingeführten Terminologie – um die Tiefenstruktur-Profile einzelner Berichterstattungstypen.

Differenzierende Merkmale

Die textnahe Charakterisierung der einzelnen Segmente von Lokalberichterstattung kann durch Variablen erfolgen, die bereits als Merkmale der Oberflächen- und Leistungsstruktur vorgestellt wurden. Hierzu zählen zunächst formale Merkmale wie die Plazierung und Größe eines Beitrages oder auch eine von der Zeitung erfolgte Einordnung in eine Rubrik. Weitere Aspekte sind der formale Anlaß der Berichterstattung, soweit er etwa bei Veranstaltungs- und Sitzungsberichten erkennbar ist, und die journalistische Darstellungsform.

Der Schwerpunkt bei der Untersuchung von Oberflächenstruktur liegt üblicherweise bei der thematischen Analyse und der Charakterisierung der Akteure. Gerade unter dem Eindruck vorliegender Tiefenstruktur-Untersuchungen, die eine relativ starke Personalisierung konstatieren, erscheint es sinnvoll, jene Personen etwas genauer zu erfassen.[119] An diesem Beispiel wird wohl auch deutlich, inwiefern eine Kombination von Nachrichtenfaktoren und anderen Merkmalen sinnvoll ist: Mit dem Befund einer ausgeprägten Personalisierung läßt sich allein nämlich wenig anfangen; interessanter sind die daran anschließenden Fragen: Wer sind diese Personen – Männer, Frauen, organisierte Funktionsträger, Privatleute? Oder: Welche Inhalte werden personalisiert – politische Auseinandersetzungen oder reine Veranstaltungsberichte?

Eine weitere inhaltliche Charakterisierung und Möglichkeit zur Unterscheidung von Berichterstattungstypen ergibt sich mit dem Ansatzpunkt Leistungsstruktur, bei dem potentielle Funktionen der einzelnen Beiträge betrachtet werden. Angesichts der hauptsächlich vorgetragenen Kritikpunkte am Lokaljournalismus bietet sich an, die Leistungen der Texte im Sinne von Meinungsbildung und Hintergrundberichterstattung zu erfassen. Als weiteres Element läßt sich die vermittelte Angebots- und Handlungsorientierung (Servicemeldungen, Terminhinweise) abschätzten, wobei dann in einem weiteren Schritt zu differenzieren ist, ob Orientierung im Konsum- und Freizeitbereich oder im Sinne politischer Partizipation erfolgt.

Operationalisierung der Hypothesen

Mit der Kombination der Untersuchungsebenen Tiefen-, Oberflächen- und Leistungsstruktur führt die methodische Orientierung zu einer Integration der drei wichtigsten inhaltsanalytischen Ansätze der Lokalpresseforschung. Die durch die Nachrichtenfaktoren erreichbare Abstraktion wird mit konkreteren Charakterisierungen kombiniert. Die Elemente der Oberflächen- und Leistungsstruktur erlauben inhaltliche Abstufungen innerhalb des Untersuchungsmaterials und damit eine fundiertere Interpretation der Tiefenstruktur-Profile: Es werden differenzierende Beschreibungen und Zeitungsvergleiche möglich.

Mit Hilfe der angesprochenen zusätzlichen inhaltlichen und funktionalen Merkmale lassen sich Teilbereiche innerhalb des Konglomerats Lokalberichterstattung unterscheiden. Wir vermuten, daß inhaltlich-funktionale Unterschiede auch mit unterschiedlichen Tiefenstruktur-Profilen korrespondieren:
▷ Innerhalb inhaltlich-funktional zu bestimmender Teilbereiche der Lokalberichterstattung gibt es charakteristische Tiefenstruktur-Profile.

Die Idee des gemeinsamen Grundmusters lokaler Berichterstattung, eines

zeitungsübergreifenden Standards läßt sich verbunden mit dieser inhaltlichen Differenzierung dann folgendermaßen formulieren:
▷ Die Tiefenstruktur der Lokalberichterstattung verschiedener Zeitungen stimmt in einzelnen inhaltlich-formal bestimmbaren Teilsegmenten überein.

Mit der Überprüfung auf Übereinstimmung oder Unterschiedlichkeit wird auch auf die andere Frage nach der Vielfalt lokaler Berichterstattung verwiesen. Vielfalt bezieht sich neben der Tiefenstruktur aber auch auf Merkmale der Oberflächenstruktur (Verteilung der Beitragstypen u.ä.).

4.2 Variablen der Textanalyse

Einzelne Variablen sind bereits bei der methodischen Orientierung und Operationalisierung der Hypothesen in allgemeiner Form angesprochen worden: Nachrichtenfaktoren, Themen, erwähnte Personen, formale Merkmale... Es sind Variablen, die bereits in früheren Studien analysiert worden sind (vgl. Kapitel 2). Daß in unserer Untersuchung die drei wichtigsten Ansätze der bisherigen Lokalpresseforschung integriert werden, bedeutet nun nicht, daß deren herkömmliche Kategoriensysteme zur Untersuchung der Oberflächen-, Tiefen- und Leistungsstruktur unverändert übernommen und lediglich hintereinandergeschaltet werden.

Bei der Auseinandersetzung mit den Ansätzen und einzelnen Untersuchungen in Kapitel 2.3 wurde unter anderem kritisiert, daß die Variablenlisten zu wenig am Untersuchungsmaterial Lokalberichterstattung orientiert seien. An diese Diskussion und die angedeuteten Möglichkeiten einer Modifikation wird in den folgenden Abschnitten für die Nachrichtenfaktoren und die Themenanalyse angeknüpft. Dabei werden grundlegende Fragen zur Auswahl der Variablen und zum Aufbau des Kategoriensystems angesprochen; einzelne Aspekte des Verfahrens werden im Kontext der Ergebnispräsentation behandelt bzw. im methodischen Anhang dokumentiert. Eine vollständige Liste der verwendeten Variablen der Textanalyse ist in Kapitel 4.23 wiedergegeben.

4.21 Thematische Variablen

Zentraler Aspekt bei der inhaltlichen Einordnung auf der Ebene der Oberflächenstruktur ist das *Thema* des Zeitungsbeitrages. Unter „Thema" ist in diesem Zusammenhang keine spezifische Problemstellung oder Streitfrage zu verstehen, sondern etwas allgemeiner ein Sachgebiet.

Es gibt in der Lokalpresseforschung zwei Kategorienmuster für die thematische Einordnung, die bereits anhand von Beispielen (in Kapitel 2.31) vorgeführt wurden: Die traditionelle Einordnung in Anlehnung an die Zeitungsressorts (Politik, Kultur, Wirtschaft usw.) wurde der Lokalberichterstattung nicht gerecht; andererseits leisteten die induktiv gebildeten neueren Themenlisten in ihrer unstrukturierten Ausdifferenzierung keine nennenswerte Informationsreduktion. Da die Fragestellung auf Grundstrukturen ausgerichtet ist und nicht an einer detaillierten plastischen Beschreibung interessiert ist, wird ein Kategoriensystem angestrebt, das einerseits Spezifika der Lokalberichterstattung berücksichtigt, andererseits sinnvoll reduziert. Gleichzeitig soll auch die unterschiedliche inhaltliche „Dichte" der Texte erfaßt werden, etwa durch den Bezug zu mehreren Themenbereichen.

Themendimensionen

Die Idee zu den thematischen Variablen unserer Untersuchung ist eine zunächst sehr einfache Gliederung von lediglich drei Themendimensionen. Mit ihnen wird versucht, elementare Bereiche des gesellschaftlichen (lokalen) Lebens und damit auch der Lokalberichterstattung zu erfassen.

Die erste Themendimension erhält das Etikett *Umfeld*. Dabei geht es um die Thematisierung der physischen Umgebung: um Gebäude, Straßen, andere Flächen und die damit verbundenen Zustände/Entwicklungen: Verkehrssituation, Neubau, Umweltverschmutzung u.ä.

Die zweite Themendimension heißt *Versorgung* und umfaßt im wesentlichen den Bereich der technisch-sozialen Infrastruktur, angefangen von Wohnen und Energieversorgung über Beförderung und Postdienste bis hin zu sozialen Einrichtungen und ihren Angeboten (Fürsorge, Beratung...). Zu dieser Themendimension gehört auch die „kulturelle Versorgung" und damit die Bereiche Bildung/Erziehung, Sport/Erholung und kulturelle Veranstaltungen im weitesten Sinne.

Die dritte Themendimension betrifft die Bereiche *Wirtschaft* und *Arbeit*: Dabei geht es einmal um die Thematisierung der wirtschaftlichen Situation (allgemein, Staat, Unternehmen, andere Organisationen) oder wirtschaftlicher Aktivitäten. *Arbeit* umfaßt Berufsausbildung und einzelne Berufe, die Interessenvertretung von Arbeitnehmern und den Bereich Arbeitsmarkt/Arbeitslosigkeit.

Diese Themendimensionen sind sowohl recht umfassend als auch lokalspezifisch, denn angesprochen werden der räumliche Lebensbereich und die wichtigsten Aspekte der Daseinsgestaltung in diesem Bereich. Dadurch, daß jede Themendimension durch eigene Variablen erfaßt wird,[120] ist trotz der groben Grundstruktur eine recht feine Differenzierung möglich, die auch Kombinationen zwischen den Themendimensionen berücksichtigt. Auch Überschneidungen zwischen zwei Themendimensionen sind unproblematisch: Wird bei einem Bericht über das Theaterangebot (Themendimension *Versorgung*) in nennenswertem Umfang auch die wirtschaftliche Seite thematisiert, wird auch dieser Aspekt unter der entsprechenden Themendimension registriert.

Andere thematische Variablen

Die Analyse der drei Themendimensionen wird durch Variablen ergänzt, die ebenfalls im weiteren Sinne „thematische" Aspekte erfassen. Neben einer zusätzlichen Differenzierung sollen mit diesen Variablen auch solche Beiträge charakterisiert werden, die nicht in den Bereich der drei Grunddimensionen fallen. Hierzu gehört etwa die Charakterisierung von Beiträgen als Service- (Veranstaltungsankündigungen...) oder Polizei-Meldungen (Kriminalität, Unfälle). Untersucht wird ferner, ob der Beitrag über Veranstaltungen (Fest, Ausstellung, Wettbewerb...) und/oder über die Aktivitäten von Organisationen (Vereine, Kirche, Parteien...) berichtet.

Wie bereits in Kapitel 2.31 diskutiert, wird die politische Dimension mit einer eigenen Variablen ohne Bindung an Sachgebiete erfaßt. Untersucht wird u.a., ob das allgemeine politische System, Wahlen und Abstimmungen, überlokale Politik oder Kommunalpolitik angesprochen wird.

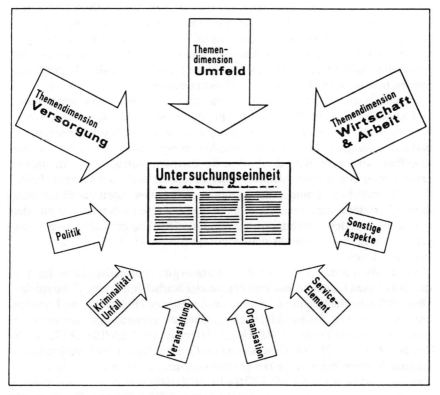

Abb. 5 – Ansatzpunkte der thematischen Analyse.

Beitragstypen

Es gibt nach dem skizzierten Untersuchungskonzept nicht *eine* Variable „Thema", sondern einen ganzen Kranz von Variablen, die inhaltliche Aspekte der Texte messen (siehe Abbildung 5). Das Ergebnis einer solchen Analyse mit verschiedenen Ansatzpunkten kann nicht so „glatt" sein, wie herkömmliche, eindimensionale Darstellungen der thematischen Struktur. Es ist dafür möglich, verschiedene Beitragstypen herauszuarbeiten mit ihrer unterschiedlichen thematischen Dichte. Ohne ausufernde, detaillierte Themenlisten wird auf diese Weise der Heterogenität der lokalen Zeitungsbeiträge Rechnung getragen. Diese Gliederung ist die Voraussetzung für eine Analyse der Tiefenstruktur, die nicht alle Beiträge gleich gewichtet, sondern nach Beitragstypen differenziert.

4.22 Lokale Nachrichtenfaktoren

Für die Analyse der Tiefenstruktur ist die Liste der Nachrichtenfaktoren zu überprüfen; eine solche Liste wurde bereits in Abbildung 3 (Seite 18) vorgestellt. Einige der üblicherweise verwendeten Faktoren sind für die Untersuchung lokaler Nachrichten nicht ganz unproblematisch. Dies hängt mit der Geschichte der Nachrichtenfaktorenanalyse und auch mit dem in Kapitel 4.1 angesprochenen Trend zusammen, gemeinsame Strukturen in allen Nachrichtenmedien bzw. in allen Medientypen herauszuarbeiten.

Einerseits ist es reizvoll, die in der Tradition der Pionierstudie von Galtung und Ruge (1965) entwickelten Nachrichtenfaktoren auf Medien aller Art anzuwenden und in der Folge zu übergreifenden journalistischen Wahrnehmungs- und Darstellungsmustern zu gelangen. Andererseits entsprechen die von Galtung/Ruge ursprünglich für die Analyse des internationalen Nachrichtenflusses entwickelten Nachrichtenfaktoren nicht unbedingt auch den Gegebenheiten der Lokalberichterstattung. Hier ist nun abzuwägen zwischen der Einordnung in eine Forschungstradition mit ihrem medienübergreifenden Ansatz und den Erfordernissen des Forschungsgegenstandes, die in diesem Fall schwerer wiegen, da das Erkenntnisinteresse mehr auf spezifische Merkmale des Lokaljournalismus abzielt.

Gegen die meisten der Nachrichtenfaktoren gibt es allerdings keine Einwände, da in diesen Fällen Besonderheiten lokaler Nachrichten keine Rolle spielen. Dies gilt für die Nachrichtenfaktoren, die die zeitliche Dimension, die Dynamik und die Wertigkeit des geschilderten Geschehens erfassen, also die Faktoren DAUER, ZEITFORM, ÜBERRASCHUNG, UNGEWISSHEIT, KONTROVERSE und ERFOLG/MISSERFOLG. Ebenfalls in der Lokalberichterstattung festzumachen ist die Herausstellung einzelner Personen als handelnde Subjekte mit dem Faktor PERSONALISIERUNG und die Einordnung von Personen als Ausländer/Auswärtige (ETHNOZENTRISMUS). Etwas modifiziert werden die Nachrichtenfaktoren, die den sozialen Status beteiligter Personen berücksichtigen: Bei den Faktoren PROMINENZ und PERSÖNLICHER EINFLUSS sind die Ansprüche etwas niedriger zu hängen und auch Lokalprominenz oder kommunale Politiker zu berücksichtigen, wie dies auch in den bereits vorgestellten Lokalteiluntersuchungen etwa bei Rohr (1975) und Prater (1980) geschehen ist.

Faktorendimension ‚Nähe'

Problematisch erscheint dagegen eine Gruppe von Nachrichtenfaktoren, die Galtung und Ruge mit „Meaningfulness" charakterisieren und die Schulz (1976) treffender mit dem Begriff *Nähe* belegt. Darunter werden Nachrichtenfaktoren subsumiert, die einen engen Bezug zum Verbreitungsgebiet eines Mediums haben. Die Hypothese lautet, daß ein Geschehen dann bevorzugt als „Ereignis" definiert und ausgewählt wird, wenn eine räumliche, politisch-wirtschaftliche oder kulturelle Nähe gegeben ist und/oder das Geschehen eine besondere Bedeutung für das Berichterstattungsgebiet bzw. die Bevölkerung hat, im Sinne von „Betroffenheit" (Nachrichtenfaktor RELEVANZ).[121] – Eine Umweltkatastrophe am deutschen Niederrhein hätte danach beispielsweise für ein Nachrichtenmedium in den Niederlanden eine starke Ausprägung aller genannten Nachrichtenfaktoren der Dimension NÄHE; bei Nachrichten aus Nordamerika spielten für westeuropäischen Medien vor allem die politisch-wirtschaftliche und auch die kulturelle Nähe eine Rolle.[122]

Für Medien, die Weltnachrichten verbreiten, enthält die Faktorendimension NÄHE mit den angesprochenen Aspekten räumlicher, politisch-wirtschaftlicher und kultureller Nähe sowie der dirckten Betroffenheit interessante Variablen, mit denen die Strukturierung des Geschehens „aus aller Welt" zumindest teilweise erklärt werden kann. Es läßt sich eine Wertehierarchie erstellen, da einzelne Nachrichten sich hinsichtlich der Ausprägung von NÄHE unterscheiden. – Anders sieht die Situation bei der Lokalberichterstattung aus, die explizit durch NÄHE in der gesamten oben angedeuteten Bandbreite definiert ist: Ein bestimmbarer geographischer Nah-Raum ist hier eindeutiger Handlungs- und Bezugsraum.[123] Wo sich Lokalbeiträge nicht auf Ereignisse beziehen, die sich innerhalb des lokalen Berichterstattungsgebietes ereignen, ist dieser Nah-Raum in anderer Hinsicht Bezugspunkt: Beiträge über weiter entferntes Geschehen bekommen ihren Lokalbezug beispielsweise durch Protagonisten aus dem Nah-Raum oder durch Auswirkungen der Ereignisse auf den lokalen Bereich.

Eine Untersuchung der Faktorendimension NÄHE im genannten umfassenden Sinne ist damit bei der Lokalberichterstattung müßig; es ginge höchstens um eine Herausarbeitung feiner gradueller Unterschiede und eine Verrechnung der verschiedenen Arten von „Nähe", die aber leicht in den Ruch der Sophistik geriete. Die bisherigen Untersuchungen von Nachrichtenfaktoren im Lokalteil reduzieren denn auch die Analyse und beschränken sich auf die Faktoren RÄUMLICHE NÄHE und RELEVANZ.[124]

Mit dem Nachrichtenfaktor RELEVANZ wird untersucht, wie viele Personen von einer Nachricht betroffen sind: Einzelpersonen, Gruppen oder die Gesamtbevölkerung. Eine Einschätzung von Betroffenheit ist bei Lokalberichterstattung aber nicht ganz unproblematisch: Von der Erhöhung der Müllabfuhr-Gebühren, einer Maßnahme zur Verkehrsberuhigung oder der Ankündigung einer öffentlichen Veranstaltung ist im Prinzip jeder im Berichterstattungsgebiet betroffen. Selbst Unfälle oder Kriminalität mit einer deutlich begrenzten Zahl direkt Betroffener enthält für einen größeren Kreis von Personen eine potentielle oder indirekte Betroffenheit im Sinne von Bedrohung. Das bei Katastrophenmeldungen in den Weltnachrichten angenehme Gefühl, weit weg und nicht betroffen zu sein, stellt sich bei der Lokalteillektüre kaum ein: „Da wird dann schon eher der Fuß vom Gaspedal genommen, statt fünf vielleicht nur eine Maß gekippt", charakterisiert eine Praktikerin den engeren Bezug.[125] Die einzelnen Kategorien des Nachrichtenfaktors RELEVANZ verlieren in der Lokalberichterstattung an Trennschärfe.

Bei der Analyse des Nachrichtenfaktors RÄUMLICHE NÄHE wird in den bisherigen Lokalteiluntersuchungen die Lage des Ereignisortes bestimmt. „Nähe" wird ganz einfach gemessen als Entfernung vom Sitz der Lokalredaktion: Dabei wird unterschieden zwischen einem Kerngebiet (Innenstadt), Randbezirken und Orten außerhalb des lokalen Berichterstattungsgebietes.[126] – Eine solch schlichte Messung ist von der ursprünglichen Idee des Faktors NÄHE weit entfernt; von einem Aspekt journalistischer Wahrnehmungs- und Darstellungsstruktur oder von einem Element der Tiefenstruktur kann kaum mehr die Rede sein. Die Lokalisierung bei Veranstaltungsberichten und Polizeimeldungen sagt beispielsweise in erster Linie etwas darüber aus, wo sich die örtlichen Veranstaltungssäle und Unfallschwerpunkte befinden, als daß hier journalistische Kriterien im oben genannten Sinne erkennbar werden. Als Extrembeispiel wäre die gelegentlich recht ausführliche „Auslandsberichterstattung" anläßlich von Städtepartnerschaften oder verunglückten Urlaubern zu nennen. Diese Berichte aus dem Ausland haben durchaus etwas mit dem Faktor NÄHE im ursprünglichen Sinne zu tun, ohne daß dies aber mit der einfachen Entfernungsangabe zu erfassen ist. Angesichts des zweifelhaften Erkenntniswertes ist die Messung des Nachrichtenfaktors RÄUMLICHE NÄHE bei der Untersuchung von Lokalberichterstattung verzichtbar.[127]

Nachrichtenfaktor ‚Thematisierung'

Anders als bei den Nachrichtenfaktoren der Dimension NÄHE ergeben sich beim Faktor THEMATISIERUNG keine grundsätzlichen Einwände, sondern eher Fragen der Praktikabilität. Mit dem Nachrichtenfaktor THEMATISIE-

RUNG ist die Hypothese verbunden, daß ein Themenkomplex, der in den Medien bereits größere Beachtung gefunden hat, weitere Berichte aus diesem Bereich nach sich zieht, auch wenn diese Folgeberichte für sich allein keinen so großen Nachrichtenwert haben.[128] Die Untersuchung des Nachrichtenfaktors THEMATISIERUNG bedeutet folglich eine separate Themenanalyse vor und während des eigentlichen Untersuchungszeitraumes, um bereits eingeführte von „neuen" Themen zu unterscheiden.[129]

Für eine Untersuchung von Lokalberichterstattung ist dies ein problematisches Unterfangen, denn die Einschätzung der Thematisierung kann sich nicht auf den Lokalteil beschränken. Ein erster Lokalbericht etwa über einen Giftmüllfund ist möglicherweise als bereits stark thematisiert einzustufen, weil das zugehörige Großthema „Umweltverschmutzung" überregional eine bedeutende Rolle spielt und über vergleichbare Giftquellen andernorts zuvor bereits (im Zeitungsmantel) berichtet wurde. Bei Lokalberichterstattung wird der Aspekt der Thematisierung durch die verschiedenen Ebenen Lokal/Regional/Überregional also sehr komplex und sprengt leicht die Möglichkeiten einer Lokalanalyse.

Eine scheinbar elegante Lösung, die in anderen Lokalteiluntersuchungen gewählt wird, verbietet sich, wenn man den Nachrichtenfaktor THEMATISIERUNG wirklich ernst nimmt. So suchen Schönbach (1978) und Prater (1982) im Zeitungsbeitrag selbst nach Hinweisen für die Thematisierung: „der Beitrag erwähnt, daß sein Thema (a) schon längere Zeit, (b) kurzfristig eingeführt sei"[130]. – Eine solche Vorgehensweise hat mit der anspruchsvollen Theorie des Nachrichtenfaktors THEMATISIERUNG nur noch wenig zu tun. Es wird damit lediglich registriert, ob die Zeitung von sich aus auf frühere Beiträge verweist („wie wir bereits am Montag berichteten"). Solche Hinweise dürften aber gerade bei hochgradig thematisierten Beiträgen fehlen, da hier eine Erinnerung an die Berichterstattung vom Vortag überflüssig ist und eher etwas penetrant wirkt. Ob auf eine überregionale Thematisierung verwiesen wird, ist ebenso eher fraglich; die Kritik wirft der Lokalpresse ja gerade vor, daß (vorhandene) Zusammenhänge nicht hergestellt werden, daß Verweise nicht erfolgen.[131] Man mag das Fehlen solcher Bezugshinweise im Tagesjournalismus aus verschiedenen Gründen bedauern, für eine Messung des Nachrichtenfaktors THEMATISIERUNG taugen die sporadisch eingestreuten redaktionellen Hinweise jedenfalls nicht.

Untersuchte Nachrichtenfaktoren

Auf die Faktoren RÄUMLICHE NÄHE, RELEVANZ und THEMATISIERUNG wird in der hier konzipierten Untersuchung verzichtet. Mit der Streichung der Faktoren NÄHE/RELEVANZ wird der Ansatz zur Analyse der Tiefenstruktur stärker auf die Gegebenheiten der Lokalberichterstattung zugeschnitten. Eine Ausprägung dieser beiden Faktoren wird bei lokalen Nachrichten unterstellt, ohne hier die Intensität im Sinne der ursprünglichen Definitionen messen zu können. Der Verzicht auf den Faktor THEMATISIERUNG hat mehr pragmatische Gründe, wenngleich die Schwierigkeiten der praktischen Umsetzung auch auf lokalspezifische Probleme mit diesem Aspekt der Nachrichtentheorie verweisen.

Untersucht werden die elf Nachrichtenfaktoren DAUER, ZEITFORM, ERFOLG/MISSERFOLG, KONTROVERSE, UNGEWISSHEIT, ÜBERRASCHUNG, ETHNOZENTRISMUS, PERSONALISIERUNG, PERSÖNLICHER EINFLUSS und PROMINENZ. Deren Definition orientiert sich zum Teil an den vorgestellten früheren Untersuchungen lokaler Nachrichten, teilweise werden andere Meßverfahren verwendet (siehe Methodischer Anhang).

4.23 Variablenliste

Die thematischen Variablen und Nachrichtenfaktoren werden ergänzt durch weitere inhaltliche und formale Variablen; einen vollständigen Überblick gibt die folgende Liste. Die Variablen werden bei jeder Untersuchungseinheit erfaßt. Dies sind vollständige Zeitungsbeiträge und zwar Texte mit eigener Überschrift und die Bildunterschriften eigenständiger Bilder. Bei einigen Textarten wird allerdings ein verkürztes Untersuchungsprogramm durchgeführt (siehe Variablen 13 und 17).

In der Variablenliste ist die Definition und Meßweise nur angedeutet; die ausführliche Dokumentation erfolgt im Kodierbuch und dem zugehörigen Kommentar (siehe Methodischer Anhang) und wird zum Teil bei der Ergebnisdarstellung erläutert.

1	Zeitung/Zeitungsteil
2	Datum
3	Seite
4	Beitragsnummer
5	Plazierung (auf der oberen/unteren Seitenhälfte)
6	Spalte (in der der Text beginnt)
7	Breite des gesamten Beitrages
8	Anzahl der Bilder
9	Umfang der Überschrift (Spaltenzentimeter)
10	Text-Umfang (Spaltenzentimeter)
11	Rubrik-Zugehörigkeit
12	Journalistische Darstellungsform
13	Sonderform? (Mundartbeitrag, Rückblende, Buchbesprechung...) – Sonderformen werden nicht weiter analysiert –
14	Veranstaltung/Aktion als Thema/Anlaß
15	Sitzung (Gericht, Stadtrat, Verein) als Thema/Anlaß

16	Service-Beitrag (Termin-, Geschäftshinweis, Personalia...)	
17	– wenn Service-Beitrag: Kurzinfo bis zu 20 Zeilen? – Kurzinfos werden nicht weiter analysiert -	
18	Themenbereich ›Schaden/Gefahr‹ (Kriminalität, Unfall...)	
19	Themenbereich ›Räumliches Umfeld‹	Dimension
20	Themenbereich ›Umfeld-Geschehen‹	UMFELD
21	Themenbereich ›Versorgung‹	Dimension
22	Themenbereich ›Soziales und Kultur‹	VERSORGUNG
23	Themenbereich ›Wirtschaft/Finanzen‹	Dimension
24	Themenbereich ›Arbeit‹	WIRTSCHAFT
25	Spezifizierung: Wirtschaftsbranche	& ARBEIT
26	Situation der Akteure/Betroffenen (Einzelperson, Gruppe, Gesamtbevölkerung)	
27	Beteiligung von Organisationen (Aufschlüsselung nach Organisationstypen)	
28	Politikbezug (Aufschlüsselung nach Politikbereich)	
29	Kommunalpolitik angesprochen?	
30	Forderung/Bewertung enthalten (im institutionellen Rahmen/außerhalb dieses Rahmens)	
31	Überblick enthalten (Verallgemeinerung, strukturelle Beschreibung)	
32	Rückblick enthalten (gerichtliche Aufarbeitung, Lebenslauf, punktuelle Rückschau...)	
33	Ausblick enthalten (Absichten, Planungen, Terminhinweis)	
34	Nachrichtenfaktor ›Dauer‹	
35	Nachrichtenfaktor ›Zeitform‹	
36	Nachrichtenfaktor ›Erfolg/Mißerfolg‹	
37	Nachrichtenfaktor ›Kontroverse‹	
38	Nachrichtenfaktor ›Ungewißheit‹	
39	Nachrichtenfaktor ›Überraschung‹	
40	Nachrichtenfaktor ›Ethnozentrismus‹: Auswärtige	
41	Nachrichtenfaktor ›Ethnozentrismus‹: Ausländer	
42	Nachrichtenfaktor ›Personalisierung: Überschrift‹	
43	Nachrichtenfaktor ›Personalisierung: Lead‹	
44	Personen: Geschlecht	
45	Personen: Funktionsangaben	
46	Nachrichtenfaktor ›Persönlicher Einfluß‹	
47	Nachrichtenfaktor ›Prominenz‹	
48	Zu-Wort-Kommende: Geschlecht/Funktionen	
49	Bewertung enthalten (Lob, Kritik)	
50	Bewertender (Einordnung in Bereiche: Zeitungsredaktion, Amtsträger, Organisation, einzelner Bürger...)	
51	Bewertetes Objekt (Einzelpersonen, Gruppen, Projekte, Organisationen...)	

5 Konzeption der Bildanalyse

Bilder sind in der Lokalberichterstattung etabliert, werden aber, so hat der Überblick in Kapitel 3 gezeigt, in der Praxis wie in der Forschung als sekundärer Zeitungsinhalt betrachtet. Gehaltvolle und fundierte Aussagen zur Bildberichterstattung sind entsprechend rar, und von erprobten Methoden der Bildanalyse kann keine Rede sein. Dies hat Konsequenzen für das Ziel und die Anlage der Bildanalyse, bei der das Foto als heute verbreitetste Form des Zeitungsbildes im Mittelpunkt stehen soll.

Im Rahmen der allgemeinen Fragestellung – zielend auf lokaljournalistische Standards und Vielfalt sowie eine Systematisierung der Kritik an Lokalberichterstattung – sollen die Inhalte und die Funktionen lokaler Zeitungsbilder näher untersucht werden. Funktion wird hier verstanden als spezifische Leistung in einem System: Ein Zeitungsfoto steht im Kontext anderer Bilder und verbalsprachlicher Texte, es ist wie jene Teil des Systems *Zeitung*, einschließlich der damit verbundenen tatsächlichen oder potentiellen Kommunikation. In diesem Rahmen erfüllt das Foto eine oder auch mehrere Funktionen. Welche Funktionen dies sein können, hängt (auch) von der jeweiligen Perspektive ab. Für den Zeitungsleser kann ein Bild zum Beispiel Unterhaltungsfunktion haben oder auch eine Integrationsfunktion, wenn es etwa bei ihm den Eindruck erzeugt, „dabeigewesen" zu sein; solche Funktionen von Zeitungsinhalten wurden bereits in Kapitel 2.33 angesprochen.[132] Für den Journalisten hat ein Bild vielleicht eine Illustrationsfunktion im Sinne der optimalen Vermittlung einer Aussage oder eine mehr graphische Funktion als optischer Anreiz und zur „Auflockerung" der Zeitungsseite.[133]

Für diese Untersuchung wird eine andere Perspektive gewählt, die von den möglichen Wirkungen beim Rezipienten und den bewußten oder unbewußten Motivationen der Kommunikatoren abstrahiert. Es soll analysiert werden, welche spezifischen Leistungen Zeitungsbilder im Rahmen der allgemeinen Informationsfunktion der Zeitung erbringen. Es wird also davon ausgegangen, daß Massenmedien unter anderem die bewußte und allgemein anerkannte Funktion haben, Informationen über die gesellschaftlichen Verhältnisse und Vorkommnisse zu vermitteln. Im Lokalteil von Zeitungen ist das Foto eines der möglichen Vermittlungsinstrumente. Welchen Stellenwert hat das Foto in der Zeitung? Welche Art von Informationen und welches Bild von der Welt vermitteln diese Bilder?

Es geht damit wieder um Regelmäßigkeiten, um Stereotypen in der Darstellung, die in diesem Fall als Besonderheiten der Bildberichterstattung gelten dürfen. Dahinter steht die Annahme, daß auch das Zeitungsfoto nur zu einem Teil von dem jeweils vermittelten Inhalt bestimmt wird, wesentlich dagegen von mehr oder weniger konstanten journalistischen Darstellungsmustern.[134] Wie bereits bei den verbalsprachlichen Texten geht es um die Strukturierung der Wirklichkeit, die durch die Zeitung – hier durch das Zeitungsbild – geleistet wird. Im Ergebnis werden damit Aussagen über Standards der Berichterstattung und allgemeiner: über die gesellschaftliche Wahrnehmung und Darstellung von Realität per Zeitungsfoto angestrebt.

Zu berücksichtigen ist, daß Bildberichterstattung nicht ein Bild in „Reinform" bedeutet, sondern eine Bild-Text-Einheit.[135] Die Bildanalyse und die in Kapitel 4 skizzierte Untersuchung der verbalsprachlichen Texte werden daher miteinander verknüpft. Hypothesen zu den Bild-Kontext-Beziehungen werden in Kapitel 5.3 formuliert.

5.1 Zielsetzung und Methode

Als Konsequenz aus dem angesprochenen Mangel an strukturiertem Vorwissen zur Pressefotografie und angesichts der Probleme mit der Analyse nonverbaler Inhalte wird die Untersuchung der lokalen Zeitungsbilder relativ breit angelegt. Dabei geht es nicht zuletzt um eine Deskription von Grundmerkmalen und um zusätzliche Hinweise für die Technik der Bildanalyse.

Im deskriptiven Teil der Analyse werden einzelne Merkmale der Bilder und Bildunterschriften isoliert. Es wird gefragt nach Größe, Format und Farbe, nach Darstellungsweisen und inhaltlichen Merkmalen. Es wird versucht, die lokalen Zeitungsbilder mit den Ausprägungen dieser Merkmale zu beschreiben und mit charakteristischen Merkmalskombinationen gängige Bildtypen herauszuarbeiten. Ähnlich wie bei der Textanalyse wird dabei die Hypothese eines Grundmusters überprüft mit der Annahme, daß die Merkmale der Bildberichterstattung, insbesondere die Verwendung einzelner Bildtypen, in der Lokalberichterstattung verschiedener Zeitungen weitgehend übereinstimmt.

Als grundsätzliches Problem einer Inhaltsanalyse von Bildberichterstattung zeichnete sich in Kapitel 3.2 die Entwicklung eines angemessenen Erhebungsinstruments ab. Die komplexe Vielfalt visueller Formen ist einer systematischen Inhaltsanalyse zunächst weniger leicht zugänglich als ein verbalsprachlicher Text. Als Vorbereitung auf die Konzeption der Bildanalyse dienen die Überlegungen in den beiden folgenden Abschnitten, die sowohl konstituierend sind für die Entwicklung des Erhebungsinstruments als auch für die Hypothesen zur Verbindung von Bild und Text.

Die Überlegungen beschränken sich dabei nicht allein auf visuelle Elemente; sie sind unterteilt nach Bild- und Textmerkmalen. Damit wird der besonderen Textart *Bildunterschrift* Rechnung getragen, die bei der Konzeption der allgemeinen Textanalyse in Kapitel 4 nicht berücksichtigt wurde.

5.11 Merkmale des Bildes

Die Erfassung der äußeren, eher technischen Merkmale eines Bildes ist relativ unkompliziert. Die Art des Bildes (Foto, Zeichnung...), das Format, die Form (Kreis, Rechteck...) oder die Farbgebung (schwarz-weiß, mehrfarbig) sind ohne weiteres eindeutig zu bestimmen. Die Probleme liegen – wie im Bericht über den Forschungsstand bereits angedeutet – in der systematischen Beschreibung des Inhalts, im Versuch der Reduktion von Bildern (die mehr sagen als „tausend Worte") auf einige wenige verbalsprachlich umschriebene Aspekte. Die Möglichkeit einer sinnvollen Erfassung inhaltlicher Merkmale ist die Voraussetzung sowohl für die Deskription als auch für die Einschätzung der Funktion von Zeitungsbildern.

Der vielleicht naheliegend erscheinende Ansatz einer inhaltlichen Klassifikation der Bilder durch eine Registrierung der abgebildeten Objekte ist keine sinnvolle Strategie. Dies wird schnell einsichtig, wenn wir Holger Tweles Unterscheidung von „Personen-" und „Situationsfotos" (vgl. Kapitel 3.2) aufgreifen: Es mag zwar praktikabel und angemessen sein, das Objekt eines Porträtfotos auf diese Weise zu erfassen („Mensch, erwachsen, weiblich" usw.), nicht aber ein „Situationsfoto" des Treibens auf dem Weihnachtsmarkt oder eine Freibadszene, wie sie im Sommer gelegentlich in Zeitungen zu finden ist. Denn eine konsequente Inventarisierung der Objekte hätte etwa in letzterem Beispiel lange Listen zur Folge („Menschen, Pflanzen, Papierkörbe, Handtücher, Brauseanlagen...") und wäre doch eine Fleißarbeit von zweifelhaftem Wert. Die Bedeutung der einzelnen Objekte und ihre Beziehung zueinander bliebe offen und damit auch der Informationsgehalt des Bildes.

Bildausschnitt

Die an dem Beispiel – Personenporträt versus Situationsfoto – angedeutete unterschiedliche „Objektfülle" und die damit verbundenen unterschiedlichen Objektbeziehungen verweisen auf funktionale Unterschiede der Bilder: Das Personenfoto erbringt eine andere Informationsleistung als das Situationsfoto. Diese noch näher zu charakterisierenden funktionalen Unterschiede sind der methodische Ansatzpunkt unserer Analyse. So soll bei den Zeitungsbildern die Größe des jeweiligen Bildausschnitts bestimmt werden. Es wird davon ausgegangen, daß bei jedem Bild (ganz unabhängig vom Wiedergabeformat) ein größerer oder kleinerer Bildausschnitt denkbar ist und mit jedem der möglichen Bildausschnitte eine andere Darstellungsleistung verbunden ist.

Für die Bestimmung von Bildausschnitten liegen bereits Skalen mit verschiedenen *Einstellungsgrößen* vor, denen jeweils bestimmte Funktionen zugeordnet werden. Diese Einstellungsgrößen wurden ursprünglich für die Klassifizierung der verschiedenen „Einstellungen" in einer Film- oder Fernsehsequenz entwickelt. Sie werden aber auch auf einzelne Einstellungen oder Einzelbilder

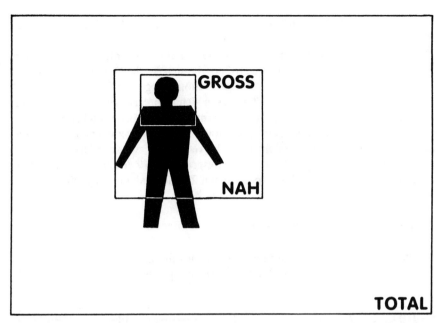

Abb. 6 – Grobe Einteilung der drei Einstellungsgrößen *Groß*, *Nah* und *Total* mit dem menschlichen Körper als Bezugsgröße.

angewandt, sind also nicht an die filmsprachliche Syntax und die Verknüpfung in einer Sequenz gebunden. Auf der semantischen und pragmatischen Ebene aber unterliegt die Wahl des einzelnen Bildausschnitts bei Film, Fotografie oder auch gemalten Bildern gemeinsamen Regeln, so daß sich die Einstellungsgrößen auch zur Charakterisierung von Abbildungen in Printmedien eignen.[136]

Bezugspunkt für die Bestimmung von Einstellungsgrößen bei Filmbildern ist in der Regel der menschliche Körper (Abbildung 6). Dieser Bezugspunkt erscheint auch für die Zeitungsanalyse geeignet, wenn man von der (mit der Analyse noch zu belegenden) Annahme ausgeht, daß auf der überwiegenden Mehrzahl der zu untersuchenden Bilder neben anderem stets auch Menschen abgebildet sind. Die übliche Skala der Einstellungsgrößen reicht von *Detail* oder *Groß*, bei denen ein kleiner Ausschnitt eines Menschen oder eines Gegenstandes gezeigt wird, bis zu *Weit*, der Abbildung einer ganzen Landschaft ohne Hervorhebung einzelner Objekte. Zwischen diesen Extremen liegen *Nah*-Einstellungen, die bis zu eine ganze Person zeigen und die *Totale* mit der Einbeziehung des räumlichen Umfelds.[137] Dieses Spektrum von Einstellungsgrößen dürfte auch für unsere Analyse lokaler Zeitungsbilder ausreichen.[138]

Mit den verschiedenen Einstellungsgrößen werden jeweils bestimmte Funktionen verbunden: Bilder in der Einstellungsgröße *Weit* oder *Total* vermitteln vor allem einen räumlichen Überblick, ganz anders als die Großaufnahme einer Person, die einen solchen Raum-Eindruck nicht bietet, dafür aber eine genaue Charakterisierung oder Identifikation (siehe Paßfoto) ermöglicht. Zwischen *Total* und *Groß* liegen Einstellungsgrößen, die sich für die Darstellung von individuellen Handlungen oder Handlungssituationen eignen.[139]

Mit Hilfe der Einstellungsgrößen lassen sich also Aussagen über die grundsätzliche Darstellungsleistung eines Bildes machen: Es vermittelt in erster Linie einen räumlichen Überblick, eine „Situation" (Beziehung zwischen verschiedenen Objekten) oder eine Objekt-Charakterisierung bzw. -Identifizierung. Damit sind mit einer Analyse der Einstellungsgrößen bei Zeitungsfotos auch Aussagen über die Funktion dieser spezifischen Zeitungsinhalte möglich.

Einstellungsgrößen und Bildinhalt

Auf der Grundlage einer Bestimmung der Einstellungsgröße und der daraus abgeleiteten Einschätzung der Darstellungsleistung lassen sich nun ganz gezielt

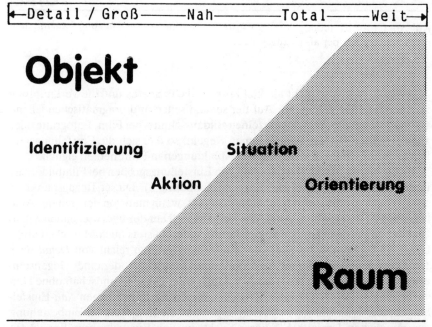

Abb. 7 – Einstellungsgröße und Darstellungsleistung: Bei Groß-Einstellungen dominiert das Einzelobjekt, in der Weit-Einstellung der „Raum". Dazwischen liegen Einstellungsgrößen, die individuelle Handlungen, Beziehungen zwischen Einzelobjekten und/oder die Beziehung zwischen Einzelobjekten und Umfeld zeigen.

Bildinhalte abfragen und registrieren, ohne vor der Komplexität und Vielfältigkeit der Bildinhalte kapitulieren zu müssen. Von Bedeutung ist dabei das Verhältnis zwischen „Einzelobjekten" und „Raum/Umfeld", das je nach Einstellungsgröße variiert – siehe schematische Darstellung in Abbildung 7.

An den folgenden Beispielfotos werden die Darstellungsleistungen der Einstellungsgrößen verdeutlicht. Am anschaulichsten ist dies bei den „extremen" Einstellungsgrößen *Detail/Groß* und *Weit* möglich. Hier ist nur jeweils eine inhaltliche Dimension von Bedeutung. Diese Ausprägung ist so eindeutig, daß die andere Dimension vernachlässigt werden kann.

In *Detail-* und *Groß-Einstellungen* hat der Raum, das Umfeld des abgebildeten Objekts, keine Bedeutung. Es handelt sich hier in der Regel um einen kaum zu spezifizierenden, manchmal unscharf verschwommenen Hintergrund, der eigentlich nur zufällig zu sehen ist, da die Form des Objekts nicht mit der meist rechteckigen Bildform übereinstimmt. Eine inhaltliche Analyse dieses Bildanteils ist nicht sinnvoll bzw. gar nicht möglich. Auch eine „Handlung" wie bei den noch anzusprechenden mittleren Einstellungsgrößen *Nah* und *Total* ist hier nicht auszumachen.[140] Die Analyse kann sich daher bei Bildern mit der Einstellung *Detail/Groß* auf eine Kategorisierung des abgebildeten Objekts beschränken, beziehungsweise auch auf mehrere Objekte, wenn beispielsweise ein Dop-

Abb. 8 und 9 – Großeinstellungen; Ein Handeln der abgebildeten Personen ist nicht erkennbar; das Umfeld besteht lediglich aus einem unspezifischen Hintergrund.

Abb. 10 – Weit: Der räumliche Überblick bietet eine Fülle von einzelnen Objekten, die kaum zu inventarisieren sind. Statt einzelner Objekte wird entsprechend der Funktion der Weit-Aufnahme das Gesamtbild („Stadtlandschaft") erfaßt.

pelporträt vorliegt (Abbildungen 8 und 9). Bei Personendarstellungen kann eine weitere Differenzierung nach Geschlecht und Alter erfolgen, um Schwerpunkte der personenbezogenen Bildberichterstattung herausarbeiten zu können.

In *Weit-Einstellungen* sind eine Fülle von Objekten abgebildet (Abbildung 10). Deren Einzelerfassung wäre nicht nur extrem aufwendig, sondern widerspräche auch der Funktion der *Weit*-Einstellung: Es wird ein weiträumiger Eindruck einer Landschaft gegeben, der durch eine Segmentierung in Einzelelemente nicht angemessen zu erfassen ist. Der Bildinhalt ist vielmehr als Ganzes zu charakterisieren, zum Beispiel als Stadt-, Natur- oder Industrielandschaft.

Die Bestimmung der Inhalte bei den „mittleren" Einstellungsgrößen (Abbildung 11) ist komplizierter als bei den extremen Einstellungsgrößen. Das Einzelobjekt geht hier nicht mehr wie bei *Weit* in einer Landschaftsdarstellung unter und anders als in der *Groß*-Einstellung ist das Umfeld nicht mehr so unspezifisch.

In der *Nah-Einstellung* stehen (wie bei *Groß*) immer noch Einzelobjekte im Vordergrund. Bei der Abbildung von Personen wird jetzt deren Handeln im

Abb. 11 – Mittlere Einstellungsgröße: Das Einzelobjekt, hier die einzelne Person, geht nicht mehr in der räumlichen Weite unter; andererseits ist das Umfeld anders als bei der Groß-Einstellung deutlicher zu identifizieren und nimmt einen großen Teil der Bildfläche ein.

Sinne von Gestik und manueller Tätigkeit sichtbar. Der erweiterte Ausschnitt ermöglicht auch die Darstellung mehrerer Objekte und ihres Verhältnisses zueinander. Eine eigentliche Darstellung des Raumes erfolgt darüber hinaus noch nicht (Abbildung 12 und 13). Bei der Analyse von *Nah*-Bildern ist daher die Kategorisierung der abgebildeten Objekte (wie bei *Groß*) und der „Handlung" sinnvoll, soweit Menschen abgebildet sind. Anders als ein Film zeigt ein Zeitungsbild freilich keine Handlung als Bewegung: Bewegungen werden vielmehr „eingefroren". Daß der Betrachter trotzdem Bewegung „sieht" und eine Handlung erkennt, ist eine Interpretationsleistung, bei der das Bild mit anderen Erfahrungen verknüpft wird.[141] Pressefotografien, die eine Bewegung/Handlung zeigen sollen, werden diese möglichst in einer Phase zeigen, in der diese Interpretation erleichtert wird.[142] Insofern erscheint der Versuch einer Kategorisierung von Handlung legitim.

Abb. 12

In der *Total-Einstellung* sind einzelne Objekte zwar noch klar zu erkennen, aber nicht mehr ohne weiteres zu individualisieren. Auch die Handlungen sind nicht mehr eindeutig zu beschreiben, bestenfalls ist zu erkennen, *daß* gehandelt wird. Es überwiegt der räumliche Eindruck; im Gegensatz zu *Weit* wird ein kleinerer Ausschnitt, eine räumliche Situation dargestellt (Abbildungen 14 und 15). Bei der weiteren inhaltlichen Analyse ist daher eine Charakterisierung dieser räumlichen Situation sinnvoll.

Zwischen *Nah und* Total gibt es zur weiteren Differenzierung noch Einstellungsgrößen, die den fließenden Übergang charakterisieren: *Halbtotal* betont dabei eher den Raumbezug, *Halbnah* verweist noch mehr auf ein Übergewicht einzelner Objekte. Bei diesen Zwischengrößen ist auch ein ganz spezieller Bildtyp anzusiedeln, das Gruppenfoto. Dort erfolgt über das Nebeneinander vieler Personen hinaus keine räumliche Einordnung und andererseits verschwindet auch die Darstellung einzelner Personen im Gesamtarrangement der Gruppe.

Abb. 12 und 13 – Nah: Eine Darstellung des Raumes erfolgt nicht, es wird aber das Verhältnis verschiedener Einzelobjekte zueinander deutlich. Bei Personen kann eine manuelle Tätigkeit gezeigt werden.

Abb. 14 – Totale: Das Bild gibt einen räumlichen Eindruck. Einzelne Objekte sind zwar noch zu erkennen, aber nicht mehr ohne weiteres zu individualisieren.

Abb. 15 – Totale: Das Bild zeigt ein Schiff und eine Personengruppe im räumlichen Kontext einer Anlegestelle. Der Versuch, eine individuelle Handlung zu zeigen, scheitert dagegen; sie ist nur mühsam und mit Hilfe der Bildunterschrift auszumachen: „‹...› Der Vorsitzende des Aufsichtsrats der Hafen AG ‹...› ließ zur Taufe eine Flasche an der stählernen Bugwand zerschellen."[143]

Doppelfunktion der Einstellungsgröße

Der Zugriff einer Bildanalyse über Einstellungsgrößen bietet die Möglichkeit, Bilder systematisch zu erfassen und zwar sowohl in ihrer Darstellungsleistung als auch hinsichtlich der abgebildeten Inhalte. Die Messung der Einstellungsgröße hat dabei zweierlei Funktionen: Sie dient zur Bestimmung der Darstellungsleistung des einzelnen Bildes und gleichzeitig zur Steuerung der weiteren inhaltlichen Analyse. Das heißt: Die Fragen nach dem jeweiligen Bildinhalt orientieren sich an der ermittelten Darstellungsleistung. Wie vorgestellt können etwa bei *Weit-* und *Total*-Einstellungen die zahlreichen Einzelobjekte vernachlässigt werden zugunsten einer Erfassung des räumlichen Gesamteindrucks. Entsprechend entfällt umgekehrt die Charakterisierung des Raumes dort, wo in *Groß-* und *Nah*-Einstellungen bestenfalls einige Indizien auf den „Schauplatz" verweisen.[144]

Diese Vorgehensweise einer selektiven Erfassung des Bildinhalts ist bei Zeitungsbildern auch deshalb naheliegend, da bei der mehrfachen Bearbeitung des Bildausschnitts (Aufnahme, Vergrößerung, Schnitt) eine relativ starke Betonung von Objekten oder Situationen oder Räumen unterstellt werden kann.[145]

Die Durchführung einer so angelegten Untersuchung und die damit verbundenen methodischen Probleme werden in Kapitel 5.2 erläutert.

5.12 Merkmale des Bildtextes

Es gibt zwei Arten von verbalsprachlichen Texten, die Zeitungsfotos zugeordnet werden können: ein kompletter Artikel mit eigener Überschrift und/oder eine direkt auf das Foto bezogene „Bildzeile", das ist eine knappe oder manchmal auch einige Sätze umfassende Bildunterschrift. Die Analyse der eigenständigen Zeitungsartikel wird bereits in Kapitel 4 besprochen, so daß wir uns hier auf die Bildunterschrift konzentrieren.

„Kein Bild ohne Unterschrift"[146] – Über die Notwendigkeit von Bildtexten zu Zeitungsfotos herrscht in allen Arbeiten zur Pressefotografie Einigkeit. Den Bildunterschriften wird eine entscheidende Bedeutung für die Interpretation der „prinzipiell multiinterpretablen" Fotos zugemessen.[147] In der einerseits als notwendig erachteten interpretierenden Betextung von Zeitungsfotos wird andererseits die Gefahr der Manipulation gesehen: Je nach zugeordnetem Text könne ein Bild als Beleg für ganz entgegengesetzte Aussagen herhalten.[148]

Die Wahrscheinlichkeit einer völligen Verfälschung durch die Betextung, wie sie Hans Brög (1979) anhand eines in verschiedenen Zeitungen veröffentlichten Agenturfotos aus Kambodscha dokumentiert,[149] erscheint allerdings in der Lokalberichterstattung nicht so sehr groß. Die lokale Bildberichterstattung ist kontrollierbarer als Fotos und Texte aus fernen Regionen; die unmittelbar Betroffenen haben hier viel eher die Möglichkeit, unrichtige Darstellungen korrigieren zu lassen. Auch Verfälschungen aus Fahrlässigkeit oder fehlender Information über die Aufnahmesituation[150] sind eher auszuschließen, da in Lokalredaktionen in der Regel der Fotograf oder ein mit der Aufnahmesituation vertrauter Textredakteur an der Abfassung der Bildunterschrift beteiligt ist oder beide Tätigkeiten (Fotografieren und Schreiben) vor allem in kleineren Redaktionen von einem Journalisten in Personalunion ausgeübt werden.[151] Bei der Analyse lokaler Bildberichterstattung werden daher die möglichen Manipulationen – im Sinne einer bewußten oder fahrlässigen Entstellung durch den zugeordneten Text – vernachlässigt zugunsten einer Charakterisierung der „gewöhnlichen" Bildunterschrift.

Die kann grundsätzlich – nach einer Zusammenstellung von Brög (1979) – folgende Leistungen erbringen:

(1) Der Text beschreibt das Bild, z.B. „Frau mit schulterlangen Haaren", und ist direkt am Bild selbst kontrollierbar (ikonischer Bezug);

(2) Der Text macht Angaben zum Bild oder zu abgebildeten Objekten, die – anders als bei der Beschreibung – nicht ohne weiteres nachgeprüft werden können: Name, Alter, Funktionen, Gefühle, Absichten usw. von Personen, Anga-

ben über Ort, Zeit und Anlaß der Aufnahme und andere Zusatzinformationen (indexikalischer Bezug);

(3) Der Text verallgemeinert und bietet eine Interpretation, die über den konkreten Bildinhalt deutlich hinausgeht: z.b. „Frühling" als Text zur Abbildung eines Krokusses oder „Wenig Interesse an der Europawahl" als Text zu einem Bild, das einige Passanten vor einem Wahlplakat zeigt (symbolischer Bezug).[152]

Alle drei Arten von Bildunterschriften können in der Lokalberichterstattung vorkommen, auch als Mischformen. Die dominierende Version dürfte allerdings die zweite Form sein, bei der sich der Text indexikalisch auf das Bildobjekt bezieht, also Zusatzangaben enthält, die am Bild selbst nicht so ohne weiteres nachgeprüft werden können. Welche Art von Angaben den Bildern hinzugefügt werden, läßt sich mit der Analyse genauer erfassen, indem untersucht wird, ob folgende Elemente in der Bildunterschrift enthalten sind:

▷ Objektidentifikation: Benennung von Personen und Gegenständen und ihrer Funktion
▷ Handlungsbeschreibung
▷ Räumliche Einordnung
▷ Zeitliche Einordnung
▷ sonstige Zusatzinformationen.

In einer weiteren Differenzierung kann schließlich die „Objektidentifikation" bei Personen noch etwas genauer erfaßt werden: Das Geschlecht der aufgeführten Personen und die angegebenen Funktionen (Bürgermeister, Verkäufer, Vorsitzender u.ä.) ermöglichen Schlüsse auf die Zusammensetzung der Personendarstellungen und damit auf die Struktur der Bildberichterstattung.

5.2 Variablen der Bildanalyse

Die zentrale Variable unserer Bildanalyse ist die Einstellungsgröße. Mit ihr wird die Darstellungsleistung des Bildes bestimmt und gleichzeitig die weitere inhaltliche Analyse determiniert. Wie in Kapitel 5.11 vorgestellt, werden je nach Einstellungsgröße die Inhalte der Bilder näher charakterisiert: Bei *Groß*-Einstellungen die abgebildeten Objekte/Personen, bei *Nah* zusätzlich die Objektbeziehungen und die „Handlung", bei *Total* die räumliche Situation und bei *Weit* schließlich die abgebildete Landschaft. Diese je nach Einstellungsgröße unterschiedliche Inhaltsdimension wird näher erfaßt.

Es handelt sich also um ein teilweise hierarchisches Klassifikationsschema, dessen Prinzip in Abbildung 16 dargestellt ist. Im ersten Schritt erfolgt eine Bestimmung der Einstellungsgröße, im zweiten Schritt die inhaltliche Präzisierung. Dabei ist auch erkennbar, daß die Variablen auf Ebene 2 keine im strengen Sinne unabhängigen Variablen sind; dies ist bei der statistischen Auswertung zu berücksichtigen, damit keine Schein-Beziehungen herausgearbeitet werden.

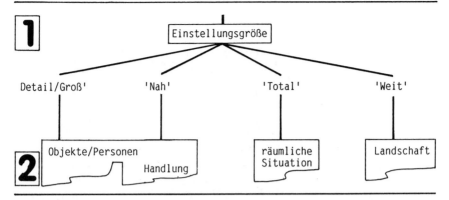

Abb. 16 – Schema der Bildanalyse mit der Einstellungsgröße als zentraler Variable: Auf Ebene 2 erfolgt eine von der jeweiligen Einstellungsgröße abhängige inhaltliche Differenzierung. Vgl. mit dem tatsächlichen Variablensystem in Abb.17.

Differenzierung und Modifizierung

Die Variablen auf Ebene 2 dienen vor allem als „Hilfsvariablen" zur Differenzierung und zur Charakterisierung von Bildtypen. Zum Teil dienen sie sogar zur näheren Bestimmung der Einstellungsgröße selbst, wo diese im ersten Schritt nicht eindeutig festgelegt werden kann. Das in Abbildung 16 skizzierte Prinzip ist nämlich in dieser theoretisch entwickelten Form nicht befriedigend umzusetzen: Für einen möglichst fehlerfreien Kodiervorgang mußten zusätzliche Schritte eingebaut werden.

Das Problem liegt in der trennscharfen Kategorisierung der Einstellungsgröße, der eindeutigen „Messung" dieser Variable bei jedem untersuchten Zeitungsfoto. Die Voruntersuchungen ergaben, daß bei den Einstellungsgrößen *Detail/Groß* und *Weit* eine Zuordnung zwar problemlos ist, Bilder im Bereich der „mittleren Einstellungsgrößen" dagegen Schwierigkeiten bereiten: Es ist der fließende Übergang zwischen der Dominanz des Objektes (*Nah*) zur Dominanz des Raumes (*Total*), wie er auch in der Graphik von Abbildung 7 erkennbar wird.

Um die Zuverlässigkeit der Zuordnung zu erhöhen, erfolgt deshalb die nähere Bestimmung dieser schwer voneinander abzugrenzenden mittleren Einstellungsgrößen in mehreren Stufen, durch mehrere Variablen. Zusätzlich wird ein spezieller, bereits identifizierter Bildtyp mit mittlerer Einstellungsgröße, das Gruppenbild, gezielt erfaßt. Die zunächst allein auf der Basis unserer theoretischen Vorüberlegungen angelegte Bildanalyse wird so modifiziert, wie in Abbildung 17 dargestellt.

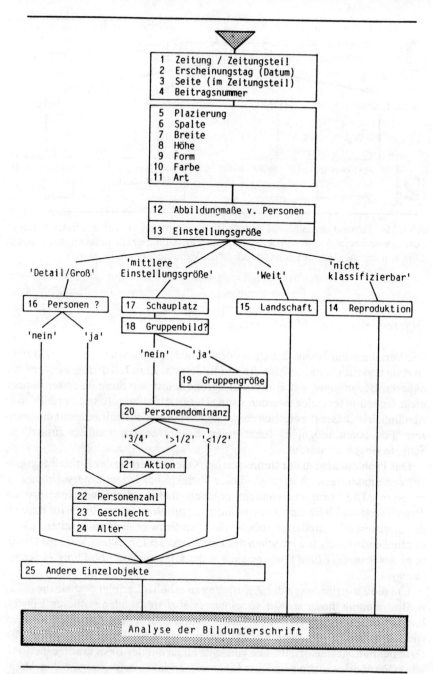

Abb. 17 – Variablenschema der Bildanalyse.

Berücksichtigt wurde schließlich auch die Möglichkeit, daß einige Bilder hinsichtlich der Einstellungsgröße überhaupt nicht zu klassifizieren sind. Diese Sonderfälle ergeben sich aus der Definition, bei der als Bezugspunkt für die Bestimmung der Einstellungsgrößen der menschliche Körper genannt wurde (vgl. Kapitel 5.11). Für einige Zeitungsbilder ist eine Bestimmung der Einstellungsgröße auf diese Weise deshalb nicht möglich, da der Bezugsmaßstab des menschlichen Körpers im Bild nicht zu sehen ist und auch nicht „hinzugedacht" werden kann, da andere Objekte von bekannter Größe (z.B. Haus, Auto, Streichholzschachtel) ebenfalls nicht erkennbar sind.[153] Bei der weiteren Analyse dieses in bezug auf die Einstellungsgröße nicht klassifizierbaren Materials wird aufgrund von Beobachtungen bei den Voruntersuchungen geprüft, ob es sich hierbei um Reproduktionen von Kunstobjekten, kartographischen Darstellungen oder Schriftdokumenten handelt, die sich einer Einschätzung hinsichtlich der Einstellungsgröße häufig entziehen.[154]

Insgesamt wurden für die Analyse der Zeitungsfotos 25 Variablen aufgestellt, die am Ende des Kapitels zusammen mit den Variablen zur Analyse der Bildunterschrift aufgelistet sind. Durch die nach Einstellungsgrößen differenzierte Analyse werden pro untersuchtem Foto zwischen 14 und 21 Variablen gemessen (siehe Variablenschema in Abbildung 17).

Analyse des Bildkontextes

Neben dem alleinstehenden Bild, das lediglich mit einer Bildunterschrift versehen ist, gibt es mehrere Arten eines Bildkontexts: das Bild gehört zu einem vollständigen Artikel mit eigener Überschrift, zu einer Rubrik mit Sammelüberschrift oder zu einer Bilderserie. Sofern zu dem Bild ein vollständiger Artikel bzw. ein Rubrik-Beitrag gehört, werden die Daten aus der bereits vorgestellten Analyse der Zeitungsartikel hinzugezogen und mit den Daten der hier skizzierten Bildanalyse verknüpft.

Die eigentliche Bildunterschrift wird zusätzlich mit zwölf Variablen hinsichtlich Umfang und inhaltlicher Merkmalen analysiert. Besonders erfaßt werden dabei die Angaben zu den abgebildeten Personen. – Die Analyse der Bildunterschrift lehnt sich an die Überlegungen in Kapitel 5.12 an; die einzelnen Variablen sind in der folgenden Gesamtübersicht aufgelistet.

Variablen zur Analyse der Bildberichterstattung

Die folgenden Variablen werden bei jedem Zeitungsfoto und seiner Bildunterschrift erfaßt. Kategorisierung und Meßweise sind teilweise in Klammern angeführt; eine ausführliche Dokumentation erfolgt im Kodierbuch und dem zugehörigen Kommentar (siehe Anhang).

1-4	Kontrollvariablen (wie bei der Textanalyse)
5	Plazierung (auf der oberen/unteren Seitenhälfte)
6	Spalte (in der sich die linke Bildkante befindet)
7	Breite des Bildes
8	Höhe des Bildes
9	Form des Bildes (Rechteck, Rechteck mit Aussparung, ausgestanzte Form, Kreis...)
10	Farbgebung (schwarz, andere Farbe, mehrfarbig...)
11	Art (Foto, Fotomontage, Foto-Grafik...)
12	Abbildungsmaße (Breite/Höhe) der am größten abgebildeten Person
13	Einstellungsgröße (Detail/Groß, mittlere Einstellungsgröße, Weit, nicht klassifizierbar)
14	– nur bei nicht klassifizierbarer Einstellungsgröße: Reproduktion (Schriftstück, Kunstgegenstand, Modelldarstellung)
15	– nur bei Einstellungsgröße ›Weit‹: Landschaft (Natur-, Stadt-, Industrielandschaft)
16	– nur bei Einstellungsgröße ›Detail/Groß‹: Personen? (Sind Personen zu erkennen: Ja/nein?)
17	– nur bei ›mittlerer Einstellungsgröße‹: Schauplatz (Straße, Verkaufsraum, Werkshalle...)
18	– nur bei ›mittlerer Einstellungsgröße‹: Gruppenbild? (Ja/nein)
19	– wenn Gruppenbild = Ja: Gruppengröße (Anzahl der abgebildeten Personen)
20	– wenn Gruppenbild = Nein: Personendominanz (Person nimmt in einer Dimension (Höhe/Breite) mindestens 3/4, mindestens die Hälfte, weniger als die Hälfte des Bildes ein)
21	– wenn Personendominanz ›mindestens 3/4‹ oder ‹mindestens die Hälfte‹: Aktion (Aktivitäten von Personen: Bedienen eines Gerätes, musizieren, händeschütteln...)

Die folgenden drei Variablen nur bei Einstellungsgröße ‹Detail/Groß‹ oder ›mittlerer Einstellungsgröße‹, wenn Personendominanz ›mindestens die Hälfte‹:

22	Personenzahl (Gezählt werden nur die Personen, die in einer Dimension (Höhe/Breite) mindestens die Hälfte des Bildes einnehmen)
23	Geschlecht dieser Personen
24	Alter dieser Personen (Altersgruppen)
25	Andere Einzelobjekte (Tiere, Pflanzen, technisches Gerät, Verkehrsmittel...)
26	Bildkontext (vollständiger Artikel, Rubrik, Bilderserie; Einzelbild)
27	Bildunterschrift? (Ja/nein)
28	Umfang der Bildunterschrift (Breite, Zeilenzahl)
29	Informationsumfang (einfache Benennung, einfacher Aussagesatz, zwei bis drei Aussagesätze...)
30	Zusatzinformation (Enthält die Bildunterschrift Angaben, die am Bild nicht nachgeprüft werden können: Ja/nein?)
31	Beschreibung (Wird das Bild beschrieben: Sind die Angaben am Bild direkt nachprüfbar: Ja/nein?)

32	Verallgemeinerung (Erfolgt eine Interpretation, die deutlich über den konkreten Bildinhalt hinausgeht: Ja/nein?)
33	Personenidentifikation (Anzahl der Personen, die in der Bildunterschrift namentlich erwähnt werden)
34	Namen: Geschlecht (der namentlich erwähnten Personen)
35	Funktionsangaben (Anzahl der Funktionsangaben aus den Bereichen politisches Mandat/Amt, Vereinsamt/Verbandsamt, Beruf/berufliche Position...)
36	Handlungsbeschreibung (Wird eine Handlung beschrieben: Ja/nein?)
37	Ortsangabe (Enthält die Bildunterschrift eine Ortsangabe: Ja/nein?)
38	Zeitangabe (Enthält die Bildunterschrift eine Zeitangabe: Ja/nein?)

5.3 Hypothesen zur Bildberichterstattung

Neben der wichtigen, aber eher isolierten Bildbetrachtung geht es um die Beziehungen zwischen den Bildern und ihrem Kontext. Bildberichterstattung entsteht erst aus dem Zusammenhang, durch die Plazierung der Bilder auf Zeitungsseiten in Verbindung mit verbalsprachlichen Texten. Zu diesem Komplex werden im folgenden einige Hypothesen entwickelt. Dieser Teil der Analyse kann allerdings nicht auf eine geschlossene und ausformulierte theoretische Grundlage verweisen.

Wie in Kapitel 3 berichtet, gibt es zwar einige Anmerkungen und auch erste Untersuchungen zur Pressefotografie, aber doch keine Theorie der (lokalen) Bildberichterstattung, aus der ein solides Gerüst von Hypothesen für eine empirische Überprüfung abzuleiten wäre. Speziell zu unserer Ausgangsfrage nach der Strukturierung der Realität durch lokale Nachrichten und nach standardisierten Darstellungsformen sind für den Bereich des Bildjournalismus bislang erst wenige Ansatzpunkte erkennbar, die bei der Hypothesenbildung dann auch berücksichtigt werden. Hinzu kommen allgemeine Überlegungen zu fotografischen Darstellungsmöglichkeiten und einige Vermutungen, die auf (unsystematischen) Beobachtungen der täglichen Lese- und Seherfahrung beruhen.

Die Annäherung an die Bildberichterstattung erfolgt von zwei Seiten. Die Hypothesen beziehen einmal auf die Rolle der Bilder bei der Zeitungsgestaltung und zweitens auf Zusammenhänge zwischen Bildberichterstattung und Textmerkmalen; dabei geht es auch darum, inwieweit Bilder die Struktur der Gesamtnachricht prägen.

5.31 Zeitungsgestaltung

In den referierten Aussagen zur Bildberichterstattung werden die Bilder vornehmlich als zeitungsgestalterische Elemente zur Auflockerung oder besonderen Aufmachung betrachtet. Die ersten drei Hypothesen beziehen sich daher auf die Zeitungsgestaltung und zwar (a) auf die Verteilung von Bild und Text, (b) auf die Funktion der Bilder als Aufmachungsfaktoren und (c) auf die Größe, in der die Fotos in der Zeitung wiedergegeben werden.

Bild-Text-Relation

Es sind zwei Extremfälle denkbar, eine Seite ganz ohne Fotos oder auch ein reiner Bilderbogen. Der Normalfall dürfte eine Mischung aus Text und Bildern sein, und um dieses flächenmäßige „Mischungsverhältnis" geht es in der ersten Hypothese. Im Sinne einer durchgängig „aufgelockerten" Zeitung wird vermutet:
▷ Der Bildanteil an den lokalen Zeitungsseiten ist weitgehend konstant.

Ziel der Überprüfung sind Aufschlüsse darüber, inwieweit die Bildberichterstattung eine feste Größe aus graphisch-kompositorischen Erwägungen ist. Ein konstanter Bildanteil ließe auf eine relative Unabhängigkeit von der inhaltlichen Zusammensetzung schließen, zugunsten einer mehr oder minder gleichmäßigen Verteilung von Text und Bild auf die ganze Zeitung.

Bild und Aufmachung

Unterhalb der kompletten Seitengestaltung, auf der Ebene der Beiträge, bilden einzelne Texte und Bilder geschlossene Einheiten. In der zweiten Hypothese geht es darum, inwieweit Bilder ähnlich wie Umfang und Überschrift des Textes als „Aufmachungsfaktoren" aufgefaßt werden können, also eher „wichtigen" Textbeiträgen zugeordnet werden. Ausgangspunkt für diese Hypothese sind jene Aussagen, in denen Bilder vor allem als Mittel des Layouts, zum Beispiel als „Blickfang" dargestellt werden (vgl. Kapitel 3).

Wenn Bilder ein solcher Aufmachungsfaktor sind, um wichtige Artikel besonders hervorzuheben, dann ist zu erwarten, daß Artikel, die mit einem Bild versehen sind, tendenziell noch weitere Merkmale aufweisen, die die Bedeutung dieses Beitrages kennzeichnen, wie etwa ein größerer Umfang:
▷ Wichtigen Textbeiträgen, das sind längere Artikel mit großen Überschriften, wird eher ein Bild zugeordnet als kurzen Beiträgen.

Einstellungsgröße und Bildfläche

Die in der Konzeption vorgestellte Klassifizierung der Zeitungsbilder nach Einstellungsgrößen wurde von entsprechenden Vorbildern bei der Filmanalyse übernommen. Film- und Zeitungsbilder unterscheiden sich aber in mehrfacher Hinsicht: Einer der Unterschiede liegt darin, daß für jedes Zeitungsbild das

Format (Seitenverhältnis) und die Größe (Fläche) einzeln festgelegt wird. Während in einem Film diese Größen in der Regel konstant sind, kann ein Zeitungsfoto Briefmarkengröße haben, ein anderes seitenfüllend sein.

In der dritten Hypothese geht es nun um diese Präsentation des einzelnen Bildes, genauer: um den Zusammenhang zwischen der Größe (Fläche) und der Darstellungsleistung eines Bildes. Nach ersten Beobachtungen erscheint folgender Zusammenhang zwischen Bildfläche und Einstellungsgröße wahrscheinlich:

▷ Je mehr die Einstellungsgröße zu *Total/Weit* tendiert, desto größer ist die Bildfläche.

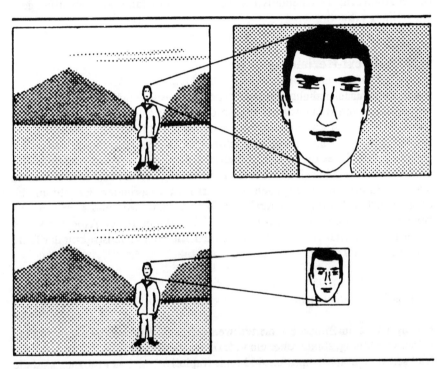

Abb. 18 – Einstellungsgröße und Bildfläche: Die Einstellungsgröße der beiden Bilder auf der rechten Seite ist *Groß*; sie unterscheiden sich aber im Wiedergabeformat. Im Vergleich zur Total-Einstellung (links) erfolgt bei konstantem Format – wie beim Film – eine starke Vergrößerung des Objekts (obere Reihe). Bei der Zeitungsgestaltung besteht dagegen die Möglichkeit, durch das jeweils einzeln zu bestimmende Wiedergabeformat diese Vergrößerung noch zu unterstreichen oder auch zurückzunehmen wie in der unteren Bildreihe. Trotz der unterschiedlichen Einstellungsgrößen wird dort der Kopf fast gleich groß wiedergegeben. – Die Tendenz zu einer solchen Angleichung bei den untersuchten Zeitungsbildern wird in der dritten Hypothese behauptet.

Großaufnahmen wie Personenporträts würden danach eher einspaltig abgedruckt, Landschafts- oder auch Situationsfotos dagegen in einem größeren Format wiedergegeben. – Eine solche Praxis widerspräche allerdings den Empfehlungen in Journalistenhandbüchern. Dort heißt es: „Einzelszene groß, Übersicht klein dazu", um Eintönigkeit zu verhindern, die entstehe „wenn trotz unterschiedlicher Formate die abgebildeten Gegenstände überall gleich groß sind".[155]

Eine Bestätigung der dritten Hypothese würde entsprechend bedeuten, daß in den Zeitungen eine gewisse Angleichung erfolgt, d.h. die Unterschiede zwischen den Einstellungsgrößen (im Vergleich zum Film) abgeschwächt werden – wie in Abbildung 18 schematisch dargestellt – und damit eine unauffälligere Darstellung erfolgt.

5.32 Bild-Text-Beziehung

Bis hierher wurden lediglich formale Aspekte der Bildberichterstattung und des Verhältnisses von Bild und Text angesprochen. Die folgenden Hypothesen beziehen sich nun auf Zusammenhänge zwischen inhaltlichen Merkmalen der Fotos und der zugehörigen Texte. Zunächst geht es um Entsprechungen zwischen einem Bild und der direkt zugeordneten Bildunterschrift; im weiteren wird dann versucht, die jeweilige Bildberichterstattung anhand bestimmter Inhalte oder Inhaltsstrukturen der zugehörigen Artikel zu begründen. Es geht um die Frage, welchen Texten überhaupt ein Bild zugeordnet wird und welche *Bildtypen* welchen Texten zugeordnet werden. Neben thematischen Aspekten sollen dabei auch Beziehungen zwischen den Bildern und der Tiefenstruktur der Texte herausgearbeitet werden.

Bild und Bildunterschrift

Erwartet wird in Bildunterschriften weniger ein ikonischer Bezug, also eine Bildbeschreibung, sonder eher ein indexikalischer Bezug mit Angaben, die am Bild selbst nicht nachzuprüfen sind (vgl. Kapitel 5.12). Grundsätzlich sind die Art solcher Angaben ziemlich beliebig, zu vermuten ist aber eine relativ enge Beziehung zwischen Bildgehalt und Bildunterschrift.

Den Einstellungsgrößen der Bilder wurden bestimmte Darstellungsfunktionen zugeordnet. Untersucht werden soll, ob es entsprechende Merkmale von Bildunterschriften gibt und inwieweit die Angaben in den Bildunterschriften durch das Bild bestimmt werden:
▷ Die Angaben in den Bildunterschriften korrespondieren mit den durch die Einstellungsgrößen vorgegebenen Funktionen der Bilder.

Das heißt: Es wird erwartet, daß die Texte zu den Bildern die jeweilige Darstellungsleistung widerspiegeln, daß Bilder mit den Einstellungsgrößen *Detail/ Groß* und *Nah* Angaben zur Objektidentifikation enthalten, *Total-* und *Weit-*Aufnahmen dagegen vor allem Angaben zur räumlichen Einordnung; Angaben über eine „Handlung" werden bei den mittleren Einstellungsgrößen erwartet.

Thematische Aspekte

Die Beziehung zwischen einem Bild und einem zugehörigen, aber doch mehr oder weniger eigenständigen Zeitungsartikel erscheint weitaus weniger eng als bei der Bildunterschrift. Gleichwohl werden Zusammenhänge zwischen Text- und Bildmerkmalen vermutet.

Bei den fotografierten Objekten handelt es sich stets um konkrete, „physisch, extensional gegebene Dinge", nicht um Abstrakta, Gedanken, Ideen und ähnliches: Der Versuch, soziopolitische Strukturen (z.B. den „Arbeitsmarkt") fotografisch darzustellen, ist daher schwierig, beziehungsweise der Bildsprache häufig einfach unangemessen.[156] Es erscheint deshalb wahrscheinlich, daß bei manchen Themenbereichen eine verstärkte Bildberichterstattung erfolgt, da die beschreibende Leistung des Bildes hier sinnvoll einsetzbar ist. Dies könnte etwa gelten für Themen aus den Bereichen des räumlichen Umfeldes. Es wird damit behauptet, daß thematische Aspekte des Beitrages, wie sie in Kapitel 4.31 angesprochen wurden, einen erkennbaren Einfluß auf die „Bebilderung" haben:

▷ Die Entscheidung für eine Bildberichterstattung ist abhängig von thematischen Merkmalen des zugehörigen Textbeitrages.

Beiträge zu den weniger fotogenen Themen werden nach dieser Hypothese seltener mit Bildern ausgestattet – oder es werden themenunspezifische Fotos eingesetzt wie beispielsweise Personenporträts. In entsprechend modifizierter Form lautet die Hypothese:

▷ Die Verwendung bestimmter Bildtypen ist abhängig von thematischen Aspekten des zugehörigen Textbeitrages.

Unter „thematischen Aspekten" sind dabei nicht nur Sachthemen zu verstehen. Zu überprüfen ist etwa auch, welche Rolle die Politik-Dimension spielt. Politische Forderungen und Entscheidungen oder auch die Beziehungen zwischen Kommune und übergeordneten Politikebenen erscheinen für eine Bildberichterstattung wenig geeignet. Auch hier besteht allerdings die Möglichkeit, auf Ersatzbilder auszuweichen.[157]

Tiefenstruktur

Der Hinweis auf die Politik deutet darauf hin, daß nicht nur Zusammenhänge zwischen Bildberichterstattung und einem Sachthema naheliegend sind, sondern daß auch Art und Weise der Thematisierung eine Rolle spielen können. Entsprechende Merkmale der Texte werden vor allem mit der Analyse der Nachrichtenfaktoren als Tiefenstruktur der Texte erfaßt. Die Grundannahme für die Bildberichterstattung lautet: Beiträge mit Bildern unterscheiden sich in ihrer Tiefenstruktur von Beiträgen ohne Bild. Diese Hypothese soll für einige Nachrichtenfaktoren begründet und präzisiert werden.

Aus einem ähnlichen Grund, da Bildberichterstattung für die Politikdarstellung als wenig geeignet gehalten wurde, erscheint auch grundsätzlich die Präsentation von Meinungsverschiedenheiten, soweit diese nicht gewalttätig ausgetragen werden, wenig bildgemäß:

▷ Texte, die Kontroversen schildern, sind seltener mit Fotos ausgestattet, als Beiträge ohne Meinungsstreit.

Eine andere Hypothese betrifft die Zeitstruktur. Fotografien sind Momentaufnahmen aus einer zurückliegenden Aufnahmesituation, und sieht man von Groß-Einstellungen (z.B. Personen-Portäts) ab, wird entsprechend eine bestimmte Situation als Ereignis pointiert. Es erscheint konsequent, daß auch die zugehörigen Texte eine eher ereignishafte Darstellung enthalten:

▷ Textbeiträge mit Bildberichterstattung stellen vornehmlich ein kurzes, abgeschlossenes Geschehen dar.

Die personenbezogene Darstellung eines Geschehens gilt als ein wichtiger Faktor in der Tiefenstruktur der Texte (vgl. Kapitel 2.32). Die Frage, welche Rolle die Bildberichterstattung bei der Personalisierung spielt, liegt schon deshalb nahe, weil auf vielen Zeitungsfotos Personen abgebildet sind.[158] Die Möglichkeit einer Personalisierung durch Bilder wurde bereits weiter oben angedeutet: Das Foto kann statt eines thematischen Bezugs auf beteiligte Personen verweisen.

„Natürlich kommt dem Medium der Fotografie der Trend zur Personalisierung sehr entgegen", schreibt Klaus Waller (1982): „Man könnte vielleicht sogar nachweisen, daß die Personalisierung mit ein Produkt der spezifischen ästhetischen Eigenschaften der Fotografie ist."[159] – In diesen Gedanken sind zwei Aspekte enthalten: Zunächst, daß ein bereits (im Textteil) vorhandener Trend zur Personalisierung eine (personenbezogene) Bildberichterstattung begünstigt. Die entsprechende Hypothese lautet:

▷ Ein personalisierter Text ist eher mit einem personenbezogenen Foto ausgestattet als ein weniger personalisierter Artikel.

Der zweite von Waller angesprochene Aspekt enthält die Bildberichterstattung als mögliche Ursache von Personalisierung. Für diese These lassen sich die Anfänge des Fotojournalismus anführen mit seiner augenfälligen Personalisierung des politischen und sozialen Lebens, indem zunächst vor allem prominente Persönlichkeiten dargestellt und dann bald auch in Fotoreportagen exemplarisch Menschen „von der Straße" vorgeführt wurden. Weiter ausholend wäre die Entwicklung der Fotografie im 19. Jahrhundert hinzuzuziehen und die Bedeutung der damit ermöglichten massenhaften Verbreitung von Personenporträts als

Mittel der Betonung des Individuums zu untersu chen.[160] Nicht gestützt wird Wallers Vermutung allerdings durch die Arbeit von Jürgen Wilke (1984), der Nachrichtenfaktoren in Zeitungen aus vier Jahrhunderten untersuchte, also auch aus der Zeit vor der Entwicklung der Fotografie: die Personalisierung erwies sich dabei als durchgehend stark und relativ konstant.

In seiner kultur- und sozialgeschichtlichen Dimension läßt sich die Frage einer in der Fotografie begründeten Personalisierung hier indes nicht weiter verfolgen. Die Frage der Fotografie als Faktor einer verstärkten Personalisierung läßt sich weniger anspruchsvoll aber auch in unsere Lokalteilanalyse integrieren. Untersucht wird der Einfluß des Fotos auf die Personalisierung im Rahmen der jeweiligen Text-Bild-Einheit:

▷ Durch die Bildberichterstattung werden die Lokalnachrichten stärker personalisiert, d.h. durch Fotos wird ein höherer Personalisierungsgrad erreicht als in der zugehörigen Textberichterstattung.

Verglichen wird damit die Rolle von Personen als Bildinhalt und der Nachrichtenfaktor PERSONALISIERUNG im zugehörigen Text.

Teil III

Strukturen lokaler Nachrichten:
Untersuchung von sechs Tageszeitungsausgaben

Lokale Berichterstattung in der Bundesrepublik, das ist ein recht unübersichtlicher Stoff. Die Tageszeitungsausgaben enthalten mit wenigen Ausnahmen einen Lokalteil und damit eine Berichterstattung, die auf ein jeweils stark eingegrenztes Verbreitungsgebiet zugeschnitten ist. Das Attribut *lokal* zur Charakterisierung ist dabei nicht unumstritten, da Lokalberichterstattung sowohl im eigentlichen Wortsinn auf einen Ort, auf eine Gemeinde bezogen sein kann, ebenso aber auch auf ein größeres Gebiet, das etwa einen ganzen Landkreis umfaßt.[161] In einigen ländlichen Gebieten hat sich daher zumindest im täglichen Sprachgebrauch auch die Bezeichnung „Heimatteil" gehalten.

Auch wenn die räumlich-topographische Begrenzung recht unterschiedlich ausfällt, ist die im weiteren Sinne lokale Bindung der Tageszeitungen ein ausgeprägtes Strukturmerkmal der bundesdeutschen Presse, die sich auch in der Kategorisierung der hiesigen Pressestatistik zeigt. Die unterscheidet bei ihren Zählungen zwischen *Publizistischen Einheiten* und *Redaktionellen Ausgaben*. Als Publizistische Einheiten werden Vollredaktionen bezeichnet, die zumindest den „allgemeinen politischen Teil" einer Zeitung im wesentlichen selbst redigieren; erfaßt werden hier also die „Zeitungsmäntel". 1985 wurden in der Bundesrepublik 126 verschiedene Zeitungsmäntel gezählt, und ein jeder Mantel erschien im Durchschnitt in zehn verschiedenen Redaktionellen Ausgaben.[162] Dies sind Zeitungen, „die durch entsprechende inhaltliche Gestaltung auf ein bestimmtes Verbreitungsgebiet abgestimmt sind",[163] zum großen Teil eben Lokalausgaben. Bereits um die Jahrhundertwende wurde dieses System entwickelt, bei dem einem Zeitungsmantel unterschiedliche Lokalteile für bestimmte Gebiete beigelegt werden.[164]

Seit Anfang der 70er Jahre liegt die Zahl der Redaktionellen Ausgaben zwischen 1200 und 1300. Nach einer Aufschlüsselung für 1976 haben 88 Prozent dieser Redaktionellen Ausgaben ein Verbreitungsgebiet auf oder unterhalb der Ebene Kreis/kreisfreie Stadt und sind damit im weiteren Sinne den Lokalausgaben zuzurechnen.[165] So kommen potentiell für eine Untersuchung von Lokalberichterstattung über 1000 Ausgaben infrage als (etwas unübersichtliche) Grundgesamtheit für die Auswahl von Stichproben.

In der inhaltsanalytischen Lokalpresseforschung überwiegt die Einzelfallstudie bzw. die mehr oder weniger begründete Auswahl einiger Zeitungen. Die einzige breit angelegte Untersuchung auf der Basis einer repräsentativen Auswahl aller Redaktionellen Ausgaben (Arbeitsgemeinschaft für Kommunikationsforschung 1974/1981) beschränkt sich andererseits bei der Analyse auf mehr formale Merkmale und bleibt doch recht deutlich hinter den Fragestellungen der Fallstudien zurück.[166] Damit ist auch ein grundsätzlicher Konflikt angedeutet, der mit „Tiefe versus Breite" charakterisiert werden kann: Der jeweilige (zeitliche, finanzielle...) Rahmen einer Untersuchung führt bei der Bemessung des Forschungsaufwandes zum Abwägen zwischen einer möglichst intensiven Erhebung mit einer größeren Zahl von Variablen einerseits und der Verallgemeinerbarkeit durch ein möglichst repräsentatives Sample andererseits. Eine repräsentative Analyse *der* Lokalberichterstattung ist nicht nur aus technischen Gründen (Beschaffung der Zeitungen) aufwendig, sondern mehr noch aufgrund der anzustrebenden Differenzierungen und Typenbildung innerhalb des angedeuteten Konglomerats der Lokalausgaben.[167]

Daß die Entscheidung in der Regel und auch in dieser Arbeit zugunsten der „Tiefe" der Analyse erfolgt, läßt sich aber nicht allein mit dem legitimen (und irgendwo auch bequemen) Verweis auf zeitliche, technische und ökonomische Restriktionen abhaken. Erinnert sei vielmehr an die Forschungsbilanz: Die in Teil I ausgewiesenen Mängel und Probleme lagen nicht in der fehlenden Repräsentativität der Stichproben, sondern im methodisch-inhaltlichen Bereich. Noch ist die Lokalpresseforschung in einer Entwicklungs- und Sondierungsphase, die eine aufwendige Gesamtuntersuchung verbietet. Für die Theoriebildung, die Präzisierung der Fragestellungen und Weiterentwicklung der spezifischen Analysetechnik sind Fallstudien und Auswahlsample geringerer Repräsentativität zunächst wohl nützlicher, als die auf anderem Gebiet viele Energien absorbierende Erhebung mit einer Wahrscheinlichkeitsauswahl, die für eine spätere Phase aber durchaus anzustreben ist.

Die hier vorgestellte Untersuchung beschränkt sich so aus technischen und inhaltlichen Gründen trotz der auf Verallgemeinerung zielenden Fragestellung auf einige wenige Lokalausgaben. Das Untersuchungssample mit einigen Hintergrundinformationen und allgemeinen Umfangsmessungen wird in Kapitel 6 vorgestellt.

Die Ergebnisse der eigentlichen strukturellen Analyse und der Hypothesentests folgen in den Kapiteln 7 bis 9. In den Abbildungen mit Tabellen und Graphiken werden die Ergebnisse zur besseren Übersicht in reduzierter Form dargestellt; auf die ausführlicheren Tabellen im Anhang wird verwiesen. Für alle Tests wird eine Irrtumswahrscheinlichkeit von 5 Prozent zugrundegelegt; höhere Signifikanzniveaus werden ausgewiesen.

6 Untersuchte Zeitungen

Für die Inhaltsanalyse der Lokalberichterstattung wurden sechs Ausgaben verschiedener Tageszeitungen ausgewählt. Im Hinblick auf die Hypothese von den lokaljournalistischen Standards sind es überwiegend Lokalausgaben, die sich in einer ausgeprägten Wettbewerbssituation befinden und damit Lokalberichterstattung – bei jeweils übereinstimmendem Berichterstattungsgebiet und weitgehend ähnlichen Vorinformationen – zumindest potentiell unterschiedlich realisieren. Als zusätzliche Differenzierung wurden sowohl Großstadtzeitungen als auch Ausgaben aus einer kleineren Stadt in ländlicher Umgebung in das Sample aufgenommen. Mit einer „Monopolausgabe" wird schließlich eine andere publizistische und wirtschaftliche Situation mit einbezogen.
Ausgewählt wurden mit dem Untersuchungszeitraum Januar 1986:
▷ die Dortmunder Lokalausgaben der *Ruhr-Nachrichten*, der *Westdeutschen Allgemeinen Zeitung* und der *Westfälischen Rundschau*
▷ die *Mendener Zeitung* und die Mendener Ausgabe der *Westfalenpost*
▷ die Wuppertaler Ausgabe der *Westdeutschen Zeitung*.
Die folgende Darstellung der „lokalen Mediensituation" zeigt, daß in dieser Konfiguration eine recht große Bandbreite von Bedingungen lokaler Berichterstattung enthalten ist mit der Möglichkeit geeigneter Gegenüberstellungen. Neben den bereits genannten Vergleichsmöglichkeiten (Großstadt – Mittelstadt, unterschiedliche Wettbewerbspositionen) ist mit den Dortmunder Ausgaben der Westdeutschen Allgemeinen und Westfälischen Rundschau auch eine Gegenüberstellung zweier Zeitungen einer Verlagsgruppe enthalten, die in keinem ökonomischen Wettbewerb stehen, aber mit getrennten Lokalredaktionen einen publizistischen Wettbewerb aufrecht erhalten. Die in den Großstädten zusätzlich zum eigentlichen Lokalteil publizierten Stadtteilbeilagen eröffnen schließlich weitere Differenzierungsmöglichkeiten innerhalb des Lokaljournalismus.

6.1 Lokale Mediensituation

Die Verbreitungs- und Berichterstattungsgebiete der ausgewählten Zeitungsausgaben – die Städte Dortmund, Menden und Wuppertal – liegen im Zentrum Nordrhein-Westfalens recht nah beieinander. Dortmund und Wuppertal sind Großstädte (572 000 bzw. 377 000 Einwohner) mit dem Charakter eines Oberzentrums; Menden ist eine Mittelstadt mit rund 52 000 Einwohnern im östlichen Sauerland und gehört zum Märkischen Kreis.[168] Ein wichtiges Kriterium für die Auswahl der Städte war ihre spezifische lokale „Mediensituation". Die folgenden Angaben hierzu beziehen sich im wesentlichen auf 1985/86 als Hintergrund des Untersuchungszeitraums; auf spätere Entwicklungen wird ergänzend verwiesen.

Dortmund

Als „eine Stadt des Wettbewerbs" wird Dortmund im *Medienatlas Nordrhein-Westfalen* charakterisiert, an anderer Stelle als „Medienstadt" oder auch als „Mediotop".[169] „Dortmund ist die Stadt in Nordrhein-Westfalen, in der die Vielfalt lokaler Medien ihre bislang höchste Entwicklungsstufe erreicht hat."[170] – Diese Einschätzungen haben ihre Grundlage in dem auch für Großstädte sehr ausgeprägten lokalen Tageszeitungsangebot und dem in den letzten Jahren entstandenen Rundfunkzentrum, das ebenfalls zum Teil lokal ausgerichtet ist. Zusätzlich zum traditionellen WDR-Studio (seit 1983 zum „Landesstudio" erweitert) wurde im Rahmen eines Kabelpilotprojeks ein Funkhaus eingerichtet: Seit Mitte 1985 wird u.a. Lokalfernsehen gesendet, weiterhin ein lokales Hörfunkprogramm, das auch drahtlos über eine Low-Power-Station zu empfangen ist, sowie ein Videotext-Angebot („Kabeltext"), das ebenfalls die Sparte „Lokales" enthält.[171]

Mit dem hier im Mittelpunkt stehenden lokalen Tageszeitungsangebot gehört Dortmund zu den knapp 14 Prozent bundesdeutscher Großstädte, die flächendeckend mit drei lokalen Abonnementszeitungen bedient werden.[172] Neben diesen für unsere Untersuchung ausgewählten Zeitungen gibt es noch die *Dortmunder Nord-West-Zeitung*, die – mit dem Mantelteil der Arbeitsgemeinschaft Westdeutscher Tageszeitungen (Hamm) – dreimal wöchentlich mit je einer Ausgabe in zwei Dortmunder Stadtteilen erscheint. Werktäglich und für ganz Dortmund erscheinen die *Ruhr-Nachrichten* (RN), die *Westdeutsche Allgemeine Zeitung* (WAZ) und die *Westfälische Rundschau* (WR). Für RN und WR ist Dortmund auch Sitz der Mantelredaktion; die WAZ-Hauptausgabe erscheint in Essen.

Auf dem Zeitungsmarkt Dortmund herrscht ein ausgeprägter, auch als „aggressiv" bezeichneter Wettbewerb, der in den siebziger Jahren (vor allem für den Bereich des Anzeigengeschäfts) zu wettbewerbsrechtlichen Auseinandersetzungen zwischen dem Verlag der Ruhr-Nachrichten und der WAZ-Gruppe führte.[173]

Zur WAZ-Gruppe gehört seit 1975 auch die Westfälische Rundschau, die lange in Dortmund Marktführer war, inzwischen aber von den Ruhr-Nachrichten als größte Zeitung abgelöst wurde. Angaben über die genauen Größenverhältnisse werden durch die angespannte Wettbewerbssituation erschwert; in den IVW-Auflagenlisten werden lediglich Angaben über den Großraum Dortmund gemacht, also unter Einbezug von benachbarten Bezirksausgaben.[174] – Der Medienatlas NRW nennt für 1981 als Dortmunder Auflage für die Ruhr-Nachrichten 93 100 und für Westfälische Rundschau/Westdeutsche Allgemeine 86 300.[175] Für das erste Quartal 1986 nannte der Verlag der RN auf Anfrage eine verkaufte Stadtauflage von 93 300; WR/WAZ machten hierzu keine Angabe.[176] Als Auflagenverteilung zwischen WR und WAZ nennt der Verlag ein Verhältnis von 4:1. – Eine weitere Einschätzung zur Größenordnung gibt schließlich eine Repräsentativumfrage vom Sommer 1986: Danach werden die Ruhr-Nachrichten von 43 Prozent aller wahlberechtigten Dortmunder Bürger „täglich oder fast täglich" gelesen, die Westfälische Rundschau von 32 und die WAZ von 9 Prozent.[177]

Die zur selben Verlagsgruppe gehörenden WR und WAZ werden im nichtredaktionellen Bereich (Anzeigen, technische Herstellung, Vertrieb) gemeinsam verwaltet; die Dortmunder Lokalteile werden dagegen in getrennten Redaktionen erstellt.[178] Gemeinschaftsredaktionen bestehen aber für die speziellen Stadtteilbeilagen.

Die Stadtteilbeilagen oder auch „Stadtteilzeitungen" bieten für Anzeigenkunden die Möglichkeit, lediglich in einem Teil des Verbreitungsgebietes der Lokalausgabe zu inserieren und damit Streuverluste zu vermeiden. Solche Stadtteilzeitungen werden in den Dortmunder Zeitungen bereits seit den 60er Jahren beigelegt. Da auch eine spezielle Berichterstattung für jeweils drei Teilgebiete Dortmunds erfolgt, erscheint jede der Zeitungen auch redaktionell in mehreren unterschiedlichen Dortmunder Lokalausgaben. Die beiden Verlage verfuhren dabei zum Untersuchungszeitpunkt nach einem etwas unterschiedlichen System: Die RN legten in den drei Stadtteilbezirken nur die jeweils für diesen Teil konzipierten Stadtteilseiten bei, WR und WAZ zusätzlich noch eine Auswahl der für die anderen Stadtteile produzierten Seiten. Eingeleitet werden die WR/WAZ-Stadtteilseiten für die Außenbezirke durch jeweils eine von den Lokalredaktionen erstellten Seite, die als Stadtteilzeitung für die Innenstadt ausgewiesen wird. Die WR/WAZ-Stadtteilzeitungen erscheinen täglich außer montags, die RN-Beilagen dreimal wöchentlich und zweimal als Gemeinschaftsseite der drei Stadtteil-Redaktionen.

Wuppertal

Die lokale Mediensituation in Wuppertal hebt sich auf dem Tageszeitungssektor recht deutlich von den Verhältnissen in Dortmund ab. Wuppertal ist die größte Stadt der Bundesrepublik, die von nur einer lokalen Tageszeitung bedient wird, einer Ausgabe der *Westdeutschen Zeitung* (WZ), deren Mantelredaktion in Düsseldorf sitzt. Der langjährige Zweitanbieter *Neue Rhein-Zeitung* stellte seine Wuppertaler Ausgabe Ende 1980 ein. Die publizistische Konkurrenz im tagesaktuellen Bereich beschränkt sich seitdem auf einzelne Beiträge der Regionalseite „Rhein-Wupper" in der *Bild-Zeitung* und die Berichterstattung des Wuppertaler WDR-Büros,[179] das inzwischen zum „Studio" aufgewertet wurde;

seit Dezember 1987 wird ein sogenanntes regionales Fensterprogramm („Bergisch Land") produziert.

Zum Ausgleich des lokalen Zeitungsmonopols der WZ werden „Versuche zur lokalen Medienbereicherung"[180] registriert, vor allem durch Projekte, die der Alternativpresse zuzurechnen sind. Auflagenstärkstes Objekt sind die seit Ende 1982 regelmäßig erscheinenden *Wupper Nachrichten*, „Zeitung für Kultur und Politik". Nach zunächst monatlichem Erscheinen kommen die *Wupper Nachrichten* seit 1984 im Zwei-Wochen-Rhythmus heraus.[181]

Aus dem Hause der Monopolzeitung WZ stammt das wöchentliche Anzeigenblatt *wuppertaler rundschau* (Auflage: 140 000), das eine recht umfangreiche Lokalberichterstattung enthält. Die drei stadtteilbezogenen Ausgaben (Elberfeld, Barmen-Mitte, Wuppertal-Ost) unterschieden sich bei Stichproben nur geringfügig. Trotz der historisch und landschaftlich bedingten polyzentrischen Struktur Wuppertals sind auch bei der Tageszeitung WZ stadtteilbezogene Ausgaben erst in Ansätzen auszumachen.[182] Seit Anfang der siebziger Jahre erscheint im Westen Wuppertals (Vohwinkel) unter Beteiligung einer Einzelhändlerorganisation („Aktion V") die Stadtteilbeilage *V-Express* und zwar etwa 16mal im Jahr. Seit 1983 erscheint weiterhin eine monatliche Stadtteilbeilage für den Nordosten Wuppertals und seit 1985 eine ebenfalls monatliche Beilage für die südöstlichen Bezirke.

Menden

Das lokale Zeitungsangebot im Märkischen Kreis wird gern mit Superlativen („Europas Zeitungsparadies") charakterisiert. Verglichen mit anderen Landkreisen Nordrhein-Westfalens ist eine einzigartige Pressevielfalt auszumachen: In fast allen Städten und Gemeinden des Kreisgebietes erscheinen mindestens zwei Lokalausgaben.[183] In Menden sind dies die *Mendener Zeitung* (MZ) und die *Westfalenpost* (WP).

Die WP gehört zur WAZ-Gruppe und hat ihre Mantelredaktion in Hagen. Die Lokalausgabe ist nicht auf Menden beschränkt, sondern enthält neben dem mit „Mendener Nachrichten" gekennzeichneten Teil noch Seiten für die benachbarten Kleinstädte Balve und Fröndenberg. Der „Heimatsport" besteht neben den Seiten für Menden zu einem großen Teil aus Seiten der benachbarten Iserlohner Ausgabe.

Die MZ bezieht ihren Mantel von der Arbeitsgemeinschaft Westfälischer Tageszeitungen (*Westfälischer Anzeiger*, Hamm). Die darüber hinaus bestehende wirtschaftliche Kooperation mit dem Westfälischen Anzeiger und *Soester Anzeiger* (Ippen-Konzern) mündete Anfang 1986 in der Übernahme der MZ durch den *Soester Anzeiger*. Der Lokalteil bezieht sich im Gegensatz zur WP ausschließlich auf Menden. Der „Lokalsport" wird in der Montagsausgabe ergänzt durch einige Seiten des *Iserlohner Kreisanzeigers*.

Die Auflagenzahlen der beiden Zeitungen bewegen sich in der gleichen Größenordnung. Die Westfalenpost ist Marktführer („Größte Zeitung in Menden") und hatte im 1. Quartal 1986 eine verkaufte Auflage von 8468 (ohne Balve und Fröndenberg); die Auflage der Mendener Zeitung betrug 7044 Exemplare.[184]

6.2 Untersuchungssample

Das Untersuchungssample wird definiert durch Benennung der Zeitungsausgaben, der ausgewählten Erscheinungstage sowie durch Festlegung der im einzelnen untersuchten Zeitungsteile und Untersuchungseinheiten.

Zeitungsausgaben

Untersucht werden die Dortmunder Lokalausgaben der Ruhr-Nachrichten, Westfälischen Rundschau und der Westdeutschen Allgemeinen, die Wuppertaler Ausgabe der Westdeutschen Zeitung, die Mendener Zeitung und die Mendener Ausgabe der Westfalenpost.

Bei den Dortmunder Zeitungen, die innerhalb des Stadtgebietes in mehreren Unterausgaben erscheinen (vgl. Kapitel 6.1), wurden für WR/WAZ die Stadtteilausgabe mit dem Schwerpunkt Aplerbeck/Hörde/Hombruch zugrunde gelegt (WAZ-Ausgabe 3 DO), die die Stadtteilzeitungen für die anderen Bezirke im verminderten Umfang ebenfalls enthält. Um eine ausreichende Basis für einen Vergleich der Stadtteilzeitungen zu schaffen, wurden bei den RN neben der entsprechenden Stadtteilausgabe für die Bezirke Aplerbeck/Hörde/Hombruch (RN- Ausgabe D1) auch die Stadtteil-Zeitungen für die beiden anderen Stadtteile hinzugezogen. – Die drei Stadtteilzeitungen der Wuppertaler WZ erschienen im Januar 1986 nur je einmal; sie wurden alle unabhängig von den für das Sample ausgewählten Erscheinungstagen einbezogen.

Erscheinungstage

Die Untersuchungstage für die ausgewählten Lokalausgaben wurden systematisch durch Bildung einer „künstlichen Woche" bestimmt. Da Ziel der Untersuchung Aussagen über die „ganz gewöhnliche" Lokalberichterstattung sind, wurde versucht, bei der Definition des zeitlichen Auswahlintervalls solche Erscheinungstage oder Zeitabschnitte auszuschließen, die vorhersehbar durch besondere Anlässe oder andere Einflüsse vom „Üblichen" abweichen: Eine Berichterstattung, die beispielsweise von Feiertagen und ähnlichen Anlässen (Rosenmontag, Silvester…) oder auch von politischen Wahltagen geprägt ist, sollte vermieden werden, ebenso die als „Saure-Gurken-Zeit" bezeichneten Urlaubsmonate. Unter diesen Kriterien wurde unter den infrage kommenden Zeiträumen der Januar 1986 ausgewählt; die künstliche Woche wurde mit einem 4-Tage-Intervall gebildet. Sie umfaßt:

        Dienstag   7. Januar 1986
        Samstag   11. Januar 1986
        Mittwoch   15. Januar 1986
        ‹Sonntag   19. Januar 1986›
        Donnerstag   23. Januar 1986
        Montag   27. Januar 1986
        Freitag   31. Januar 1986

Untersuchte Zeitungsteile

Inhaltsanalytisch differenziert untersucht wurden die Lokalteile der Zeitungsausgaben, mit Ausnahme des Lokalsports. Bei der Westfalenpost wurde nur die Lokalberichterstattung für Menden berücksichtigt. Analysiert wurden damit die Seiten mit folgenden Seitenüberschriften:

Ruhr-Nachrichten (RN)
    Dortmunder Zeitung
    Stadt-Nachrichten
    Stadtteil-Nachrichten (ohne Zusatz)
    Stadtteil-Nachrichten, Zeitung für die Bezirke...
       ...Aplerbeck/Hörde/Hombruch
       ...Brackel/Eving/Scharnhorst
       ...Dorstfeld/Huckarde/Lütgendortmund/Mengede

Westdeutsche Allgemeine (WAZ)
    Stadtzeitung Dortmund
    Stadtteil-Zeitung Dortmund-Mitte
    Aplerbeck/Hörde/Hombruch
    Brackel/Eving/Körne/Scharnhorst
    Dorstfeld/Huckarde/Lütgendortmund/Mengede

Westfälische Rundschau (WR)
    Dortmunder Rundschau
    Dortmunder Leserbriefe
    Stadtteil-Zeitung – Rundschau für die Bezirke der Innenstadt
    Aplerbeck/Hörde/Hombruch ‹identisch mit WAZ›
    Brackel/Eving/Körne/... ‹identisch mit WAZ›
    Dorstfeld/Huckarde/... ‹identisch mit WAZ›

Westdeutsche Zeitung (WZ)
Wuppertal
Wuppertaler Nachrichten
Wuppertaler Feuilleton
Barmen-Ost aktuell – Beilage für...
...Oberbarmen/Wichlinghausen/Nächstebreck
...Heckinghausen/Langerfeld/Beyenburg
V-Express – Stadtteilausgabe der WZ
für den Westen Wuppertals

Mendener Zeitung (MZ)
Lokales

Westfalenpost (WP)
Mendener Nachrichten

Untersuchungseinheiten

Bei der Textanalyse besteht die Untersuchungseinheit aus einem vollständigen Zeitungsbeitrag, das ist ein Text mit eigener Überschrift (einschließlich zugehöriger Bilder) oder auch ein eigenständiges Bild mit Bildunterschrift. Die Teilbeiträge einiger Sammelrubriken wurden zu einer Untersuchungseinheit zusammengefaßt (siehe Methodischer Anhang: Kodieranweisung Text). – Bei der Bildanalyse ist das einzelne Zeitungsbild mit der zugehörigen Bildunterschrift Untersuchungseinheit.
Das so definierte Untersuchungssample besteht aus 2066 Einheiten der Textanalyse und 694 Bildern.

6.3 Umfänge lokaler Berichterstattung

Ergänzend zur inhaltlichen Analyse der Lokalberichterstattung wurden die ausgewählten Zeitungsausgaben vorab insgesamt vermessen, um Größenordnung und Kontext der untersuchten Lokalberichterstattung zu erfassen. Die Messung ermöglicht Aussagen über den durchschnittlichen Umfang der Lokalteile und über die Relation zu den übrigen Zeitungsteilen.
Zugrunde gelegt wurde das zuvor in Kapitel 6.2 definierte Sample, wobei hier aber die kompletten Zeitungsausgaben berücksichtigt werden, mit Ausnahme der Rundfunk-Supplemente sowie in sich geschlossener Verlagssonderbeilagen oder Werbebeilagen. Bei den Dortmunder Zeitungen wurde jeweils eine Stadtteilausgabe (Aplerbeck/Hörde/Hombruch) zugrunde gelegt; die monatlichen Stadtteilbeilagen der WZ Wuppertal wurden bei der Berechnung des täglichen lokalen Zeitungsangebotes anteilsmäßig berücksichtigt.

Die Ergebnisse der Umfangsmessungen werden nicht in Quadratzentimetern, sondern anschaulicher als „Anzahl der Seiten" dargestellt. Da die einzelnen Zeitungen in unterschiedlichen Formaten erscheinen, wurden alle Umfänge auf eine mittlere Seitengröße von 1300 Quadratzentimetern bedruckter Fläche transformiert.

Umfang des Lokalteils

Bei der Lokalberichterstattung werden im folgenden drei Kategorien unterschieden:
▷ der allgemeine Lokalteil (hierzu werden auch die von den Dortmunder Lokalredaktionen produzierten „Stadtteilseiten" für die Innenstadt gezählt)
▷ die Stadtteilseiten für Außenbezirke
▷ sonstige Lokalseiten: Lokalsport oder Lokalberichterstattung für Nachbarorte (siehe Westfalenpost).

Der Umfang der Lokalberichterstattung (wie auch der übrigen Zeitungsteile) schwankt an den einzelnen Wochentagen nicht unerheblich. Im Durchschnitt besteht der allgemeine Lokalteil in den ausgewählten Zeitungsausgaben aus 3,8 Seiten pro Tag, wobei die Bandbreite von gut 3 Seiten (WZ Wuppertal) bis über vier Seiten der Dortmunder Zeitungen reicht. Hinzu kommen bei einigen Zeitungen zum Teil recht umfangreiche Stadtteilseiten und als weiterer separater Teil der Lokalsport. Das durchschnittliche tägliche Angebot an Lokalberichterstattung ist in Abbildung 19 dargestellt (die mit Raster gekennzeichneten Zeitungsteile werden in der Inhaltsanalyse näher untersucht).

Die Dortmunder Zeitungen bieten die umfangreichste Lokalberichterstattung. Westfälische Rundschau und WAZ stimmen in der Flächenaufteilung überein, aber auch die Unterschiede zu den Ruhr-Nachrichten sind nicht sehr groß. Der größere lokale Gesamtumfang von WR/WAZ ist auf die Stadtteilzeitung zurückzuführen, die neben den Seiten für das eigentliche Teilverbreitungsgebiet auch Stadtteilseiten aus den übrigen Gebieten enthält (vgl. Kapitel 6.1).

Die beiden Mendener Zeitungen stimmen im Umfang ihres allgemeinen Lokalteils weitgehend überein und entsprechen hier fast den Dortmunder Großstadtzeitungen. Die Westfalenpost enthält neben dem Mendener Lokalteil zusätzlich 1,8 Seiten für Nachbarorte, die ebenfalls zum Verbreitungsgebiet ihrer Ausgabe gehören. – Mit über 3 Seiten ist der Lokalsportteil der Mendener Zeitung der umfangreichste aller untersuchten Zeitungen; selbst wenn man die montags aus Iserlohn übernommenen Seiten abzieht, verbleiben täglich noch 2,4 Seiten Mendener Sport. Der WP-„Heimatsport" enthält dagegen bei einem durchschnittlichen Umfang von knapp 2,2 Seiten nur etwas weniger als eine Seite mit Mendener Lokalsport, der größere Teil wird von der Iserlohner Ausgabe übernommen.

Sowohl im allgemeinen Lokalteil als auch in der Lokalberichterstattung ins-

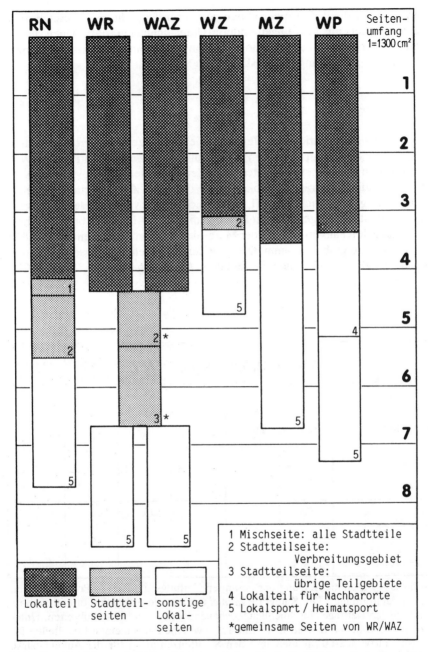

Abb. 19 – Umfang und Zusammensetzung der durchschnittlichen Lokalberichterstattung pro Erscheinungstag.

gesamt weist die WZ Wuppertal den geringsten Umfang auf. Dieser Befund korrespondiert mit Messungen anderer Untersuchungen, nach denen die Lokalberichterstattung bei Monopolzeitungen im Vergleich mit Wettbewerbszeitungen weniger umfangreich ausfällt.[185]

Anteil an der Gesamtzeitung

Innerhalb des redaktionellen Teils hat die lokalbezogene Berichterstattung (einschließlich Lokalsport) einen Anteil von durchschnittlich 41 Prozent. Während bei den Dortmunder und Mendener Zeitungen der Anteil zwischen 40 und 46 Prozent liegt, beträgt die Lokal-Quote bei der WZ Wuppertal 33 Prozent. Diese geringere Gewichtung im Lokalbereich betrifft vor allem den Lokalsport und die stadtteilbezogenen Teile: Der allgemeine WZ- Lokalteil bewegt sich anteilsmäßig durchaus im Bereich der Marge der anderen Zeitungen. Einen Überblick über die grobe Zusammensetzung der gesamten Zeitungsausgaben einschließlich der Anzeigen gibt die Tabelle in Abbildung 20.

	RN	**WR**	**WAZ**	**WZ**	**MZ**	**WP**
Anzeigen	52	52	52	51	40	41
Mantel	26	28	28	33	36	35
Lokales	22	20	20	16	24	24
-Lokalteil	11	10	10	10	13	11
-Stadtteilz.	4	5	5	1	—	—
	15	15	15	11	13	11
%	100	100	100	100	100	100
Durchschnittl. Umfang pro Tag in Seiten (1=1300cm²)	39	45	45	30	28	30

Abb. 20 – Zusammensetzung der gesamten Zeitungsausgaben in Prozentanteilen des Gesamtumfangs. Die Kategorie *Mantel* umfaßt alle nicht lokal orientierten redaktionellen Beiträge einschließlich Wochenendbeilage und Einschubseiten. Unter *Lokales* sind neben den auch separat ausgewiesenen allgemeinen Lokalteilen für Dortmund/Wuppertal/Menden und den Stadtteilzeitungen für die Außenbezirke noch folgende Teile erfaßt: Lokalsport, Lokalteil für Nachbarorte (WP), Veranstaltungs- und Gottesdienstübersichten außerhalb des redaktionellen Teils.

Umfang und Qualität

Die Umfänge und Anteile der Lokalberichterstattung in den verschiedenen Zeitungsausgaben verweisen auf verlagspolitische Entscheidungen. Hängt die Einrichtung von Stadtteilzeitungen noch mit Größe und Struktur des Verbreitungsgebietes zusammen, so spielen diese Merkmale bei der Umfangsbemessung der Lokalberichterstattung offenbar keine Rolle. Von Bedeutung scheint hier vielmehr die Wettbewerbssituation zu sein: der Umfang ist ein für den Leser/Kunden sichtbares Zeichen einer Leistung.

Über mehr inhaltliche, qualitative Merkmale lassen die Umfangsmessungen allein kaum Aussagen zu. Inwieweit Umfang mit „publizistischer Leistung" einhergeht, ist ohne weiteres nur im Extremfall auszumachen, wenn der Umfang „gegen Null" geht und damit auch qualitative Leistungen ausgeschlossen sind. Ansonsten ist der den Redaktionen zur Verfügung stehende Platz nur eine der Rahmenbedingungen des Lokaljournalismus: Eine große Seitenzahl kann dabei eine Chance sein, im Sinne einer ausführlicheren, komplexen Darstellung, aber auch ein „Zwang, Seiten zu füllen um jeden Preis"[186].

7 Typologie lokaler Zeitungstexte

Das in Kapitel 6.2 beschriebene Unterssuchungssample enthält für die Textanalyse 2066 Untersuchungseinheiten. Als Untersuchungseinheiten sind eigenständige Zeitungsbeiträge definiert, also vorstrukturierte, „natürliche" Sinneinheiten, die formal eindeutig voneinander abgegrenzt sind. Anhand einer beliebigen Tageszeitungsausgabe läßt sich leicht feststellen, daß die einzelnen Beiträge im Umfang, in ihrer inhaltlichen Komplexität und vom „Problemgehalt" recht unterschiedlich ausfallen. Es ist daher für die inhaltliche Charakterisierung der Lokalberichterstattung nicht unbedenklich, alle Untersuchungseinheiten einer einheitlichen Klassifikation aufgrund einer Variable (z.B. Thema) zu unterziehen. Diese verbreitete Praxis nimmt für die Vorteile der Einheitlichkeit und Übersichtlichkeit auch problematische Reduktionen in Kauf, die Folgen für die weiteren Analyseschritte haben können.

Der angesprochenen Heterogenität lokaler Nachrichten wird hier versucht, durch eine Differenzierung von Beitragstypen Rechnung zu tragen. Dabei wird eine Annäherung an die mit bestimmten Themen und Formen verbundene inhaltliche „Dichte" versucht, so daß beispielsweise ein einfacher Terminhinweis, das Protokoll einer Vereinsversammlung und die Darstellung von Sachproblemen jeweils unterschiedlichen Beitragstypen zugeordnet werden. Neben thematischen Ausprägungen im herkömmlichen Sinne werden auch funktionale Aspekte mit berücksichtigt, das sind im Texte ausgewiesene Nutzungsmöglichkeiten für den Leser (Kapitel 7.1: Service-Mitteilungen).

Während einfach strukturierte Beiträge recht leicht zu charakterisieren sind (z.B. *Polizeimeldung*), lassen sich längere, komplexere Texte nicht so ohne weiteres etikettieren. Aus diesem Grund gibt es in unserem Kodierbuch keine explizite Variable *Beitragstyp*, die die Untersuchungseinheiten sortiert; die Typisierung erfolgt nicht als eindimensionale Kodier-Entscheidung, sondern anhand mehrerer formaler und inhaltlicher Variablen der Oberflächenstruktur. Die Klassifikation wird mit einem stufenweisen Auswahlverfahren vorgenommen, d.h. die Beiträge werden schrittweise nach bestimmten Merkmalsausprägungen sortiert. Ein Überblick über die komplette Klassifikationsstruktur mit den maßgeblichen Entscheidungsknoten wird in Kapitel 7.3 (Abbildung 26) gegeben.

Für einige leicht zu bestimmende Beitragstypen ist die stufenweise Einordnung auch bereits im Kodierbuch erkennbar, da die entsprechenden Untersuchungseinheiten aus forschungsökonomischen Gründen nicht das ganze Untersuchungsprogramm durchlaufen. Diese Untersuchungseinheiten, bei denen die ausführliche Analyse inhaltlich nicht sinnvoll oder unangemessen aufwendig wäre, werden lediglich einem „Kurzprogramm" unterzogen. Betroffen sind davon einmal bestimmte einfach strukturierte, kurze Beiträge, die als *Service-Mitteilungen* (z.B. Veranstaltungshinweise) identifiziert werden können, sowie einige in Voruntersuchungen ermittelte Sonderformen: Anekdoten, Mundartbeiträge, Sinnsprüche, Zitate des Tages, Rückblenden („Blick in alte Zeitungen") und andere eher marginale Formen.

Die 2066 Untersuchungseinheiten lassen sich danach zunächst folgendermaßen gliedern:

▷ 73 Einheiten (3,5 %) sind inhaltlich nicht weiter analysierte „Sonderformen"
▷ 843 Einheiten (40,8 %) werden einer Kurzanalyse unterzogen: Es sind Beiträge mit knappen Veranstaltungsankündigungen oder anderen kurzen Service-Informationen
▷ 1150 Untersuchungseinheiten (55,7 %) werden mit dem ausführlichen Untersuchungsprogramm analysiert.

Spezifiziert ist mit dieser groben Einteilung bereits eine Gruppe von *Service-Mitteilungen*, die allein von ihrer Quantität bedeutend ist: Neben den ausgewiesenen, mit dem „Kurzprogramm" untersuchten Service-Informationen, lassen sich noch weitere, ausführlichere Formen identifizieren. Es handelt sich dabei um einen bereits in anderen Arbeiten[187] registrierten, aber nicht weiter beachteten Beitragstyp, der hier – vor der thematischen Klassifizierung der übrigen Texte – etwas eingehender charakterisiert, eingeordnet und bewertet wird.

7.1 Service-Mitteilungen

Der Begriff „Service" verweist weniger auf eine inhaltlich-thematische Beschreibung als auf die Einschätzung einer Funktion: Die so charakterisierten Beiträge haben potentiell einen unmittelbaren Nutzen für den Leser. Service-Beiträge bieten eine ganz spezifische Information und ermöglichen damit eine konkrete Entscheidung für das eigene Verhalten; andere Nutzungen dieser Texte (z.B. als Unterhaltung oder allgemeine Information...) sind dagegen weniger wahrscheinlich.

Ein typisches, in allen tagesaktuellen Medien zu findendes Beispiel eines Service-Beitrages ist der Wetterbericht. Im Zeitungsmantel sind weiterhin das Fernsehprogramm und die Aktienkurse als Service-Informationen auszumachen; im Lokalteil finden sich unter anderem Hinweise auf den Nachtdienst der Apotheken oder Veranstaltungstermine. Nutzen und Entscheidungsmöglichkeit bestehen so neben einer allgemeinen Orientierung auch darin, bestimmte Angebote wahrzunehmen oder auch nicht, sei dies eine Veranstaltung, eine Dienstleistung oder eine Handelsware.

Diese allgemeine Service-Definition charakterisiert nicht nur bestimmte redaktionelle Beiträge, sondern trifft auch auf die meisten lokalen Anzeigen zu, die anders als überregionale Image- und Markenartikelwerbung zum großen Teil ganz konkrete Angebote, Gesuche und Mitteilungen enthalten. Gerade im lokalen Bereich ist daher auf Parallelen und Überschneidungen zwischen Anzeigen und redaktionellem Teil unter dem Service-Aspekt hinzuweisen (siehe Kasten: Die lokale Anzeigenstruktur).

Exkurs: Die lokale Anzeigenstruktur

90 Prozent der Anzeigen regionaler Zeitungen stammen nach Angaben des Verbands Rheinisch-Westfälischer Zeitungsverleger aus lokaler und regionaler Werbung.[188] Diese Anzeigen sind im Gegensatz zur überregionalen Markenartikelwerbung auf ganz konkrete Waren- oder Dienstleistungsangebote im Nahbereich oder auf andere gezielte lokale Informationen (Bekanntmachungen, Todesanzeigen) ausgerichtet.

Das Anzeigenaufkommen regionaler Abonnementszeitungen setzt sich nach einer Übersicht des Bundesverbandes Deutscher Zeitungsverleger (BDZV) folgendermaßen zusammen:

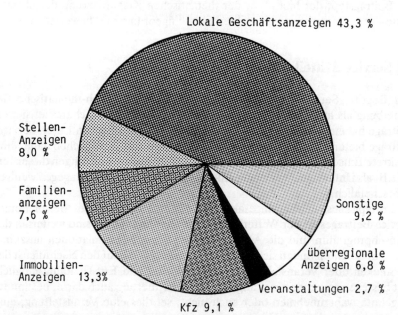

Abb. 21 – Umfangsanteile von Anzeigentypen bei Regionalen Abonnementszeitungen 1985.[189] Die Daten gehen nach Auskunft des BDZV auf eine Statistik der Regionalpresse e.V. (Frankfurt) zurück. Angaben zu Sample und Erhebungsmethode liegen nicht vor.

> (Exkurs: Die lokale Anzeigenstruktur)
>
> Ähnliche Größenordnungen weisen auch Verlagsangaben für die Dortmunder Ausgaben der Ruhr-Nachrichten und der Westfälischen Rundschau/WAZ auf. Dabei werden die rein lokalen Anzeigen ausgewiesen:[190]
>
> ▷ Deutlich über 40 Prozent bis zur Hälfte der Anzeigenfläche nehmen lokale Geschäftsanzeigen ein, die eine Orientierung über Angebote und Preise im Konsumbereich bieten
> ▷ In der Größenordnung von 5 Prozent liegen die auf die Stadt bezogenen KFZ-Anzeigen
> ▷ 2 bis 3 Prozent macht der Wohnungsmarkt aus; hinzu kommen in ähnlichem Umfang auf die Stadt bezogene Immobilienanzeigen
> ▷ Von saisonalen und konjunkturellen Schwankungen ist der Stellenmarkt in besonderem Maße betroffen: Dortmunder Stellenanzeigen machten 1984 zwischen 3 und 4 Prozent des Anzeigenumfangs aus [191]
> ▷ Familienanzeigen, eine Entsprechung der Personalia-Beiträge im redaktionellen Teil, nehmen zwischen 6 und 8 Prozent der Anzeigenfläche ein. Amtliche Bekanntmachungen liegen bei 1 Prozent.
>
> Insgesamt sind damit mindestens zwei Drittel der Anzeigenfläche mit lokalen Anzeigen belegt, die wohl zum Großteil der Service-Definition entsprechen und „handlungsrelevante" Informationen enthalten.[192] Hinzu kommen wie in Abbildung 21 weitere Anzeigen mit überlokalen bis regionalen Angeboten/Gesuchen vor allem in den Sparten KFZ und Immobilien sowie im Stellenmarkt. Je nach Gesamtverbreitungsgebiet einer Zeitung ergeben sich hier unterschiedliche regionale Belegungsmöglichkeiten und damit im Zeitungsvergleich Unterschiede bei den Anteilen der einzelnen Anzeigentypen.

Im redaktionellen Lokalteil gibt es einmal Beiträge, die im Rahmen eines Berichts auf einen Termin oder eine Kontaktadresse verweisen, ohne daß der Service-Aspekt den Beitrag dominiert. In unserem Sample sind dies 10 Prozent aller Untersuchungseinheiten. Eine zweite, deutlich größere Gruppe von Beiträgen besteht überwiegend, wenn nicht ausschließlich aus Service-Informationen und wird hier als eigener Beitragstyp *Service-Mitteilung* erfaßt.

Beitragstyp ‚Service-Mitteilung'

Als Service-Mitteilung werden explizit folgende Texte eingestuft:
▷ Veranstaltungsankündigungen – Beiträge, die überwiegend Hinweise zu Termin, Ort, Programm zukünftig stattfindender Veranstaltungen enthalten
▷ Info-Beiträge – Hinweise auf Beratungen, Notdienste, Öffnungszeiten.../ Überblicke zu Wetterdaten, Schadstoffwerten u.ä.

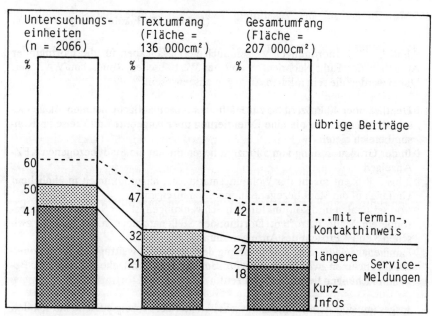

Abb. 22 – Anteil der Service-Meldungen am Untersuchungssample aufgeschlüsselt nach Zahl der Beiträge (Untersuchungseinheiten), Textfläche und Gesamtfläche (Text und Bild); kumulierte Prozentangaben.

▷ Verbrauchshinweise – Marktübersichten, Hinweise auf Angebote in Handel, Gastronomie usw.
▷ Personalia – Mitteilungen über Geburtstag, Ehrung, Jubiläum, Wahl, Amtseinführung, Ausscheiden, Tod.[193]

Weiter unterschieden werden die Service-Mitteilungen formal nach ihrem Umfang pro Einzelhinweis, d.h. pro angekündigter Veranstaltung, pro aufgeführtem Beratungsangebot usw. Betrug der Umfang weniger als 20 Zeilen pro Hinweis, wurde die Service-Mitteilung als „Kurz-Info" eingestuft und nicht in die ausführliche Analyse aufgenommen: Dies sind die genannten 843 Untersuchungseinheiten, bei denen nur eine rudimentäre Analyse erfolgt. Weitere 181 Einheiten – ebenfalls als Service-Mitteilungen identifiziert – wurden im Rahmen des kompletten Untersuchungsprogramms analysiert, da bei ihnen eine ausführlichere Darstellung pro Hinweis erfolgt.

Anteil der Service-Mitteilungen

Der Beitragstyp Service-Mitteilung hat einen großen Anteil an den Text-Beiträgen der Lokalberichterstattung. Die Kurz-Infos und die ausführlicheren Service-Mitteilungen machen zusammen in unserem Sample knapp die Hälfte der Untersuchungseinheiten aus. Der großen Zahl entsprechen aber nicht Umfang und optischer Eindruck: Die meisten Service-Mitteilungen sind kurz, ohne Bilder und befinden sich in den Randspalten. Zwar gibt es in dieser Kategorie auch einige sehr lange Beiträge (mit vielen Einzelmeldungen), die meisten aber sind sehr kurz mit einem Umfang von höchstens fünf Spaltenzentimetern und damit deutlich kleiner als ein Durchschnittsbeitrag. Der flächenmäßige Anteil an der Lokalberichterstattung ist daher verglichen mit der Zahl der Beiträge geringer: Service-Mitteilungen nehmen ein knappes Drittel der Textfläche ein und 27 Prozent der Gesamtfläche (siehe Abbildung 22).

Zwischen den einzelnen Zeitungen gibt es mit Ausnahme der Stadtteilseiten für die Außenbezirke keine größeren Unterschiede bei der Platz-Einteilung für diesen Beitragstyp. Die Lokalredaktionen verwenden für Service-Mitteilungen um 30 Prozent der Textfläche, und diese Quote scheint nicht abhängig vom „Informationspotential" (z.B. Zahl der Veranstaltungen) zu sein. In der vergleichsweise kleinen Stadt Menden werden die einzelnen Ankündigungen einfach ausführlicher behandelt: Service-Beiträge mit mehr als 20 Zeilen pro Hinweis nehmen hier den größten Anteil ein, während in Dortmund und Wuppertal Kurz-Infos dominieren (Abbildung 23).

Die Großstadtzeitungen bieten zusätzlich Service-Mitteilungen in ihren Stadtteilzeitungen für die Außenbezirke. In den Dortmunder Stadtteilseiten liegt dabei der Anteil der Service-Mitteilungen an der Textfläche (RN 47%, WR/WAZ 40%) deutlich über den Quoten der Lokalteile; die monatlichen Wuppertaler Stadtteilzeitungen besetzen 26 Prozent der Textfläche mit Service-Mitteilungen. – Zur anschaulicheren Einschätzung der Größenordnung: Die

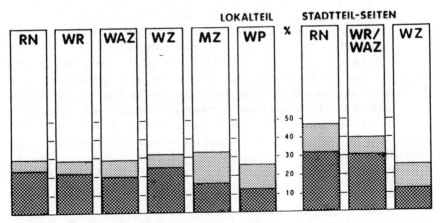

Abb. 23 – Anteil der Service-Meldungen an der Textfläche der einzelnen Zeitungen/Zeitungsteile: Kurz-Infos (dunkles Raster) und längere Service-Meldungen (helles Raster).

Service-Mitteilungen einschließlich der zugehörigen Bilder nehmen täglich pro Ausgabe zwischen 0,65 und 1 Seite im Lokalteil ein. Hinzu kommen in Dortmund noch bis zu 0,65 Seiten Service-Mitteilungen in den Stadtteilzeitungen.

Aufmachung der Service-Mitteilungen

Mit den beschriebenen Quoten und Umfängen haben Service-Mitteilungen einen gewichtigen Anteil an der Lokalberichterstattung der untersuchten Zeitungen, die damit zumindest quantitativ einem vermuteten Leserbedürfnis nachkommen. „Es sind auch keine Repräsentativumfragen nötig", versichert ein Handbuch für Lokaljournalisten, „um zu erfahren, was der Leser will: die zuverlässige, fehlerfreie, leicht auffindbare und rechtzeitige Ankündigung von Ereignissen jeglicher Art."[194]

Über das tatsächliche Leserinteresse und die Nutzung der Service-Mitteilungen kann die Inhaltsanalyse naturgemäß keine Auskunft geben. Sie liefert aber Hinweise, daß es mit dem „Service" nicht immer so weit her sein kann: Der genannten Forderung nach leichter Auffindbarkeit, einer wichtigen Voraussetzung für die Nutzung, dürfte ein großer Teil der Service-Mitteilungen nicht genügen. Anschaulich werden die Mängel in der Präsentation, wenn man den lokalen Service-Mitteilungen andere Zeitungsinhalte ähnlicher Funktion gegenüberstellt. Beispiele für solche Beiträge im Zeitungsmantel sind etwa das Fernsehprogramm, die Aktien- und Sortenkurse, der Wetterbericht oder die Spielpaarungen im Sportteil; bereits am Anfang des Kapitels wurde der Anzeigenteil und seine Informationsfunktion genannt. Ein auffälliges Merkmal dieser Service-Beiträge im Zeitungsmantel wie der Anzeigen ist ihre Aufmachung: Sie sind durch graphische Merkmale oder zusammenfassende Überschriften eindeutig rubriziert.

Von den 843 Kurz-Infos in der Lokalberichterstattung sind hingegen nur knapp die Hälfte in irgendeiner Form Rubriken zugeordnet.[195] Dabei überwiegt eine Pseudo-Rubrizierung durch nichtssagende, unspezifische Kennzeichnungen wie „Kurz notiert" u.ä. In thematischen Sammelrubriken („Beratungen", „Ausstellungen"...) stehen lediglich 14 Prozent aller Kurz-Infos. Überdurchschnittlich strukturiert sind die Lokalteile von WR und WAZ Dortmund sowie WZ Wuppertal, aber auch dort ist maximal ein Drittel der Kurz-Infos thematisch geordnet. Die mit Service-Mitteilungen besonders reich bestückten Dortmunder Stadtteilzeitungen verzichten fast völlig auf eine thematische Ordnung der Service-Masse.

Inhalte der Service-Mitteilungen

Hingewiesen wird vor allem auf Veranstaltungen: 72 Prozent aller Service-Mitteilungen sind Veranstaltungsankündigungen, 15 Prozent Personalia, 10 Prozent Infos (Notdienste, Beratungen...) und 3 Prozent Geschäftshinweise.

Die Veranstaltungsankündigungen beziehen sich vornehmlich auf Informationsveranstaltungen (Vorträge, Kurse, Ausstellungen...), auf Vorführungen (Kultur-, Unterhaltungsveranstaltungen) und Geselligkeit (Feiern, Klassentreffen...). Die insgesamt ebenfalls häufigen Hinweise auf Versammlungen/Sitzungen geschlossener Gruppen (Vereine, Verbände, Parteien u. ä.) finden sich überwiegend in den Dortmunder Stadtteilzeitungen und auch in den Mendener Lokalteilen; in der Wuppertaler WZ werden dagegen Vereins- oder Parteiversammlungen mit wenigen Ausnahmen nicht angekündigt.

Eine geringe Rolle in den Service-Mitteilungen aller Zeitungen spielen Termine politischer Entscheidungsgremien (Rat, Ausschuß, Bezirksvertretung). Von den insgesamt 83 Beiträgen, die entsprechende Sitzungen thematisieren, enthalten lediglich 12 (15%) Vorabberichterstattung mit entsprechender Orientierung.[196]

Perspektive des „Service"

Definiert wurden die Service-Mitteilungen eingangs als Beiträge, die einen unmittelbaren Nutzen für den Leser im Sinne von Handlungsrelevanz haben. Diese funktionale Einschätzung aus Lesersicht ist hier auch Maßstab der Bewertung der Service-Mitteilungen, ohne andere Funktionen völlig außer acht zu lassen, wie die Verwendung der kleinen Meldungen als handliche Versatzstücke bei der redaktionellen Seitengestaltung oder die PR- und Werbefunktion für Veranstalter und andere Anbieter.

Aus Sicht des Lesers eröffnen die untersuchten Zeitungen vor allem Möglichkeiten der Teilnahme am organisierten lokalen Leben und zwar in den Reproduktionsbereichen Bildung, Kultur, Unterhaltung und Geselligkeit. Die Partizipation an der amtlichen Kommunalpolitik wird an dieser Stelle dagegen kaum erleichtert. Leicht zu realisieren ist der Nutzen der Service-Mitteilungen aber auch für die anderen Bereiche nicht immer, denn ein großer Teil der veröffentlichten Informationen wird unstrukturiert dargeboten. – Service-Mitteilungen in der Lokalberichterstattung sind damit eine eindrucksvolle, aber ungeordnete Masse. Der potentiellen Orientierung über bestimmte lokale Angebote müßte eine zeitungsflächendeckende Recherche des Lesers vorangehen, die das geringe Zeitbudget für die Tageszeitungslektüre vermutlich fast vollständig in Anspruch nähme.[197]

Damit führt die Bewertung aus Lesersicht nahtlos zur Frage der Leserbindung und zum redaktionellen Zeitungs-Marketing. Die Service-Mitteilung, ohnehin kein Beitragstyp mit hohem journalistischen Prestige, wird da von den Redaktionen offenbar nicht ganz ernst genommen oder zumindest nicht konsequent funktional vermittelt. Das den Redaktionen frei Haus gelieferte Service-Material wird zum Teil ohne strukturierenden Eingriff als Füller auf den Seiten verteilt und kann so bestenfalls eine Alibifunktion („Wir haben es ge-

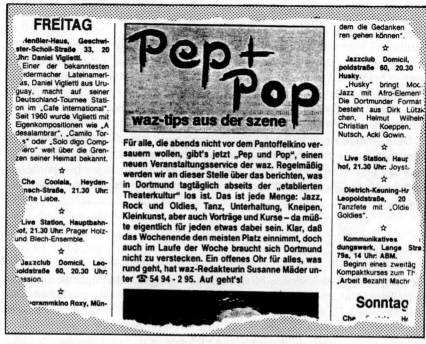

Abb. 24 – Service-Meldungen in strukturierter Form: Beispiel eines Versuchs der zielgruppenorientierten Anordnung von Veranstaltungsankündigungen.
(WAZ Dortmund, 14.2.1986 – Zeitungsausriß)

bracht") gegenüber den Einsendern erfüllen. Angesichts der tatsächlichen oder potentiellen Konkurrenz anderer Medientypen wie lokalen Programmzeitschriften (Stadtmagazine) oder zukünftig gezielt abfragbaren elektronischen Datenbanken ist ein solches weitgehend ungeordnetes Service-Wesen vermutlich keine zukunftsträchtige Redaktionspolitik. Die bereits vorhandenen Service-Rubriken und zielgruppenorientierten Ordnungsversuche (siehe Beispiel in Abbildung 24) deuten die Möglichkeiten an, auch die unscheinbaren kleinen Meldungen zu einem Faktor lokaljournalistischer Leistung zu machen.

7.2 Themenbestimmte Beitragstypen

Ohne die Kurz-Infos und die längeren Service-Mitteilungen enthält das Untersuchungssample noch 969 Beiträge. Deren Typisierung soll vor allem anhand „thematischer" Merkmale erfolgen und zwar mit Hilfe des Variablenkranzes, der in Kapitel 4.31 vorgestellt wurde. Dabei geht es aber weniger um Einzelthemen als um eine eher grobe Typenbildung, die die thematische Komplexität berücksichtigt. Die mit den Variablen mögliche sehr feine thematische Gliederung wird hier nur angedeutet.

Themen-Texte

Zur ersten Einordnung werden die drei zentralen Themendimensionen UMFELD, VERSORGUNG, WIRTSCHAFT & ARBEIT herangezogen. Mit diesen Themendimensionen sollen elementare Sachbereiche lokaler Berichterstattung erfaßt werden, (a) die Thematisierung der räumlichen Umgebung und damit verbundener Umweltsituationen, (b) die Thematisierung der technischen, sozialen und kulturellen Infrastruktur mit ihren Angeboten und Leistungen, (c) die Thematisierung wirtschaftlicher Situationen und Aktivitäten einschließlich des Bereichs Arbeit. Untersucht wurde, ob in den noch nicht typisierten 969 Texten über Elemente dieser Themendimensionen in „nennenswertem Umfang"[198] berichtet wird: Zwei Drittel dieser Beiträge sind danach mindestens einer der drei Themendimensionen zuzuordnen; diese 648 Beiträge heißen im folgenden *Themen-Texte*. Ihre Verteilung auf die drei Themendimensionen zeigt Abbildung 25.

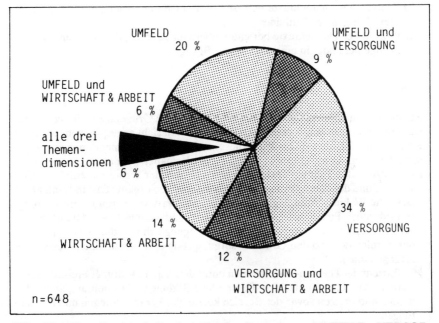

Abb. 25 – Verteilung auf die drei Themendimensionen UMFELD, VERSORGUNG, WIRTSCHAFT & ARBEIT einschließlich Kombinationen (gerundete Prozentwerte).

Die Themendimensionen sind noch näher spezifiziert, so daß eine differenziertere thematische Einordnung möglich ist; eine Übersicht über die Themenschwerpunkte wird im Kasten gegeben.

Dadurch, daß in einem Teil der Beiträge mehr als eine Themendimension angesprochen wird, ergibt sich eine ganze Reihe von Kombinationsmöglichkei-

---

Themen-Texte: Thematische Schwerpunkte

648 Beiträge lassen sich mindestens einer Themendimension zuordnen. Die folgende Übersicht spezifiziert die in diesen „Themen-Texten" angesprochenen Bereiche.

Umfeld

40 Prozent der Themen-Texte haben einen Bezug zum „Umfeld", zu Gebäuden, Verkehrswegen und anderen Flächen oder auch allgemeiner zur Umwelt im ökologischen Sinne. Dabei können drei etwa gleich große Gruppen unterschieden werden:
▷ 13 Prozent der Thementexte thematisieren eine „Umfeldsituation", namentlich Verkehrsverhältnisse und Umweltverschmutzung bzw. Naturphänomene
▷ 15 Prozent der Thementexte befassen sich mit Baumaßnahmen oder anderen Umgestaltungen des Umfeldes
▷ 12 Prozent der Thementexte berichten über Gebäude, Straßen oder andere Flächen allgemein oder in einem sonstigen Bezug.

Versorgung

Mit der Themendimension „Versorgung" werden die Grundlagen der Daseinsgestaltung in technischer, sozialer und kultureller Hinsicht angesprochen. Rund 60 Prozent aller Themen-Texte kann dieser umfassenden Themendimension zugeordnet werden. Diese Quote setzt sich folgendermaßen zusammen:
▷ 24 Prozent der Themen-Texte befassen sich mit der technisch-sozialen Infrastruktur und der damit verbundenen Elementar-Versorgung; das sind einmal die Bereiche Wohnen/Wohnungen, Energie- und Wasserversorgung, Entsorgung, Beförderung, Postdienste, Rettungsdienste und vergleichbare Dienstleistungen. Neben dieser mehr technischen Versorgung zählt zu dieser Gruppe auch der Bereich der sozialen Grundversorgung (Fürsorge, Gesundheitswesen, Beratungen u.ä.).
▷ 35 Prozent der Themen-Texte können unter den Aspekt Kultur & Freizeit gefaßt werden; das sind im einzelnen die Bereiche Bildung und Erziehung, Sport, Erholung und Freizeit sowie der Bereich kultureller Veranstaltungen und Einrichtungen
▷ Einige wenige Beiträge befassen sich sowohl mit Elementen der technisch-sozialen als auch der kulturellen Versorgung.

> *Wirtschaft und Arbeit*
>
> Gut 37 Prozent aller Themen-Texte können der dritten Themendimension zugeordnet werden, dabei dominiert der Wirtschaftsaspekt:
> ▷ 24 Prozent der Themen-Texte befassen sich mit der wirtschaftlichen Situation oder einzelnen Aktivitäten; es sind meist Beiträge, die die wirtschaftliche Situation/Aktivität von Organisationen (Unternehmen, Einrichtungen, Verbände...) behandeln.
> Zwei Drittel davon können eindeutig einer Branche zugeordnet werden: Der Dienstleistungssektor dominiert im Verhältnis von 7:1 gegenüber dem Produktionsbereich.[199]
> ▷ In knapp 10 Prozent der Themen-Texte wird der Bereich „Arbeit" angesprochen: Arbeitsmarkt/Arbeitslosigkeit, einzelne Berufe, berufliche Ausbildung und die Interessenvertretung von Arbeitnehmern; auch hier prägt bei konkreter Zuordnung der Dienstleistungsbereich das Bild im Verhältnis 7:1
> ▷ Hinzu kommen noch knapp 4 Prozent an Beiträgen, die sowohl die wirtschaftliche Situation als auch den Bereich „Arbeit" thematisieren.

ten: Die Häufigkeit einzelner Themen und Themenkonstellationen ist in Tabelle 1 im Anhang dokumentiert.

Für die allgemeine Typisierung lokaler Textbeiträge werden solche mehr oder weniger feinen Differenzierungen vernachlässigt. An dieser Stelle wird lediglich ganz grob unterschieden zwischen den Beiträgen, die genau einer Themendimension zugeordnet werden können, und jenen, die zwei oder sogar alle drei Themendimensionen berühren und damit komplexer angelegt sind. In Abbildung 25 ist diese Differenzierung graphisch angedeutet: In 68 Prozent der Thementexte (helles Raster) ist nur eine Themendimension ausgeprägt, in 32 Prozent werden mehrere Dimensionen angesprochen (dunkles Raster bzw. schwarz).

Andere Inhalte

Von den in diesem Kapitel besprochenen 969 Beiträgen konnten rund zwei Drittel als Themen-Texte eingeordnet werden; das verbleibende Drittel hat keinen oder keinen nennenswerten Bezug zu den Themendimensionen UMFELD, VERSORGUNG, WIRTSCHAFT & ARBEIT. Diese Beiträge sind aber bis auf einen geringen Rest („Sonstiges") mit Hilfe der anderen, ergänzenden thematischen Variablen zu charakterisieren. Es lassen sich dabei zwei etwa gleich große Gruppen von Texten unterscheiden: In der einen werden Kriminalität und Unfälle, in der anderen Veranstaltungen und Organisationen thematisiert.

Die erste Gruppe setzt sich einmal zusammen aus „Polzeimeldungen", also kurzen Mitteilungen über Kriminalität, Unfälle, Unglücke, Schäden... und aus ausführlicheren Kriminalitäts- und Unglückstexten, darunter auch die meist etwas umfangreichere Aufarbeitung in Berichten über Strafverfahren.[200]

Die zweite Gruppe besteht hauptsächlich aus Veranstaltungsberichten, wobei in Verbindung damit meist die Situation oder die Aktivitäten von Organisationen thematisiert werden. Häufigste Veranstaltungstypen sind dabei Feste/Feiern sowie sportliche oder andere Wettbewerbe; bei den beteiligten Organisationen dominieren die Vereine. – Enthalten sind in dieser Gruppe auch einige wenige Beiträge über die Situation/Aktivitäten von Organisationen ohne erkennbaren Veranstaltungsbezug.

7.3 Typologische Lokalteilstruktur

Anhand inhaltlicher und formaler Kriterien wurden in den vorangegangenen Abschnitten Beitragstypen der Lokalberichterstattung herausgearbeitet. Unterschieden werden:

Typ 0 – Sonderform
Typ 1 – Service-Mitteilung
       1a Kurz-Info
       1b Ausführlicher Service-Beitrag
Typ 2 – Themen-Text
       2a Themen-Text mit 1 Themen-Dimension
       2b Themen-Text mit 2-3 Themen-Dimensionen
Typ 3 – Unfall-/Kriminalitätsbericht
       3a Polizeimeldung
       3b längerer Bericht zu Unfällen/Kriminalität
Typ 4 – Beitrag über Veranstaltungen/Organisationen
Typ 5 – Sonstiges

Die Klassifizierung der Untersuchungseinheiten erfolgte nach einem hierarchischen Sortierverfahren, das aus drei noch weiter untergliederten Schritten besteht:
1. Aussonderung bestimmter Beitragstypen (Sonderformen),
2. Erfassung definierter Funktionsmerkmale (Service),
3. Aufgliederung der verbleibenden Texte nach thematischen Kriterien. Diese Kriterien haben ihrerseits eine unterschiedliche Präferenz, so daß sich insgesamt ein mehrstufiges hierarchisches System ergibt, dessen Schema in Abbildung 26 dargestellt ist. „Hierarchisch" bedeutet, daß ein weiter unten stehendes Kriterium erst herangezogen wurde, wenn eine Einordnung anhand der weiter oben stehenden Kriterien nicht möglich war. Beispiele:
▷ Die Thematisierung von Kriminalität oder Unfällen ist eine notwendige, aber nicht hinreichende Bedingung, um einen Text als Beitragstyp 3 einzuordnen: Wird gleichzeitig in nennenswertem Umfang eine der drei elementa-

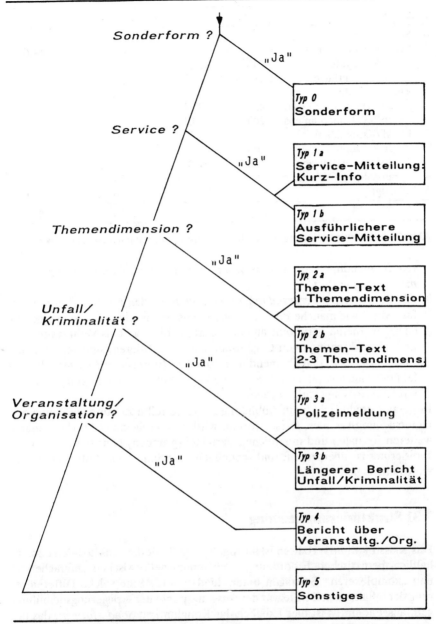

Abb. 26 – Klassifikationsschema für die Bestimmung von Beitragstypen. Die Kriterien sind hierarchisch angeordnet: Weiter unten stehende Kriterien werden erst herangezogen, wenn eine Einordnung anhand der oberen Kriterien nicht möglich ist.

Beitragstyp			Anzahl	Prozent
0	Sonderformen		73	3.5
1	Service-Mitteilungen		1024	49.6
	1a Kurz-Infos	843	40.8	
	1b Ausführlichere	181	8.8	
2	Themen-Texte		648	31.4
	2a 1 Themendimension	439	21.2	
	2b 2-3 Themendimens	209	10.1	
3	Unfall/Kriminalität		140	6.8
	3a Polizeimeldungen	100	4.8	
	3b längere Beiträge	40	1.9	
4	Veranstaltung/Organis.		153	7.4
5	Sonstige		28	1.4
			2066	100.1

Abb. 27 – Zusammensetzung der Untersuchungseinheiten nach Beitragstypen.

ren Themendimension angesprochen, wird der Text als Beitragstyp 2 *Themen-Text* eingestuft.

▷ Als Beitragstyp 4 *Veranstaltung/Organisation* werden nur jene Beiträge erfaßt, die – wie manche Berichte von Vereinsversammlungen – kein eigentliches Sachthema berühren; andere Beiträge, die ebenfalls Veranstaltungen und/oder Aktivitäten von Organisationen thematisieren, sind bei nennenswertem Bezug zu den Themendimensionen als Beitragstyp 2 *Themen-Text* erfaßt oder auch vorab bereits als bloße Veranstaltungsankündigung Beitragstyp 1 *Service* eingestuft worden.

Insgesamt ergibt sich die in Abbildung 27 dargestellte Zusammensetzung des Untersuchungssamples. Diese Struktur wird in den folgenden Abschnitten mit weiteren formalen und inhaltlichen Variablen(gruppen) konfrontiert, um die Typisierung zu überprüfen, und schließlich nach einzelnen Zeitungen aufgeschlüsselt.

7.31 Strukturierungsleistung

Das Klassifikationsverfahren ist so angelegt, daß mit der funktionalen bzw. inhaltlich-thematischen Einordnung auch tendenziell zwischen „einfacheren" und „komplexeren" Beiträgen unterschieden wird. Eine solche Differenzierung der inhaltlichen Dichte war der Ausgangspunkt der Typisierungsbemühungen; ausgenommen ist hier lediglich das Konglomerat *Sonderformen*, das bei den folgenden Differenzierungen auch ausgeblendet wird.

Daß die Typisierung tatsächlich im Sinne von „Dichte" und „Komplexität" arbeitet, läßt sich anhand einiger formaler und inhaltlicher Merkmale vorführen, die bisher nicht einbezogen waren. Es sind die Umfänge der Texte,[201] die journalistischen Darstellungsformen und aussagekräftiger: die Ausprägung von Hintergrundberichterstattung sowie die „politische Dimension" der Beiträge. Es ist zu zeigen, daß sich die Beitragstypen auch in diesen Merkmalen unterscheiden, genauer: daß komplexere Beitragstypen wie die Themen-Texte, vor allem jene mit mehreren Themendimensionen, umfangreicher sind, ein größeres Spektrum journalistischer Darstellungsformen belegen, eher Verweise (Verallgemeinerungen, Rückblicke, Ausblicke) enthalten und auch „politischer" ausfallen.

Beitragstypen und Umfänge

Die Beitragstypen unterscheiden sich in der Größe der Texte. Am umfangreichsten fallen wie erwartet die Themen-Texte aus; die als besonders komplex eingeschätzten Beiträge mit mehreren Themendimensionen sind dabei noch durchschnittlich um ein Drittel größer als die „eindimensionalen" Themen-Texte. Am Ende der Größenskala stehen die Service-Mitteilungen (Abbildung 28). Die Umfangsunterschiede der Beitragstypen sind hochsignifikant; die Stärke des Zusammenhangs ist in Tabelle 2 im Anhang mit dem Eta-Koeffizienten ausgewiesen.[202]

Beitragstypen und Darstellungsformen

Bei der Charakterisierung journalistischer Darstellungsformen wird in Anlehnung an übliche Kriterien zwischen mehr informierenden und eher meinungsäußernden Darstellungsformen unterschieden.[203]

Beitragstyp	Durchschnittlicher Textumfang in cm²	...ohne Überschrift in cm²	in Zeilen
2b 2-3 Themendimensionen	123	92	68
2a 1 Themendimension	94	71	52
4 Veranstaltungen/Organisat.	73	55	41
5 Sonstiges	58	45	33
3 Unfall/Kriminalität	53	40	30
1 Service	42	33	24

Abb. 28 – Rangfolge der Beitragstypen nach ihrem durchschnittlichen Textumfang. Neben dem Gesamtumfang sind auch die Nettoumfänge (ohne Überschriften) ausgewiesen, um zu zeigen, daß die Aufmachung bei diesen Umfangsrelationen keine nennenswerte Rolle spielt. – Für die anschaulichere Angabe der Zeilenzahl wurde eine Spaltenbreite von 4,5 cm und eine 8-Punkt-Schrift angenommen.

▷ Mit 89 Prozent machen die „informierenden" Formen, Nachrichten/Berichte und einige wenige Reportagen,[204] die Masse der Untersuchungseinheiten aus; Beitragstyp 3 *Unfall/Kriminalität* besteht ausschließlich aus informierenden Formen, der Beitragstyp 1 *Service* zu 98 Prozent
▷ Knapp 3 Prozent der Beiträge sind Veranstaltungskritiken/Rezensionen und überwiegend der Themendimension (kulturelle) VERSORGUNG zuzuordnen (Beitragstyp 2a)
▷ Explizite Meinungsformen sind wie in vielen anderen Lokalteiluntersuchungen rar: 16 Kommentare, 37 Leserbriefe, dazu 4 Interviews und 2 Umfragen machen zusammen knapp 3 Prozent aller Beiträge aus;[205] diese Meinungsbeiträge konzentrieren sich zu 90 Prozent auf den Beitragstyp 2 *Themen-Texte*.

Es lassen sich damit zwar gewisse Trends in der Koppelung von Beitragstyp und journalistischer Darstellungsform erkennen. Durch das große Übergewicht „informierender" Formen, die alle Beitragstypen dominieren, sind diese Zusammenhänge aber nicht zu quantifizieren.

Beitragstypen und Hintergrundverweise

Nachweisbare Unterschiede gibt es dagegen bei der Hintergrundberichterstattung. Drei Variablen werden als Indikatoren für eine „hintergründigere" Berichterstattung untersucht, d.h. für Darstellungen, die sich nicht auf ein isoliertes Einzelgeschehen beschränken, sondern tendenziell Zusammenhänge aufzeigen. Es wird gefragt, ob ein Beitrag folgende Merkmale enthält: a) eine Verallgemeinerung oder strukturelle Beschreibung („Überblick"), b) einen Verweis auf zurückliegendes Geschehen („Rückblick"), c) einen Hinweis auf die weitere Entwicklung („Ausblick").

Als Überblick wird gewertet, wenn statt oder ergänzend zur Einzelfallschilderung eine verallgemeinernde Darstellung gegeben wird, beispielsweise in Form statistischer Angaben.[206] Beim Rückblick und Ausblick ist das Kategoriensystem so konzipiert, daß auch kleinste Verweise auf Vergangenheit bzw. Zukunft erfaßt werden (vgl. Variablen 32 und 33 im Methodischen Anhang). Da die Fragestellung hier auf „Hintergrund" und das Aufzeigen von Zusammenhängen zielt, sind etwas strengere Maßstäbe anzulegen. So werden jene „Ausblicke" nicht berücksichtigt, die lediglich aus Termin- /Kontakthinweisen bestehen oder mit solchen Hinweisen verknüpft sind. Bei den Rückblicken werden entsprechend bloße Kurz-Hinweise auf die Vergangenheit ausgeschlossen sowie zwei Arten, die vornehmlich die Vergangenheit und Entwicklung von Einzelpersonen darstellen, nämlich Lebensläufe und gerichtliche Aufarbeitungen.[207]

Von den 1150 ausführlicher analysierten Untersuchungseinheiten (vgl. Einleitung Kapitel 7) bieten knapp 27 Prozent einen verallgemeinernden Überblick, 15 Prozent enthalten einen Rückblick und 25 Prozent einen Ausblick. Knapp die Hälfte der Beiträge hat mindestens einen dieser drei Arten von Verweisen, 15 Prozent haben mehrere Verweise. Überdurchschnittlich ist jeweils der Anteil der Verweise bei den Themen-Texten, Beitragstyp 2b und 2a (siehe Abbildung 29). Die Unterschiede zwischen den Beitragstypen sind signifikant (siehe Tabelle 3 im Anhang).

Beitragstypen und Politik

Die Feststellung, daß sich die einzelnen Beitragstypen auch in ihrem politischen Gehalt unterscheiden, ist zunächst semantisch zu präzisieren, denn je nach Politikbegriff werden bestimmte Aspekte der Gestaltung gesellschaftlichen Lebens betont oder ausgeblendet. Die Selektivität des verwendeten Politikbegriffs ist bei einer empirischen Arbeit nicht zu lösen von den Möglichkeiten der Operationalisierung, die Politik auf einige wenige, zuverlässig meßbare Aspekte reduziert. In unserer Untersuchung sind dies das politische System und der politische Diskurs. Beim ersten Ansatzpunkt geht es um den Bereich sichtbarer und offizieller Politik, um die institutionalisierte Gestaltung des öffentlichen Lebens. Diese etwas enge, am vorgefundenen politischen System festgemachte Politikdefinition wird ergänzt durch einen zweiten, eher prozeßorientierten Ansatzpunkt, der am politischen Diskurs, an Konflikt und Konsensfindung interessiert ist.[208]

Mit drei Variablen wird versucht, in diesem Sinne Politik in der Lokalberichterstattung zu erfassen: a) Wird im Text in nennenswertem Umfang über Kommunalpolitik berichtet? b) Werden Aspekte oberhalb der Kommunalpolitik angesprochen (Bundes-, Landespolitik, Gesetzliche Bestimmungen, Wahlen, politisches System allgemein)? c) Enthält der Beitrag konkrete politische Forderungen, Absichtserklärungen, Bewertungen?[209]

Beitragstyp		Anteil der Beiträge mit mindestens	
		1 Verweis	2 Verweisen
2b	2-3 Themendimensionen	79 %	30 %
2a	1 Themendimension	59 %	20 %
5	Sonstiges	46 %	11 %
4	Veranstaltung/Organisation	41 %	9 %
1b	Service (ausführlich)	27 %	2 %
3	Unfall/Kriminalität	11 %	1 %

Abb. 29 – Anteil der Beiträge pro Beitragstyp mit mindestens einem bzw. mindestens zwei Verweisen (Verallgemeinerung, Rückblick, Ausblick).

Beitragstyp		Anteil der Beiträge mit	
		mindestens einem Politik-Element	mehreren Politik-Elementen
2b	2-3 Themendimensionen	49%	30%
2a	1 Themendimension	31%	18%
4	Veranstaltung/Organisation	16%	8%
5	Sonstiges	14%	7%
1b	Service (ausführlich)	8%	2%
3	Unfall/Kriminalität	2%	1%

Abb. 30 – Anteil der Beiträge pro Beitragstyp mit mindestens einem Politik-Element (Kommunalpolitik, übergeordnete Politik, politischer Diskurs).

Für die 1150 ausführlicher analysierten Beiträge ergibt sich dabei folgender Politik-Bezug:
▷ fast 16 Prozent berichten in „nennenswertem Umfang" [210] über Kommunalpolitik
▷ knapp 8 Prozent verweisen auf die übergeordnete politische Ebene
▷ in 16,5 Prozent werden politische Forderungen, Absichtserklärungen oder Bewertungen formuliert; gut die Hälfte dieser Äußerungen erfolgt im institutionellen Rahmen (Parlamente, Parteien), der übrige Teil ist anderen Organisationen, einzelnen Bürgern usw. zuzuordnen oder nicht eindeutig klassifizierbar.

Insgesamt enthält knapp ein Viertel mindestens eines dieser drei Politik-Elemente. Die Erwartung, daß Themen-Texte „politischer" sind als die anderen Beitragstypen, wird dabei bestätigt (Abbildung 30); von den Beiträgen mit mehreren Themendimensionen (Typ 2b) haben sogar fast die Hälfte Politik-Elemente. Die Unterschiede zwischen den Beitragstypen sind signifikant (siehe Tabelle 4 im Anhang).

Das Vorkommen konkreter politischer Forderungen, Absichtserklärungen, Bewertungen – hier lediglich als ein Indikator für Komplexität interpretiert, wird in Kapitel 8.2 unter dem Apekt der Nachrichtenwertigkeit noch einmal aufgegriffen.

7.32 Zeitungsvergleich

Das Ergebnis der Typisierung ist zunächst ein Überblick mit den Anteilen der einzelnen Beitragstypen am gesamten Untersuchungssample wie in Abbildung 27 dargestellt. Die Zahl der Beiträge ist aber nicht unbedingt ein Indikator für das „Gewicht" eines Beitragstyps, wie am Beispiel der Service-Mitteilungen be-

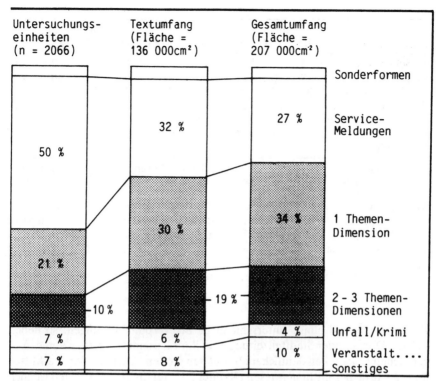

Abb. 31 – Anteile der Beitragstypen am Untersuchungssample auf Basis der Untersuchungseinheiten, der Textfläche und der Gesamtfläche (Text und Bild).

in der Gesamtstruktur der in Kapitel 7.31 angesprochene starke Zusammenhang zwischen Beitragstyp und Umfang: Es ergeben sich deutliche Verschiebungen zugunsten jener Beiträge, die eine oder mehrere Themendimensionen ansprechen (Abbildung 31).

Auch wenn diese Inhaltsanalyse grundsätzlich auf Zeitungsbeiträgen als Untersuchungseinheiten beruht – unabhängig von deren jeweiliger Größe – sind solche quantitativen Unterschiede zu beachten. Die beschreibende Leistung der Flächendarstellung ist im Gesamtüberblick jedenfalls höher anzusetzen, als die Verteilung auf der Basis der Einheiten: Die flächenmäßige Darstellung zeigt in anschaulicher Weise eine Struktur der Zeitungen, die auch dem normalen Lese-Eindruck näher ist als die reine Auszählung. In Abbildung 32 wird die flächenmäßige Gesamtstruktur für die einzelnen Zeitungen beschrieben, unter Angabe der jeweiligen Basis.

Beitragstypen	Lokalteile						Stadtteilztg.		
	RN	WR	WAZ	WZ	MZ	WP	RN	WR/WAZ	WZ
0 Sonderform	3	8	5	3	1	6	2	2	10
1 Service	29	28	29	31	32	26	47	40	26
2a 1 Themendimens.	31	27	27	36	30	37	30	27	28
2b 2-3 Themendimens.	19	20	26	19	19	18	7	14	30
3 Unfall/Kriminalit.	9	9	8	8	6	3	1	2	–
4 Veranst./Organis.	8	5	6	4	9	10	13	15	6
5 Sonstiges	2	3	–	–	3	0	1	0	1

Basis=100% Textfläche der Zeitungen/Zeitungsteile in cm^2:
RN: 17800 WR: 18700 WAZ: 18300 WZ: 14600 MZ: 15400 WP: 15300

Abb. 32 – Anteile der Beitragstypen an der Textfläche der einzelnen Zeitungen/Zeitungsteile (gerundete Prozentwerte). Für die Stadtteilzeitungen ist die Basis nicht angegeben, da aufgrund der Samplebildung ein Vergleich mit den absoluten Umfängen nicht sinnvoll ist.

Stadtteilzeitungen

Zu erkennen sind einige unterschiedliche Schwerpunktsetzungen; so heben sich die Dortmunder Stadtteilzeitungen in ihrer Zusammensetzung von den eigentlichen Lokalteilen deutlicher ab. Auf den großen Anteil der Service-Mitteilungen wurde bereits hingewiesen (Kapitel 7.1); relativ stark vertreten ist auch der Beitragstyp 4 *Veranstaltungen-Organisationen*, der im Schnitt doppelt so viel Raum einnimmt wie in den Lokalteilen. Dieser Unterschied ist auch auf der Basis der Untersuchungseinheiten hochsignifikant. Die Dortmunder Stadtteilzeitungen sind damit sehr stark geprägt von Veranstaltungsankündigungen und Veranstaltungsberichten, wobei Versammlungen und andere Aktivitäten von Vereinen eine bedeutende Rolle spielen. Entsprechend kleiner ist der Anteil der übrigen Beitragstypen; fast keine Rolle spielen Berichte über Unfälle und Kriminalität (Typ 3), die offensichtlich den eigentlichen Lokalteilen vorbehalten sind.

Die einzige Entsprechung in den Wuppertaler Stadtteilzeitungen ist das Fehlen dieses Beitragstyps 3. Ansonsten ähneln diese lediglich monatlich erscheinenden Stadtteilbeilagen der WZ eher der Struktur der Lokalteile mit einem noch höheren Anteil der Themen-Texte (s. Tabelle 5 im Anhang).

Lokalteile

Auch in der Zusammensetzung der sechs Lokalteile zeigen sich einige, wenn auch weniger gravierende Unterschiede. Eine Gesamtübersicht mit der Verteilung der Untersuchungseinheiten auf alle Beitragstypen gibt Tabelle 5 im Anhang, während hier die Beitragstypen 0 *Sonderformen*, 1 *Service* und 5 *Sonstiges* ausgeblendet werden, um die Gemeinsamkeiten und Unterschiede in der stärker „inhaltlich" charakterisierten Berichterstattung zu akzentuieren (Abbildung 33)

In der groben Struktur fällt zunächst eine Abweichung auf, die möglicherweise auf den Gegensatz Groß- und Mittelstadt zurückgeführt werden kann: In den Mendener Lokalteilen haben Unfall- und Kriminalitätsberichte einen etwas geringeren Anteil als in den Großstadtzeitungen, während die Beiträge über Veranstaltungen und Organisationen in der kleineren Stadt eine relativ größere Bedeutung haben.

Die Beiträge zu den drei Themendimensionen UMFELD, VERSORGUNG, WIRTSCHAFT & ARBEIT haben in allen Lokalteilen ohne signifikante Unterschiede einen Anteil um etwa 70 Prozent an der inhaltlich bestimmten Lokalberichterstattung. Das tatsächliche „Wochenangebot" des Beitragstyps Themen-Text mit im Schnitt 80 Beiträgen schwankt allerdings zwischen 63 (Mendener Zeitung) und 113 Beiträgen in der WAZ Dortmund.

Als markantere Abweichung fällt bei der WAZ außerdem der relativ hohe Anteil von Beiträgen mit mehreren Themen-Dimensionen (32 %) auf, der signifikant vom Durchschnitt (21 %) der übrigen Lokalteile abweicht. Die Tendenz zu einem etwas ausgeprägteren Profil zeigt sich in dieser Zeitung auch bei den journalistischen Darstellungsformen, den Hintergrundverweisen und beim Politikbezug, also jenen Merkmalen, die im vorangegangen Abschnitt bereits als Indikatoren für „Komplexität" angesprochen wurden. Auf der Ebene der Darstellungsformen ist eine für Lokalteile ungewöhnliche Tendenz zu expliziten Kommentierungen festzustellen: neun WAZ-Kommentaren in der untersuchten (künstlichen) Woche stehen maximal zwei in den jeweils anderen Lokalteilen gegenüber.[211] Der relativ hohe Anteil an Beiträgen mit Hintergrundverweisen und Politik-Elementen unterscheidet sich zumindest von einzelnen Zeitungen des Samples signifikant, in beiden Fällen von der WZ Wuppertal, bei den Politik- Elementen auch von der örtlichen Konkurrenz RN. (Abbildung 34, Tabellen 6 und 7 im Anhang).

Beitragstyp	RN (135) %	WR (119) %	WAZ (157) %	WZ (111) %	MZ (91) %	WP (90) %
Themen-Text	65	65	72	68	69	73
1 Dimension	44	45	40	47	46	52
2-3 Dimensionen	21	19	32	22	23	21
Unfall/Kriminal.	22	23	19	22	14	8
Veranstaltung/Org.	13	13	9	10	16	19

Abb. 33 – Zusammensetzung der inhaltlich charakterisierten Lokalberichterstattung (gerundete Prozentwerte).

Anteil der Beiträge mit Hintergrundverweisen		Anteil der Beiträge mit Politik-Elementen	
WAZ Dortmund	61 %	WAZ Dortmund	35 %
WP Menden	60 %	MZ Menden	33 %
MZ Menden	53 %	WR Dortmund	32 %
WR Dortmund	51 %	WP Menden	30 %
RN Dortmund	50 %	RN Dortmund	24 %
WZ Wuppertal	48 %	WZ Wuppertal	23 %

Abb. 34 – Hintergrundverweise und Politik-Elemente in den Lokalteilen der Zeitung (ohne die Beitragstypen Sonderformen, Service und Sonstiges – vgl. Abb.33).

Abgesehen von dem Unterschied zur WAZ Dortmund, ist eine auffällige Abweichung der Monopolausgabe WZ Wuppertal gegenüber den übrigen (Wettbewerbs-)Zeitungen auf der Ebene dieser Merkmale nicht nachzuweisen. Zwar hat die WZ die wenigsten Beiträge mit Hintergrundverweisen und Politik-Elementen, aber der Unterschied zu der Gruppe der Wettbewerbszeitungen ist insgesamt nicht signifikant. Unter dem Politik-Aspekt läßt sich vielmehr beobachten, daß auch die jeweils „großen" Lokalausgaben in den beiden anderen Städten relativ wenig politische Beiträge enthalten: Der Unterschied zwischen den Marktführern (WZ, RN Dortmund, WP Menden) und den nachrangigen Wettbewerbern (WR, WAZ, MZ) ist signifikant (Abbildung 35).

Auf der Ebene der Oberflächenstruktur ergeben sich bei ausgeprägten Gemeinsamkeiten der verschiedenen Lokalteile also auch leichte Unterschiede, die möglicherweise mit der bereits angesprochenen „Profilierung" der (nach Marktanteil) kleineren Lokalausgaben zusammenhängen,[212] eine Hypothese, deren Bestätigung allerdings eine differenziertere Untersuchung des ökonomisch-publizistischen Bedingungszusammenhangs erforderlich macht.

Beiträge	„Marktführer" RN WZ WP	„Nachrangige" WR WAZ MZ
mit Politik	25.3	33.5	29.6
ohne Politik	74.7	66.5	70.4
Basis=100 %	336	367	703

Abb. 35 – Anteil der Beiträge mit Politik-Elementen in den Lokalteilen (ohne die Beitragstypen Sonderform, Service und Sonstiges). Die Unterschiede sind signifikant ($p < 0.05$).

8 Tiefenstruktur lokaler Zeitungstexte

Wie die Berichterstattung „gebaut" ist, wird mit den bereits angesprochenen Nachrichtenfaktoren analysiert. Es geht um Regeln oder regelmäßige Strukturen, die den Texten insgesamt oder bestimmten Teilen der Berichterstattung zugrunde liegen.

Die Einschätzung der Nachrichtenfaktoren hat sich im Laufe der Forschungsentwicklung gewandelt. Unter dem Einfluß des Bildes vom „Gatekeeper" wurden sie zunächst mehr als Kriterien der journalistischen Selektion interpretiert, als Faktoren, die auf den „Nachrichtenfluß" einwirken.[213] Diese etwas enge Vorstellung einer bloßen Sortierung und Bearbeitung vorgefundener, potentieller Nachrichten wurde erweitert durch die Bewertung der Nachrichtenfaktoren als Prinzipien der Konstruktion der Medienrealität, als Charakteristika eines Strukturierungsprozesses.[214] Der hier verwendete Begriff der Tiefenstruktur verweist auf diesen Konstruktionsaspekt und soll außerdem andeuten, daß es dabei um ein Gefüge der Nachrichtenfaktoren geht und nicht um eine bloße Anhäufung, wie dies manchmal bei der Ergebnispräsentation von Nachrichtenfaktor-Analysen erscheint.[215].

Die in Kapitel 4.32 modifizierten, „lokalen" Nachrichtenfaktoren werden entsprechend gebündelt:
▷ Die Nachrichtenfaktoren DAUER und ZEITFORM bilden die Elemente des *Zeitgerüsts*
▷ Als Merkmale der inhaltlichen Entwicklung werden die *Dynamik* des Geschehens (KONTROVERSE, UNGEWISSHEIT, ÜBERRASCHUNG) und die *Wertigkeit* (ERFOLG/SCHADEN) beschrieben
▷ Die Faktoren PERSONALISIERUNG, PERSÖNLICHER EINFLUSS und PROMINENZ werden unter dem Gesamtaspekt der *Personalisierung* erfaßt.

Die Analyse erfolgt jeweils schrittweise. Zunächst wird die Bedeutung der Nachrichtenfaktoren für die Untersuchungseinheiten insgesamt bestimmt, dann wird nach Beitragstypen und verschiedenen Zeitungen differenziert. Ergänzend werden weitere Merkmale hinzugezogen; hierzu zählt die Präsentation der Geschlechter im Rahmen der Analyse der Personalisierung und die Einbeziehung kritischer Äußerungen bei der Untersuchung der Wertigkeit. – Im Anschluß an die Einzelanalyse der Nachrichtenfaktoren wird in Profildarstellungen die Tiefenstruktur als Ganzes präsentiert, wiederum auch differenziert für inhaltlich oder formal definierte Teilstichproben.

Basis für die Darstellung der Tiefenstruktur sind die ausführlich analysierten Untersuchungseinheiten, also ohne Sonderformen und ohne Beiträge des Typs *Kurz-Info* bei den Service-Mitteilungen. Dies ist bei einem Vergleich mit anderen Untersuchungen von Nachrichtenfaktoren zu beachten; bei der Besprechung einiger Nachrichtenfaktoren wird auf die ausgeklammerten Kurz-Infos noch einmal ausdrücklich verwiesen.

8.1 Zeitgerüst

Zeit ist ein maßgebliches Ordnungsprinzip der sprachlichen Darstellung eines Geschehens. Ein Gerüst aus „zeitlicher Erstreckung, Gliederung und Perspektivik", wie es in erzählenden literarischen Texten vorgefunden wird,[216] ist zumindest in rudimentärer Form auch in journalistischen Texten auszumachen. Als Merkmale des Zeitgerüstes der Lokalberichterstattung werden hier die Größe der Zeitspanne im Sinne der Dauer des dargestellten Geschehens und die Zuordnung zu einem Zeitabschnitt (Zeitform) untersucht.

Der Nachrichtenfaktor ZEITFORM, der den jeweils angesprochenen Zeitabschnitt (Vergangenheit, Gegenwart, Zukunft) beschreibt, ist ein speziell in Lokalteiluntersuchungen erfaßtes Merkmal, eingeführt unter dem Eindruck des großen Anteils „zukunftsorientierter", ankündigender Texte, wie sie zum Teil bereits als Service-Mitteilungen angesprochen wurden.[217] – Die Dauer des dargestellten Geschehens gehört dagegen zu den klassischen Nachrichtenfaktoren und auch zu den besonders kritisch diskutierten Merkmalen der Nachrichtengebung.[218]

8.11 Ereignisdauer

Die zeitliche Strukturierung der Wirklichkeit, lautet eine These der Nachrichtenforschung, erfolgt in Abhängigkeit von der Erscheinungshäufigkeit des Nachrichtenmediums: Eine stündliche Informationssendung wird sich auf eher kurze Ereignisse (Unglück, Politikerstatement, Sportresultat) beziehen, während die Vierteljahrsschrift eher auf längerfristige Entwicklungen eingeht.[219] Bei Tageszeitungen wird entsprechend ein starker Bezug zu relativ kurzen „Tagesereignissen" registriert,[220] und dies gilt tendenziell auch für den Lokalteil. Die vorliegenden Ergebnisse sind hier allerdings nicht so eindeutig: Registrierte Rohr (1975) in seiner Fallstudie noch eine fast 100prozentige Quote von Beiträgen, die sich auf Tagesereignisse beziehen, liegt dieser Anteil bei nachfolgenden Lokalstudien deutlich niedriger, in einigen Fällen nur bei rund 50 Prozent.[221]

In dieser Untersuchung ist der Bezug zu kurzen Ereignissen noch weniger ausgeprägt. Das hängt zumindest zum Teil mit der Nichtberücksichtigung der Beiträge des Service-Typs *Kurz-Info* zusammen, die ja größtenteils Tagesereignisse (in Form von Veranstaltungen) avisieren. In den verbleibenden, ausführlich analysierten Beiträgen bilden kurze Ereignisse zwar die größte Gruppe, sie sind aber nicht dominant.

Untersucht wurde, auf was für eine Ereignisart sich ein Textbeitrag „überwiegend" bezieht. Der Nachrichtenfaktor DAUER hat danach folgende Ausprägung: 42 Prozent der Beiträge beziehen sich überwiegend auf ein Tagesereignis[222] und 31 Prozent auf ein mehrtägiges Ereignis oder eine längerfristige Entwicklung. Besonders bemerkenswert ist, daß immerhin 27 Prozent der Beiträge in dieses scheinbar geschlossene Kategorienschema (Tagesereignis – mehrtägiges Ereignis) gar nicht einzuordnen sind. Demnach beschreibt eine recht große Anzahl von Texten einen zeitlich offenen oder unspezifischen Zustand und kann nicht an dem Begriff des zeitlich definierten „Ereignisses" festgemacht werden, zumindest nicht, wenn wie hier das Ereignis den überwiegenden Teil des Beitrages bestimmen soll, also ein „ereignishafter" Aufhänger allein nicht genügt.

Die Ausprägung des Nachrichtenfaktors DAUER im Untersuchungssample läßt sich negativ auch so ausdrücken: Über die Hälfte der Beiträge ist nicht auf ein Tagesereignis bezogen. Durch die erwähnte Ausblendung der kurzen Service-Mitteilungen wird pointiert, was in der Tendenz bereits in früheren Arbeiten zu erkennen ist: Es gibt in der Lokalberichterstattung einen großen Anteil von Beiträgen, die sich auf mehrtägige Ereignisse, längerfristige Entwicklungen oder zeitlich unspezifische Zustände beziehen. Mit diesem Befund entspricht die Lokalberichterstattung nicht dem Muster der Nachrichtengebung tagesaktueller Medien mit ihrer Betonung klar definierter, kurzer Ereignisse.

Dadurch, daß die Lokalberichterstattung keiner einheitlichen oder zumindest dominanten Zeitstruktur unterliegt, stellt sich die Frage nach den Bedingungen für die jeweils vorgefundene Ausprägung von „Dauer": Was sind das für Beiträge, die als Tagesereignis dargestellt werden? Und was für Merkmale haben Beiträge, die einen längerfristigen oder unspezifischen Zeithintergrund aufweisen? Nach den in Teil 2 formulierten Hypothesen liegen Unterschiede zwischen den Zeitungen bzw. Zeitungsteilen nahe oder ein Zusammenhang mit den jeweils dargestellten Inhalten. Die Inhalte der Texte werden durch die vorgestellten Beitragstypen beschrieben.

Beitragstypen

Zwischen der Ereignisdauer und den thematisch bestimmten Beitragstypen besteht ein Zusammenhang: Service-Mitteilungen, Unfall- und Kriminalitätsberichte sowie Beiträge zu Veranstaltungen/Organisationen sind überdurchschnittlich auf Tagesereignisse bezogen, während Themen-Texte (Beitragstyp 2) besonders häufig mit längerfristigem oder zeitlich unspezifischem Geschehen verknüpft sind. Dies gilt bei den Texten mit einer Themendimension (Typ 2a) allerdings nur für die Bereiche UMFELD und WIRTSCHAFT & ARBEIT. Texte der Themendimension VERSORGUNG gehören dagegen eher zur Gruppe der erstgenannten Beitragstypen: Vor allem der Bereich der kultu-

Beitragstyp	Anteil der Beiträge mit Bezug auf ›Tagesereignis‹
3 Unfall-/Kriminalitätsberichte	81%
4 Berichte zu Veranstaltungen/Organisationen	56%
1b Service-Mitteilungen (ausführlich)	45%
2a Themen-Texte mit Themendimension VERSORGUNG	44%
2b ...mit mehreren Themendimensionen	25%
2a ...mit Themendimension UMFELD	22%
2a ...mit Themendimension WIRTSCHAFT & ARBEIT	21%

Abb. 36 – Beitragstypen und Nachrichtenfaktor DAUER, hier in der Ausprägung ›Tagesereignis‹.

rellen Versorgung wird stark veranstaltungsbezogen und damit als „Tagesereignis" thematisiert.

Abbildung 36 zeigt die Tendenzen in der Zeitstruktur der einzelnen Beitragstypen (siehe auch Tabelle 8 im Anhang). Für die Unfall- und Kriminalitätsberichte wie auch für die Themen-Texte (ohne den Bereich VERSORGUNG) ist eine recht eindeutige Ausprägung festzustellen: Im ersten Fall ist es der sehr große Anteil von Tagesereignissen, bei den Themen-Texten umgekehrt der sehr geringe Anteil, der hier indirekt auf die hohe Quote mit Bezug zu längerfristigem/unspezifischem Geschehen verweist.

Zeitungsunterschiede

Bei den Vergleichen der Zeitungen wird zunächst die zeitliche Struktur innerhalb der Gesamtberichterstattung betrachtet, also ohne Differenzierung nach Beitragstypen: Die sechs untersuchten Lokalteile sind insgesamt übereinstimmend strukturiert; die Unterschiede zwischen den Zeitungen sind nicht signifikant. Deutlichere Abweichungen zur Zeitstruktur in den Lokalteilen gibt es hingegen bei den Stadtteilzeitungen (siehe Abbildung 37).

Nachrichtenfaktor DAUER	Lokalteile (n=855)	Stadtteilzeitungen		Gesamt (n=1150)
		Dortmund (n=211)	Wuppertal (n=84)	
Tagesereignis	41	55	20	42
mehrtägiges Ereignis	32	23	39	31
nicht einzuordnen	27	23	41	27

Abb. 37 – Nachrichtenfaktor DAUER: Anteil der Textbeiträge pro Ausprägung (gerundete Prozentwerte). Die Unterschiede zwischen den einzelnen Stichproben sind signifikant (siehe Tabelle 9 im Anhang).

Bei den Wuppertaler Stadtteilzeitungen ist der Anteil der Beiträge mit Bezug zu Tagesereignissen (20 %) noch deutlich geringer als in den Lokalteilen. Dies harmoniert mit der eingangs angeführten These: Die lediglich monatlich erscheinenden Beilagen für die Wuppertaler Außenbezirke nehmen eine entsprechende zeitliche Strukturierung vor, die noch weniger am Tagesgeschehen ausgerichtet, eher längerfristig bzw. zeitlich unspezifisch angelegt ist.

Daß in den Dortmunder Stadtteilzeitungen mit 55 Prozent eine im Vergleich zu den Lokalteilen signifikant höhere Quote von Beiträgen auf Tagesereignisse bezogen ist, kann indes nicht auf eine unterschiedliche Erscheinungsfrequenz zurückgeführt werden: Die Stadtteilzeitungen haben trotz vergleichbarer Erscheinungsweise eine andere Verteilung beim Nachrichtenfaktor DAUER. – Dennoch ist nicht von einer wirklich abweichenden Strukturierung auszugehen. Die genannten Unterschiede lassen sich vielmehr inhaltlich-thematisch erklären, da sich die Stadtteilzeitungen auch in ihrer groben Inhaltsstruktur von den Lokalteilen abheben (vgl. Kapitel 7.32). In den Stadtteilzeitungen sind jene Beitragstypen stärker vertreten, die sich eher auf Tagesereignisse beziehen. Mit Berechnung der partiellen Korrelation, also unter Ausschaltung des Einflusses der Verteilung der Beitragstypen, „verschwindet" der Unterschied zwischen Lokalteilen und Stadtteilzeitungen.[223]

Bestimmte Inhalte, wie sie durch die Beitragstypen beschrieben sind, werden also von den Zeitungen hinsichtlich des Nachrichtenfaktors DAUER insgesamt sehr ähnlich strukturiert. Das gilt auch für Vergleiche zwischen einzelnen Zeitungen: Bei den Lokalteilen war lediglich für einen Beitragstyp bei einer Zeitung eine signifikant abweichende Strukturierung festzustellen. Unterschiede hinsichtlich der Merkmale Monopol – Wettbewerbszeitung oder Großstadt – Mittelstadt sind nicht erkennbar.

8.12 Zeitform

Mit der zweiten Größe des Zeitgerüstes wird das dargestellte Geschehen oder der beschriebenen Zustand einer Zeitebene zugeordnet. Texte können sich auf ein abgeschlossenes Geschehen (Vergangenheit) beziehen, auf momentanes Denken und Handeln (Gegenwart) sowie auf Planung und Erwartungen (Zukunft). Nicht selten werden mehrere Zeitebenen berührt; der Nachrichtenfaktor ZEITFORM beschreibt, auf welche Zeitebene sich der einzelne Zeitungstext überwiegend bezieht.

Zu präzisieren ist dabei der naturgemäß unscharfe Gegenwartsbegriff. In früheren Studien wurde Gegenwart einfach mit dem Erscheinungstag der analysierten Zeitungsausgabe gleichgesetzt,[224] eine etwas enge Auslegung, die Tagesereignisse bevorzugt („Heute um 17.30 Uhr wird ..."). In dieser Untersuchung wird Gegenwart weniger punktuell, sondern eher als Periode im Sinne von „derzeit", „in diesen Tagen" verstanden, so daß auch nicht abgeschlossene, aktuelle Entwicklungen und Zustände auf dieser Zeitebene erfaßt werden. Damit verwischt allerdings die Grenze zur „Zukunft", und es liegt nahe, aus der klassischen, eher idealtypischen Dreiteilung eine einfachere und eindeutigere Gliederung abzuleiten, die lediglich zwischen „abgeschlossenem" (Vergangenheit) und einem noch „offenen" Geschehen (Gegenwart/Zukunft) unterscheidet. Dieser Dichotomisierung wird im folgenden der Vorzug gegeben; der Versuch der „feineren" Dreiteilung in Vergangenheit-Gegenwart-Zukunft wird zusätzlich im tabellarischen Anhang dokumentiert und auch zunächst zur anschaulicheren Beschreibung ergänzend hinzugezogen.

Daß zukünftiges Geschehen in der Lokalberichterstattung eine nicht unbedeutende Rolle spielt, wurde bereits bei der Vorstellung des Beitragstyps *Service-Mitteilungen* deutlich. Würde man bei der Untersuchung der Zeitform auch alle Kurz-Infos mit ihrem großen Anteil von Ankündigungen einrechnen, so wäre der Bezug zu „noch offenem" Geschehen in den lokalen Zeitungsbeiträgen am häufigsten vertreten. In den hier ausführlich untersuchten Beiträgen macht indes Vergangenes den etwas größeren Anteil aus: Die dargestellten Ereignisse und Zustände beziehen sich in 51 Prozent der Beiträge überwiegend auf die Vergangenheit und in 44 Prozent auf ein überwiegend offenes Geschehen; 4 Prozent waren nicht einzuordnen.

Beitragstypen und Zeitform

Wie zuvor beim Nachrichtenfaktor DAUER ist auch die Zeitform vom Beitragstyp abhängig, wobei der Zusammenhang hier noch stärker ist (siehe Tabelle 10 im Anhang). Die längeren Service-Mitteilungen haben einen ausgeprägten Zukunftsbezug und die Beitragstypen 3 *Unfall/Kriminalität* und 4 *Veranstaltungen/Organisation* einen sehr starken Vergangenheitsbezug (Abbildung 38).

Neben diesen relativ banalen Befunden zeigt die Aufschlüsselung die ausgeprägte „Offenheit" der Themen-Texte. Komplexe Beiträge mit mehreren The-

Beitragstyp	Anteil der Beiträge mit Bezug zu abgeschlossenem Geschehen
3 Unfall-/Kriminalitätsberichte	96%
4 Berichte zu Veranstaltungen/Organisationen	77%
2a Themen-Texte mit Themendimension VERSORGUNG	61%
2b ...mit mehreren Themendimensionen	38%
2a ...mit Themendimension WIRTSCHAFT & ARBEIT	38%
2a ...mit Themendimension UMFELD	36%
1b Service-Mitteilungen (ausführlich)	19%

Abb. 38 – Beitragstypen und Nachrichtenfaktor ZEITFORM, hier in der Ausprägung ›Abgeschlossenes Geschehen‹ (Vergangenheit).

mendimensionen beziehen sich zu über 60 Prozent auf ein noch offenes Geschehen oder aktuelle Zustände; ähnliches gilt für die einfachen Themen-Texte mit den Dimensionen UMFELD oder WIRTSCHAFT & ARBEIT. Themen-Texte mit Themendimension VERSORGUNG sind dagegen überdurchschnittlich vergangenheitsbezogen, was wiederum (vgl. Kapitel 8.11) auf den starken Veranstaltungsbezug im Bereich der kulturellen Versorgung verweist.

Zeitungsunterschiede

Beim Zeitungsvergleich überwiegen zwischen den Lokalteilen bzw. Stadtteilzeitungen die Übereinstimmungen; nennenswerte Abweichungen gibt es zwischen diesen beiden Gruppen.

Die sechs untersuchten Lokalteile stimmen bei der Verwendung der Zeitform weitgehend überein. Die bei der Gesamtbetrachtung der Lokalberichterstattung erkennbaren signifikanten Unterschiede zwischen den Großstadtzeitungen und der Mendener Lokalpresse lassen sich auf die unterschiedliche inhaltliche Zusammensetzung zurückführen: In Menden ist der Anteil „offener" Beiträge höher, da in den dortigen Lokalteilen weniger (abgeschlossene) Polizeimeldungen enthalten sind und andererseits relativ mehr (offene) Service-Mitteilungen (vgl. Kapitel 7.32). Wird der Einfluß der Verteilung der Beitragstypen ausgeschaltet (Partielle Kontingenz), sind die Abweichungen zwischen den verschiedenen Lokalteilen nicht mehr signifikant.[225]

Diese partielle Übereinstimmung weist darauf hin, daß die Lokalteile innerhalb der einzelnen Beitragstypen eine weitgehend übereinstimmende ZEITFORM-Struktur haben. Einzige Ausnahme sind die Beiträge mit mehreren Themendimensionen, für die die Dortmunder Zeitungen einen größeren Spielraum andeuten: Hier gibt es signifikante Unterschiede zwischen der Westfälischen Rundschau, die in über 60 Prozent ein abgeschlossenes Geschehen thematisiert, während diese Quote bei WAZ und Ruhr-Nachrichten unter 30 Prozent liegt. Die Lokalteile in Wuppertal und Menden haben durchschnittliche Werte um 40 Prozent.

Die Dortmunder Stadtteilzeitungen unterscheiden sich untereinander nicht, beziehen sich aber im Vergleich zur Gruppe der Lokalteile stärker auf abgeschlossenes Geschehen. Dieser Unterschied läßt sich nicht (wie oben zwischen den Lokalteilen) durch die abweichende Inhaltsstruktur erklären.[226] Die Stadtteilzeitungen sind vielmehr bei der Themendimension VERSORGUNG und beim Beitragstyp 4 *Veranstaltungen-Organisationen* eindeutig stärker vergangenheitsbezogen. Bei den übrigen Beitragstypen bestehen keine signifikanten Unterschiede in der Verteilung der Zeitformen.

In der Wuppertaler Stadtteilzeitung sind die Zeitformen ähnlich verteilt wie in den Lokalteilen.

8.13 Zeitliche Strukturierung

Zwischen den beiden besprochenen Faktoren des Zeitgerüstes besteht ein Zusammenhang: Die einzelne Ausprägung des Nachrichtenfaktors DAUER ist mit einer bestimmten Zeitform stärker verknüpft,[227] und es lassen sich entsprechend charakteristische Muster der zeitlichen Strukturierung herausarbeiten (Abbildung 39). Die Lokalberichterstattung ist damit im wesentlichen von zwei gegensätzlichen Formen geprägt, einmal vom abgeschlossenen Tagesereignis, zum anderen von einem offenen, zeitlich schwächer konturierten Geschehen, das etwas schwieriger zu definieren ist: noch nicht abgeschlossen, in seiner Dauer längerfristig ausgelegt bzw. nicht eindeutig begrenzt.

In diesem Gegensatzpaar wird deutlich, daß die zeitliche Strukturierung der Lokalberichterstattung insgesamt sehr heterogen ist. Diese Unbestimmtheit deutete sich bereits bei der Einzelbesprechung der beiden Faktoren des Zeitgerüstes an, deren Ausprägungen sehr ausgeglichen verteilt sind. – Noch vielfältiger erscheint die zeitliche Strukturierung, wenn man noch einmal die Service-Mitteilungen einbezieht. Deren Kurzform ist hier ausgeklammert, weshalb die Kategorie *Tagesereignis/offen* in Abbildung 39 nur recht schwach besetzt ist. Eine Einbeziehung der Kurz-Infos würde auch dieser Kategorie Gewicht verleihen und die zeitliche Gesamtstruktur der Lokalberichterstattung wäre noch ausgeglichener oder anders ausgedrückt: noch weniger akzentuiert.

In der Lokalberichterstattung ist also insgesamt in nennenswertem Umfang sowohl offenes wie abgeschlossenes und sowohl kurz- wie auch längerfristiges Geschehen thematisiert, ohne daß eine „typische" zeitliche Struktur erkennbar ist. Eine markantere Struktur ist hingegen für einzelne Beitragstypen auszumachen, am eindeutigsten bei Typ 3, der Darstellung von Unfällen und Kriminalität, mit über 80 Prozent abgeschlossener Tagesereignisse.

Die andere, zeitlich schwach konturierte, „offene" Form ist bei den Themendimensionen UMFELD, WIRTSCHAFT & ARBEIT und bei den komplexeren Beiträgen mit mehreren Themendimensionen (mit Anteilen um 55 Prozent) vorherrschend. Diese tendenziell weniger ereignisbezogene, eher themen-

Nachrichtenfaktoren DAUER	ZEITFORM	n=1150	Anteil in % kumul.
Längerfristig/unspezifisch	offen	37	37
Tagesereignis	abgeschlossen	35	72
Längerfristig/unspezifisch	abgeschlossen	16	89
Tagesereignis	offen	7	96
Längerfristig/unspezifisch	nicht klassifizierbar	4	100

Abb. 39 – Typologie der zeitlichen Strukturierung lokaler Berichterstattung: Anteil der Beiträge in Prozent. Nicht enthalten sind die Beitragstypen 0 *Sonderformen* und 1a *Kurz-Infos*.

orientierte Nachrichtenpräsentation scheint einer häufiger vorgetragenen Kritik der Lokalberichterstattung zu widersprechen, die mit dem Schlagwort „Terminjournalismus" umschrieben ist. Danach leiste der Lokaljournalismus vornehmlich eine bloße Registrierung punktueller Ereignisse und arbeite veranstaltungs- statt themenorientiert.[228] Angesprochen ist damit eine eher passive journalistische Produktionsweise, die Ausrichtung an kurzen, vorstrukturierten Anlässen (Veranstaltungen) anstelle aktiver Recherche.

Diese Kritik des Ablaufs journalistischer Nachrichtenproduktion kann mit einer Inhaltsanalyse nur ungenügend überprüft werden, da der tatsächliche Anlaß einer Berichterstattung im untersuchten Text nicht unbedingt ausgewiesen sein muß. Daß trotzdem in 64 Prozent der Beiträge des Gesamtsamples und noch in 56 Prozent der ausführlich analysierten Beiträge explizit ein Veranstaltungsbezug[229] besteht, stützt allerdings eher die These vom Terminjournalismus, ohne aber eine Aussage über den Hintergrund der anderen Beiträge zu erlauben, in denen der Anlaß nicht so offensichtlich erkennbar ist.

In den genannten Texten, die mit ihrer offenen zeitlichen Struktur über kurzfristige, abgeschlossene Ereignisse hinausweisen und mit ihrem Bezug zu UMFELD, WIRTSCHAFT & ARBEIT oder mehreren Themendimensionen eher themenorientiert erscheinen, wird relativ selten ein expliziter Veranstaltungsbezug hergestellt. Ganz anders die Themendimension VERSORGUNG, bei der vor allem der Bereich Kultur/Bildung vorwiegend ereignisbetont dargestellt wird. „Kultur", kritisierte bereits Eckart Frahm (1976) die Lokalzeitungen, „findet offenbar nur als ‚künstlerische Einzelveranstaltung' statt."[230] Wo es leicht möglich ist, einen Bereich „ereignishaft" abzudecken, wird eine strenge zeitliche Strukturierung auch vorgenommen.

8.2 Dynamik

Die ganze Welt ist eine Bühne und die Zeitung der Spiegel, der das Drama des wirklichen Lebens einfängt – so metaphernreich und pathetisch beginnt (frei nach Shakespeare) die Beschreibung des „dramatischen" Nachrichtenelements in einem klassischen amerikanischen Journalismus-Lehrbuch.[231] Die damit verbundene These, daß ein spannender Ablauf, Veränderungen und die Ungewißheit der weiteren Entwicklung ein Stoff sind, aus dem Nachrichten gemacht werden, gehört in modifizierter Form auch zum Fundus der Nachrichtenforschung. Dort wurde die Entwicklung des Geschehensverlaufs in Form mehrerer Nachrichtenfaktoren für empirische Untersuchungen operationalisiert, die hier unter dem Sammelbegriff *Dynamik* betrachtet werden. Nach dem Zeitgerüst als allgemeinem Rahmen geht es in diesem Kapitel damit um eine stärker inhaltliche Charakterisierung des dargestellten Geschehens.

Mit dem Begriff *Dynamik* werden hier die Nachrichtenfaktoren ÜBERRASCHUNG, UNGEWISSHEIT und KONTROVERSE erfaßt, also Hinweise auf ein unerwartetes Geschehen, auf einen offenen, ungewissen Ausgang oder auf das Vorkommen von verbalen Auseinandersetzungen. Diese Nachrichtenfaktoren werden noch ergänzt durch Formen der politischen Forderung/Bewertung, die zum Teil ohne eine direkte Widerrede (Kontroverse) oder einen expliziten Verweis auf die ungewisse weitere Entwicklung wiedergegeben werden, gleichwohl aber auf Veränderungs- oder Streitpotential verweisen.

Enthalten ist in dem angesprochenen Komplex nicht nur die im zitierten Lehrbuch betonte Dramatik im Sinne eines mehr oder weniger spannenden Ablaufs, sondern auch der Aspekt der inhaltlichen Offenheit, die durch unerwartetes oder ungewisses Geschehen bzw. durch die unterschiedlichen Sichtweisen bei Kontroversen oder Forderungen vermittelt wird. – 27 Prozent der untersuchten Beiträge enthalten mindestens eines der angesprochenen Elemente. Dabei gibt es hochsignifikante Unterschiede zwischen den Beitragstypen: Einen überdurchschnittlichen Anteil von Beiträgen mit *Dynamik* weisen die Texte mit den Themendimensionen WIRTSCHAFT & ARBEIT, UMFELD und mit mehreren Themendimensionen auf (Abbildung 40).

In den Stadtteilzeitungen haben Beiträge mit Dynamik-Elementen einen Anteil zwischen 14 und 27 Prozent, bei den Lokalteilen zwischen 19 und 34 Prozent. Der Lokalteil der WZ Wuppertal unterscheidet sich dabei mit seinem niedrigen Anteil von vier der übrigen Zeitungen signifikant (Tabelle 11 im Anhang). Berücksichtigt man zusätzlich den unterschiedlichen Umfang der Lokalteile und bezieht die absoluten Zahlen mit ein, ist die Abweichung noch deutlicher erkennbar, vor allem zu den vergleichbaren Dortmunder Großstadtzeitungen, die in der (künstlichen) Untersuchungswoche doppelt so viele Beiträge bringen, die auf eine inhaltliche Offenheit verweisen (Abbildung 41).

Beitragstyp	Anteil der Beiträge mit Verweis auf „Dynamik"
2b Themen-Texte mit mehreren Themendimensionen	51%
2a ...mit Themendimension UMFELD	49%
2a ...mit Themendimension WIRTSCHAFT & ARBEIT	36%
2a ...mit Themendimension VERSORGUNG	20%
3 Unfall-/Kriminalitätsberichte	17%
4 Berichte zu Veranstaltungen/Organisationen	14%
1b Service-Mitteilungen (ausführlich)	7%

Abb. 40 – Dynamik und Beitragstypen: Anteil der Beiträge mit mindestens einem Hinweis auf unerwartetes Geschehen (Überraschung), Ungewißheit oder Kontroverse/politische Forderung (gerundete Prozentwerte).

Zeitungen (Lokalteile)			absolut	Anteil an Lokal-Beiträgen
WR	Dortmund	(n=153)	52	34%
WAZ	Dortmund	(n=180)	59	33%
WP	Menden	(n=114)	37	32%
RN	Dortmund	(n=156)	47	30%
MZ	Menden	(n=128)	31	24%
WZ	Wuppertal	(n=124)	24	19%

Abb. 41 – Dynamik in den Lokalteilen: Beiträge mit mindestens einem Hinweis auf unerwartetes Geschehen, eine ungewisse Entwicklung oder eine Kontroverse – absolute Zahlen und Anteil an der jeweiligen Berichterstattung (gerundete Prozentwerte).

Überraschung und Ungewißheit

„Überraschungen" spielen von den drei Nachrichtenfaktoren die geringste Rolle. Zumindest ist eine unerwartete Entwicklung in der Lokalberichterstattung nur selten als solche ausgewiesen: In weniger als zwei Prozent der Beiträge wird ausgedrückt, daß Zeitpunkt, Verlauf oder das Resultat eines Geschehens unerwartet sind: Sensationelles ist in der Lokalberichterstattung eher die Ausnahme.

In größerem Umfang wird die Ungewißheit der weiteren Entwicklung ausgewiesen; 11 Prozent der untersuchten Beiträge enthalten einen entsprechenden Hinweis und zwar überwiegend Themen-Texte. Überdurchschnittlich häufig wird eine ungewisse Entwicklung bei der Themendimension UMFELD (16 %) und bei komplexeren Beiträgen mit mehreren Themendimensionen (26 %) angesprochen (Tabelle 12 im Anhang).

In Wuppertal wird auf eine ungewisse Entwicklung kaum verwiesen: Der bereits beschriebene geringe Anteil von Beiträgen mit Dynamik läßt sich vor allem auf die unterschiedliche Bedeutung dieses Faktors zurückführen. Nur 4 Prozent der Beiträge im Lokalteil der WZ Wuppertal deuten eine offene Entwicklung an, in Dortmund und Menden liegt diese Quote mindestens doppelt, im einzelnen sogar viermal so hoch (Tabelle 13 im Anhang).

Kontroversen und Forderungen

In 13 Prozent der Beiträge wird über unterschiedliche Standpunkte, Meinungsverschiedenheiten, Auseinandersetzungen berichtet. Die Dortmunder Stadtteilzeitungen (9 %) enthalten etwas weniger Kontroversen als die Lokalteile (14 %); zwischen den verschiedenen Lokalteilen gibt es dabei keine signifikanten Unterschiede (Tabelle 14 im Anhang). – Rechnet man die genannten politi-

Zeitungen	Anteil der Beiträge mit Kontroverse/Forderung			
(Lokalteile)	Gesamt		Themen-Texte	
WAZ Dortmund	(n=180)	27 %	(n=113)	35%
WR Dortmund	(n=153)	23 %	(n= 77)	34%
RN Dortmund	(n=156)	21 %	(n= 88)	30%
WP Menden	(n=114)	20 %	(n= 66)	29%
WZ Wuppertal	(n=124)	19 %	(n= 76)	28%
MZ Menden	(n=128)	17 %	(n= 63)	27%

Abb. 42 – Anteil der Beiträge mit Kontroversen/Forderungen in den Lokalteilen: a) an allen ausführlich untersuchten Beiträge und b) am Beitragstyp *Themen-Texte* (gerundete Prozentwerte). Die Unterschiede sind nicht signifikant.

schen Forderungen/Bewertungen hinzu, so enthalten insgesamt 21 Prozent der Beiträge Elemente, die auf Umstrittenes verweisen (vgl. Abbildung 42, linke Spalte).

Gestritten und gefordert wird vor allem zu den Sachgebieten, die mit den Themendimensionen (Beitragstyp *Themen-Texte*) angesprochen werden.[232] Überdurchschnittlich ist der Anteil von Beiträgen mit Kontroversen/ Forderungen bei Texten mit mehreren Themendimensionen (39 %) bzw. mit den Dimensionen UMFELD (44 %) und WIRTSCHAFT & ARBEIT (31 %). – Während die Auseinandersetzungen bei den anderen Themen mehr im „institutionellen Rahmen" ausgetragen werden, also bei Ratssitzungen, Diskussionsveranstaltungen oder per Verlautbarungen etablierter Institutionen, überwiegen bei der Themendimension UMFELD Kontroversen außerhalb dieses Rahmens.

8.3 Wertigkeit

Aussagen über die Wertigkeit von Medieninhalten sind der Versuch, „Positives" und „Negatives" in der Berichterstattung zu unterscheiden und miteinander zu verrechnen. Westliche Nachrichtenmedien gelten gemeinhin als negativ orientiert („Schlechte Nachrichten sind gute Nachrichten"), eine Ausrichtung, die auch als „Negativismus" kritisiert wird.[233] Die Lokalteile sind solcher Kritik in der Regel allerdings nicht ausgesetzt; eher wird sich schon einmal über die „kleine heile Welt" des Lokalen mokiert, in der Negatives oder Kritisches nur wenig Platz hat.[234]

Bisherige Untersuchungen kommen zu unterschiedlichen Einschätzungen der Wertigkeit von Lokalberichterstattung, was sowohl mit dem Charakter der jeweils untersuchten Zeitungen zusammenhängen mag als auch vielleicht mit der jeweiligen Methode, „Positives" und „Negatives" gegenüberzustellen.[235] Allen Verrechnungen dieser Art – auch der hier vorgestellten – ist gemeinsam, daß nur relativ grobe Messungen erfolgen: Die Wertigkeit wird in einfachen Ausprägungen ohne differenzierende Gewichtung erfaßt, und den „neutralen" Beiträgen, also Texten ohne besonders ausgeprägte Wertigkeit, wird in diesem Zusammenhang gar keine rechte Bedeutung zugewiesen.[236] Es kann also nicht der Anspruch einer subtilen Analyse erhoben werden, aber einer doch brauchbaren Bestimmung von Grundtendenzen.

Zwei Arten von Wertigkeit werden hier untersucht. Die eine wird durch die Nachrichtenfaktoren ERFOLG/MISSERFOLG charakterisiert und beruht auf einem vermuteten breiteren gesellschaftlichen Konsens über die Einschätzung eines Geschehens als positiv (Gewinn, Rekord, Zuwachs...) oder als negativ (Unfall, Niederlage, Konkurs ...). Die zweite Art von Wertigkeit ist eine ausdrückliche, mehr subjektive Bewertung, nämlich Lob oder Kritik.

Erfolg und Mißerfolg

Die meisten Beiträge haben keine ausgeprägte Wertigkeit: Auf Erfolg oder Mißerfolg, auf eine positive oder negative Entwicklung verweisen insgesamt nur 29 Prozent der untersuchten Texte.[237] Dabei sind Beiträge mit Negativ-Ereignissen (16 %) insgesamt etwas häufiger vertreten als Erfolgsmeldungen (13 %).

Eine eindeutige Einordnung ist bei Berichten über Unfälle und Kriminalität offensichtlich besonders naheliegend und einfach. Fast 80 Prozent dieses Beitragstyps hat eine eindeutige Wertigkeit: Die dort thematisierten Schäden, Verletzungen und gewaltsamen Todesfälle verweisen auf Negativ-Ereignisse.

Die anderen Beitragstypen haben nicht nur einen deutlich geringeren Anteil eindeutig einzuordnender Beiträge, es bestimmen zudem – mit einer Ausnahme – die positiven Aspekte das Bild. Die Ausnahme ist die Themendimension UMFELD, bei der Negativ-Meldungen dominieren, während in anderen Bereichen mehr positive Entwicklungen aufgezeigt werden. Ein besonders deutliches Übergewicht von Erfolgsmeldungen weisen Beiträge des Typs 5 *Veranstaltungen/Organisationen* sowie Themen-Texte zu WIRTSCHAFT & ARBEIT auf (Abbildung 43 und Tabelle 15 im Anhang). Der Positiv-Trend gilt bei WIRTSCHAFT & ARBEIT für beide Teilbereiche; auch ein potentielles Negativ-Thema wie Arbeitslosigkeit schlägt sich nicht nieder. Der Befund stützt Eckart Frahms These, der Grundtenor „Unsere leistungsstarke heimische Wirtschaft" präge die Lokalberichterstattung über Wirtschaft und Arbeitswelt.[238] Nur bei einer Zeitung (WAZ Dortmund) überwiegen bei dieser Themendimension Hinweise auf negative Entwicklungen und Zustände.[239]

Der Vergleich der Zeitungen insgesamt zeigt zunächst den deutlichen Unterschied zwischen den Lokalteilen und den Dortmunder Stadtteilzeitungen, die weitaus mehr „positive" Beiträge enthalten. Dieser Zusammenhang bleibt auch dann bestehen, wenn die Unfall-, und Kriminalitätsberichte ausgesondert werden, die im Lokalen einen großen Teil der Negativmeldungen ausmachen,

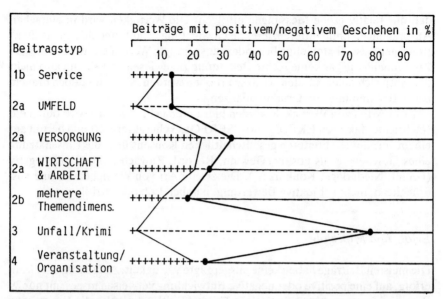

Abb. 43 – Anteil der Beiträge mit positivem (+) und negativem (-) Geschehen, aufgeschlüsselt nach Beitragstypen.

dagegen in den Stadtteilzeitungen kaum vertreten sind (Tabelle 16 im Anhang). In den Dortmunder Stadtteilzeitungen stehen also positive Entwicklungen eindeutig im Vordergrund; bei den monatlichen Wuppertaler Beilagen ist ein Trend mangels Masse nicht festzustellen.

Die Lokalteile selbst unterscheiden sich auf den ersten Blick nicht. Weder beim Anteil der Beiträge mit einer eindeutigen Wertigkeit noch bei der Relation positiv/negativ gibt es signifikante Unterschiede (Tabelle 17 im Anhang). Dies ändert sich, wenn die Berichte zu Unfällen/Kriminalität ausgeblendet werden, um den Trend außerhalb der fast ausschließlich negativen Polizeimeldungen zu betrachten. In allen Zeitungen sinkt damit der Anteil „negativer" Berichterstattung, aber doch in unterschiedlichem Maße. Während sich bei den übrigen Zeitungen jetzt positive und negative Beiträge in etwa die Waage halten, weicht das Bild in der WZ Wuppertal davon recht deutlich ab: Außerhalb von Unfall/Kriminalität werden in dieser Zeitung offensichtlich kaum negative Entwicklungen oder Ereignisse thematisiert (Abbildung 44).

Lob und Kritik

Ging es bisher um Geschehen, das allgemein als „positiv" oder „negativ" markiert ist, werden bei der zweiten Art von Wertigkeit die individuellere Bewertungen von einzelnen oder von Gruppen erfaßt. Solche expliziten Bewertungen

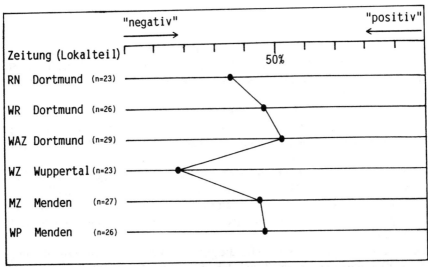

Abb. 44 – Beiträge mit eindeutig positivem oder negativem Geschehen ohne Unfall- und Kriminalitätsberichte: Während bei den anderen Zeitungen das Verhältnis ziemlich ausgeglichen ist, überwiegen bei der WZ Wuppertal deutlich „positive" Beiträge (83 %). Die Unterschiede zwischen WZ und WR, WAZ, MZ, WP sind signifikant ($p < 0.05$).

enthalten 17 Prozent der ausführlich untersuchten Lokalteilbeiträge und 9 Prozent der Texte in den Stadtteilzeitungen. Kritik ist dabei insgesamt etwas häufiger als Lob, meist aber relativ ausgeglichen. Vergleichsweise auffällig ist der sparsame Umgang mit positiven Bewertungen bei der Westfälischen Rundschau Dortmund (Tabelle 18 im Anhang).

Durchschnittlich ein Viertel der Bewertungen stammt von den Zeitungen selbst, etwa die Hälfte sind Vertretern von Organisationen zuzuordnen und das restliche Viertel sind wertende Äußerungen einzelner Personen ohne erkennbare Zugehörigkeit zu einer Organisation. Für diese unorganisierten Einzelpersonen sowie für Vertreter aus dem politischen Bereich gibt es bei allen Zeitungen eine recht eindeutige Rollenzuweisung, nämlich die des Kritisierenden, während für die übrigen „Bewertenden" keine feste Position erkennbar ist. Die Zeitungsredaktionen selbst sind tendenziell eher für Lob zuständig, wobei aber lediglich die Dortmunder Ruhr-Nachrichten im Lokalteil wie in den Stadtteilzeitungen ausschließlich loben, also auf jegliche eigene Kritik verzichten.

Der größte Anteil von Bewertungen hat der Beitragstyp *Themen-Texte*. Kritik überwiegt bei den Themendimensionen UMFELD (10:1), WIRTSCHAFT & ARBEIT (4:1) und bei Beiträgen mit mehreren Themendimensionen (4:1), während es bei der Themendimension VERSORGUNG mehr positive Bewertungen gibt (vgl. Tabelle 19 im Anhang).

Positives und Negatives

Faßt man beide Arten von Wertigkeit zusammen, die Darstellung positiver und negativer Ereignisse/Entwicklungen wie auch die positiven und negativen Bewertungen, ergibt sich folgendes Gesamtbild von der Wertigkeit der Lokalberichterstattung:

▷ In den Dortmunder Stadtteilzeitungen haben 33 Prozent der Beiträge eine eindeutige Wertigkeit, und zwar mit meist positiver Ausrichtung; in den Wuppertaler Stadtteilbeilagen halten sich positive und negative Beiträge in etwa die Waage (Abbildung 45)

▷ In den Lokalteilen enthalten knapp 40 Prozent der Beiträge eine Wertigkeit, wobei „Negatives" (28 Prozent) eindeutig überwiegt und zwar in allen sechs Lokalteilen: Negative Ereignisse/Entwicklungen und Kritik sind also durchweg stärker vertreten als Hinweise auf positive Entwicklungen und lobende Äußerungen.

Dieser „Negativismus"-Befund für die gesamte Berichterstattung ist allerdings zu relativieren, wenn speziell die Darstellung der Themendimensionen UMFELD, VERSORGUNG und WIRTSCHAFT & ARBEIT untersucht wird. Für diese zentralen Themenbereiche lassen sich durchaus deutlichere Unterschiede zwischen den Zeitungen nachweisen: Während in vier Lokalteilen auch hier häufiger Negatives/Kritisches akzentuiert wird, ist bei der Wuppertaler WZ und den Dortmunder RN ein Trend zu einer relativ „positiven" Berichterstattung zu erkennen. Das Verhältnis von positiver und negativer Wertigkeit bei den einzelnen Zeitungen zeigt Abbildung 46 (vgl. Tabelle 20 im Anhang).

Es gibt damit zwei Ergebnisse zur Wertigkeit im Zeitungsvergleich: der insgesamt in allen Lokalteilen vorherrschende Negativismus – und die tendenziell positive Wertigkeit einiger Zeitungen für inhaltlich spezifizierte Teilmengen der Lokalberichterstattung, hier des Beitragstyps *Themen-Texte*. – Zuvor war bereits durch eine ähnliche Stichprobenbildung (Ausschluß der Unfall/Kriminalitätsberichte) ein ebenfalls differenziertes Ergebnis herausgearbeitet worden.

Wertigkeit	Lokalteile (n=855)	Stadtteilzeitungen Dortmund (n=211)	Wuppertal (n=84)	Gesamt (n=1150)
positiv	12	22	8	13
negativ	28	10	11	23
ohne eindeutige Wertigkeit	60	67	81	63

Abb. 45 – Wertigkeit, differenziert nach positivem Geschehen/Lob und negativem Geschehen/Kritik: Anteil der Beiträge pro Ausprägung (gerundete Prozentwerte). Die Unterschiede zwischen den einzelnen Stichproben sind hochsignifikant.

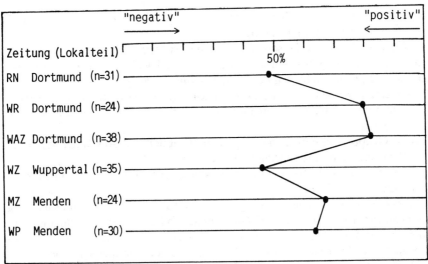

Abb. 46 – Themen-Texte mit eindeutiger Wertigkeit: Verhältnis zwischen positiver/lobender und negativer/kritischer Berichterstattung (vgl. Tabelle 20 im Anhang).

8.4 Personalisierung

Namen sind Nachrichten, heißt in prägnanter Formel die These zur Personalisierung: Die Nachrichtenmedien tendieren dazu, einzelne, namentlich benannte Personen in den Mittelpunkt ihrer Berichterstattung zu stellen. In der Medienrealität wird damit ein Geschehen eher mit individuellem Handeln verknüpft als mit strukturellen Entwicklungen und den dahinterstehenden gesellschaftlichen Bedingungen.[240] Auch der Lokalberichterstattung wird ein hoher Personalisierungsgrad attestiert: Die Beiträge seien „selten um Probleme oder bloßes Geschehen zentriert, vielmehr um Personen, die namhaft zu machen sind".[241] Die Beurteilung der Personalisierung im Lokalteil anhand der vorliegenden Untersuchungen wird allerdings durch die unterschiedlichen Meßmethoden erschwert wie auch durch unklare Kriterien bei der Unterscheidung von hoch- und schwach-personalisierten Beiträgen.[242]

Für die Erfassung der Personalisierung stehen hier drei Variablen zur Verfügung. Eine grobe Einschätzung bietet zunächst die Feststellung, ob überhaupt Personen namentlich genannt werden: Eine solche Namensnennung erfolgt in 63 Prozent der untersuchten Beiträge. – Das Nennen von Namen, das Erwähnen irgendwo im Text, wird hier aber nicht als hinreichende Bedingung aufgefaßt, um einen Beitrag als „personalisiert" einzuordnen. Als wichtigere Indikatoren werden die Nennung von Personen in der Überschrift bzw. im ersten Absatz (Lead) eines Zeitungsartikels erfaßt, da nach den gängigen journalistischen Regeln dort der Kern und die Quintessenz der vermittelten Information angesiedelt sind.[243] Wenn hier Personen hervorgehoben sind, ist dies ein deutlicher Hinweis für Personalisierung.

„Hervorheben" von Personen heißt zunächst Namensnennung. Erfolgt keine Namensnennung, werden stufenweise auch schwächere Formen der Personalisierung gemessen bis hin zur Nicht-Personalisierung:
▷ einzelne Personen werden in ihrer Funktion (z.B. Radfahrer, Bürgermeister, Gutachterin) oder in allgemeiner Charakterisierung (Frau, 16jähriger, Türke...) genannt
▷ eine Gruppe von Personen wird genannt (Fußballfans, Ausländer, Ärzte...)
▷ Organisationen werden genannt (Unternehmen, Partei, Polizei...).

Abbildung 47 zeigt die Verteilung der Personalisierungsgrade in den ausführlich untersuchten Beiträgen.

Die Überschriften sind relativ gering personalisiert: Eine Namensnennung im Lead wird in der Überschrift in weniger als ein Drittel der Fälle aufgegriffen, meist erfolgt eine Verallgemeinerung durch Nennung von Funktionen oder Organisationen. Hier spielt vermutlich der geringe Bekanntheitsgrad der in der Lokalberichterstattung genannten Personen eine Rolle; es sind zu wenige Namen, die jedem „etwas sagen", um damit für die Kurzformeln der Überschriften besonders geeignet zu sein (vgl. Kapitel 8.32). Wenn in Beiträgen ein Politi-

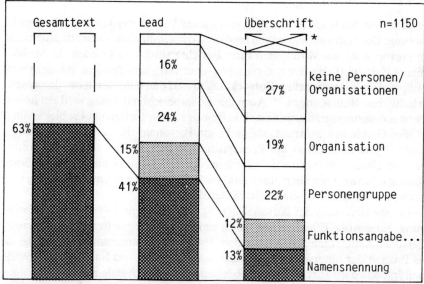

Abb. 47 – Personalisierung in Lead und Überschrift: Anteil der Beiträge in den einzelnen Personalisierungsstufen (gerundete Prozentwerte); zum Vergleich in der linken Säule der Anteil von Beiträgen mit Namensnennung im gesamten Text.
*7 Prozent der Beiträge haben keine Überschrift.

ker und/oder Prominenter genannt wird, steigt der Anteil der Namensnennungen in der Überschrift, ohne allerdings dem Befund einer eher schwachen Personalisierung in den Überschriften zu widersprechen.[244] – Für alle Personalisierungsgrade zeigt sich insgesamt im paarweisen Vergleich, daß rund 57 Prozent der Beiträge im Lead stärker personalisiert sind als in der Überschrift; in 38 Prozent ist der Personalisierungsgrad gleich und in knapp 6 Prozent ist die Personalisierung in der Überschrift ausgeprägter als im Lead (vgl. Tabelle 21 im Anhang).

Personalisierungsindex

Aus den Messungen in Überschrift und Lead sowie der Registrierung von Namensnennungen im übrigen Text wird eine Maßzahl konstruiert, die in vier Stufen den Personalisierungsgrad angibt (siehe Abbildung 48). Nach diesem Personalisierungsindex können rund 59 Prozent der Beiträge als „personalisiert" gelten (Personalisierungsgrad 3 und 2); in den übrigen Beiträgen stehen Personen nicht im Vordergrund, sie sind lediglich schwach oder gar nicht personalisiert.

Mit der Quote von 59 Prozent ist Lokalberichterstattung überwiegend personalisiert: Ob man diese Personalisierung insgesamt als „stark" oder eher als „nicht besonders ausgeprägt" einschätzt, ist letztlich eine Frage des Maßstabs. Für sich allein gesehen läßt die Verteilung auf die vier Personalisierungsgrade

Beiträge (n=1150)	Personalisierungsgrad		Definition
42%	3	hohe Personalisierung	In Überschrift oder Lead wird mindestens eine Person namentlich genannt.
16%	2	mittlere Personalisierung	in Überschrift oder Lead wird mindestens eine Person in ihrer Funktion genannt oder allgemein charakterisiert
31%	1	schwache Personalisierung	In Überschrift oder Lead werden Gruppen von Personen genannt oder im übrigen Text wird mindestens eine Person namentlich genannt.
10%	0	keine Personalisierung	weder in Überschrift noch Lead werden Personen(gruppen) genannt und im übrigen Text erfolgt keine Namensnennung.

Abb. 48 – Definition und Verteilung der vier Personalisierungsgrade (gerundete Prozentwerte). Die Einordnung erfolgt jeweils nach dem höchstmöglichen Personalisierungsgrad.

zumindest nicht zu, von einer sehr hochpersonalisierten Lokalberichterstattung zu sprechen: die beiden unteren Kategorien sind für eine solche Extrembewertung zu stark besetzt. – Die Personalisierungsbefunde in anderen Untersuchungen kommen als Vergleichsmaßstab wegen der unterschiedlichen Methoden nicht infrage; es bleibt aber die Möglichkeit von Gegenüberstellungen innerhalb des Samples und Bewertungen für verschiedene Zeitungen bzw. für die inhaltlich definierten Beitragstypen.

Beitragstypen und Personalisierung

Auch beim Nachrichtenfaktor PERSONALISIERUNG bestehen zwischen den Beitragstypen signifikante Unterschiede (Tabelle 22 im Anhang). Überdurchschnittlich personalisiert sind
▷ mit 86 Prozent Unfall- und Kriminalitätsberichte, wobei allerdings selten Namen genannt werden, sondern Personen in ihrer Funktion oder allgemeiner Charakterisierung („Autofahrer überfuhr Kind")
▷ mit über 60 Prozent Service-Mitteilungen (Typ 1b) und Beiträge zu Veranstaltungen/Organisationen, wobei hier die Namensnennung in Überschrift und/oder Lead als Personalisierungsmerkmal überwiegt
▷ mit 65 Prozent Themen-Texte mit der Themendimension VERSORGUNG.
Unterdurchschnittlich personenbezogen sind dagegen die übrigen Themen-Texte. Lediglich 36 Prozent der Beiträge mit der Themendimensionen UMFELD und 40 Prozent der Texte zu WIRTSCHAFT & ARBEIT sind im oben beschriebenen Sinne personalisiert.

Zeitungsunterschiede

Die Zeitungen personalisieren in unterschiedlichem Maße. Signifikante, wenn auch nicht sonderlich große Unterschiede sind bereits beim Personalisierungsniveau in der Gesamtberichterstattung auszumachen. Die größte Bandbreite bieten dabei die Dortmunder Zeitungen: Die Quote personalisierter Beiträge liegt zwischen 53 Prozent bei den Ruhr-Nachrichten und 69 Prozent bei der Westfälischen Rundschau; der Unterschied setzt sich bei den zugehörigen Stadtteilzeitungen mit 46 zu 60 Prozent fort (siehe Tabelle 23 im Anhang). Die geringere Personalisierung der Ruhr-Nachrichten-Beiträge zeigt sich vor allem in den Themen-Texten (mit Ausnahme der Themendimension VERSORGUNG); der Unterschied ist zu allen anderen Lokalteilen signifikant.[245] Insgesamt sind die Unterschiede zwischen den Zeitungen nicht bedeutend, allein die jeweiligen Extreme verweisen auf den vorhandenen Spielraum.

Abbildung 49 zeigt für die einzelnen Beitragstypen die vorhandene Bandbreite der Personalisierung: Bei übereinstimmendem Trend, einige Beitragsty-

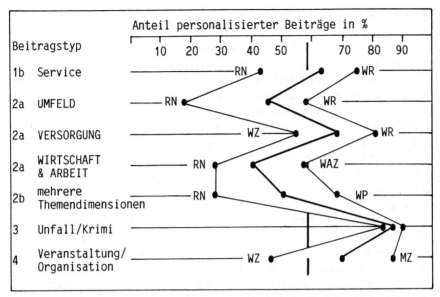

Abb. 49 – Bandbreite der Personalisierung: Angegeben ist für jeden Beitragstyp die Zeitung mit dem niedrigsten und höchsten Anteil personalisierter Beiträge. Die mittlere Kurve kennzeichnet die durchschnittliche Personalisierung.

pen eher stärker, andere eher schwächer zu personalisieren, ist der Hang, Personen in den Vordergrund zu stellen, bei den Zeitungen insgesamt unterschiedlich ausgeprägt.

Personen in der Lokalberichterstattung

Bis jetzt wurde von Personalisierung recht abstrakt gesprochen in dem Sinne, ob in der Berichterstattung Personen vorkommen und ob sie durch Erwähnung in Überschrift oder Lead besonders herausgestellt werden. In den beiden folgenden Abschnitten wird nun der konkreteren Frage nachgegangen, was das für Leute sind, die in der Lokalberichterstattung auftreten. Untersucht werden die angesprochenen Funktionen der Personen und ihre soziale Stellung. Nicht unabhängig davon ist die Darstellung der Geschlechter: Aufgezeigt wird die quantitative Präsentation von Männern und Frauen als lokalspezifische Ergänzung zu jenen Studien, die in den letzten Jahren verstärkt das Frauenbild in den Massenmedien überprüfen.

8.41 Funktionen, Einfluß, Prominenz

Es sind nicht „irgendwelche" Leute, die die Medienrealität bevölkern: Mit dem Phänomen der Personalisierung wird häufig ein hoher gesellschaftlicher Status der genannten Personen verbunden: *Big names* oder *Elite* heißen die Schlagworte in der Nachrichtenforschung, die die These „Namen sind Nachrichten" ergänzen. Für nationale und internationale Nachrichten wurde die große Bedeutung von „Elite-Personen" in der Berichterstattung bestätigt.[246] Die bisherigen Lokalteil-Untersuchungen ermitteln unterschiedliche Ausprägungen der Nachrichtenfaktoren PERSÖNLICHER EINFLUSS und PROMINENZ, aber mit der übereinstimmenden Tendenz, daß die „großen Namen" die Beiträge im Lokalen nicht so sehr bestimmen,[247] ein Eindruck, der auch für diese Untersuchung gilt.

Gemessen wird die Beteiligung mehr oder weniger exponierter Personen aus Politik und anderen Bereichen. Überregional wirkende und bekannte Personen wie in nationalen und internationalen Nachrichten sind im Lokalen nur in relativ geringem Umfang vertreten. In weniger als 10 Prozent der ausführlich untersuchten Beiträge sind prominente Personen erwähnt, in den eigentlichen Lokalteilen liegt die Quote (11 %) dabei etwas höher als in den Stadtteilzeitungen. Für die angemessene Darstellung der Personal- und Einfluß-Struktur in der Lokalberichterstattung wird deshalb der Nachrichtenfaktor PERSÖNLICHER EINFLUSS etwas weiter definiert, indem politische Amtsträger auf allen Ebenen erfaßt werden und ergänzend auch „leitende Repräsentanten" diverser Organisationen als ebenfalls tendenziell einflußreiche Personen. Zusätzlich werden noch sonstige Funktionsangaben bei namentlich genannten Personen ausgewertet, so daß insgesamt recht umfassende Aussagen über die Qualifikation von Personen in der Lokalberichterstattung möglich sind.

Einflußreiche und Prominente

Die Bedeutung einflußreicher und/oder prominenter Personen wird in der Regel dargestellt durch den Anteil der Beiträge mit diesem Personenkreis, gemessen an den Beiträgen insgesamt. Danach sind in 13 Prozent der hier ausführlich untersuchten Texte Personen als politische Entscheidungsträger und in weiteren 15 Prozent sonstige Einflußreiche ausgewiesen; in 4 Prozent der Beiträge ist zusätzlich „kulturelle" Prominenz auszumachen, das sind Künstler, Wissenschaftler, Sportler mit überregionalem Bekanntheitsgrad. Die Quote der Beiträge mit im weiteren Sinne einflußreichen und prominenten Personen beträgt also 32 Prozent (siehe Abbildung 50, linke Spalte). Bei dieser üblichen Berechnung der „Einfluß-Quote" fließen allerdings auch all jene Texte ein, in denen gar keine Personen vorkommen. Daher sagt die Zahl nur wenig aus über die tatsächliche Bedeutung einflußreicher/prominenter Personen in Relation zu „gewöhnlichen" Menschen. Aussagefähiger erscheint daher eine Berechnung, die die allgemeine Personalisierung berücksichtigt, also auf der Basis der Beiträge ansetzt, die überhaupt Personen namentlich nennen (Abbildung 50, rechte Spalte).[248]

Berücksichtigt sind in der Tabelle als formal Einflußreiche neben Politikern auch die bereits erwähnten Personen, die als leitende Repräsentanten von Verbänden, größeren Unternehmen und sonstigen Organisationen vorgestellt werden; damit wird beispielsweise auch ein Vereinsvorsitzender als leitender Repräsentant einer „sonstigen" Einrichtung mit erfaßt. Selbst bei dieser recht weiten Auslegung von *Einfluß* nennt lediglich gut die Hälfte der Beiträge mit namentlich erwähnten Personen einen politischen Entscheidungsträger, leitenden Repräsentanten oder eine sonstwie prominente Person. – Nennenswerte Unterschiede gibt es zwischen den Stadtteilzeitungen, bei denen die Quote deutlich niedriger ist (34 %), und den eigentlichen Lokalteilen (56 %), aber auch zwischen einzelnen Zeitungen, ohne allerdings dem Gesamtbefund zu widersprechen (Tabelle 24 im Anhang).

Genannte Personen	alle Beiträge (n=1150)	Beiträge mit Namensnennung (n=724)
Politiker/politische Amtsträger	13	20
-Bund, Land, international	4	7
-Kommunal	8	13
Leitende Repräsentanten	15	24
-Verbände, größere Unternehmen	3	4
-sonstige Einrichtungen	13	20
Kultur-/Medienprominenz	4	6
	32	51

Abb. 50 – Anteil der Beiträge mit einflußreichen/prominenten Personen a) bei allen ausführlich untersuchten Beiträgen, b) bei allen Beiträgen mit Namensnennung (gerundete Prozentwerte).[249]

Funktionen

Für alle Zeitungen und auch für alle Beitragstypen ist mit dem Hinweis auf Einflußreiche die „Personalstruktur" der Lokalberichterstattung nur zum Teil charakterisiert. Die Analyse allgemeiner Funktionsangaben[250] zeigt, daß auch in den meisten übrigen Beiträgen Personen mit einer ausgewiesenen Tätigkeit oder Funktion auftreten. Es sind überwiegend dauerhafte Funktionen, die durch Beruf oder Ämter definiert sind.[251]

Mit diesen Funktionsangaben und dem Nachrichtenfaktor PERSÖNLICHER EINFLUSS lassen sich die Beiträge mit namentlicher Erwähnung weitestgehend in ihrer Personalstruktur charakterisieren. In 90 Prozent der Beiträge mit Namensnennung ist mindestens eine Person in einer festen Funktion erwähnt, als Amtsinhaber und Funktionär oder durch eine Berufs- bzw. berufliche Positionsangabe.[252] Zu der nicht so ausgeprägten *Prominenz* tritt in der Lokalberichterstattung das Merkmal der ausgewiesenen „Kompetenz" (Abbildung 51).

Genannte Personen	Anteil der Beiträge in % (n=724)
als formal einflußreich ausgewiesen	45
A. Politiker/politische Amtsträger	20
B. Leitende Repräsentanten (Organisationen)	24
ohne ausgewiesenen Einfluß	45
C. Beruf/berufliche Position	21
D. Künstlerischer Beruf/Tätigkeit	9
E. Vereinsamt/Verbandsamt	6
F. Politisches Mandat/Amt	4
G. mehrere Funktionen (C-F) angegeben	5
Sonstige/ohne Funktionsangabe	11

Abb. 51 – Funktionsangaben in Beiträgen mit Namensnennung (gerundete Prozentwerte): Dreistufige Klassifikation.[253]

Die meisten Funktionen verweisen auf Organisationen (Unternehmen, Parteien, Vereine, staatliche Verwaltung...). In 72 Prozent der Beiträge mit namentlicher Erwähnung von Personen wird denn auch in „nennenswertem Umfang" über die Situation oder Aktivitäten von Organisationen berichtet.[254] Ohne einen ausgeprägten Organisationsbezug sind lediglich Beiträge mit Personen, die als Künstler oder in einer künstlerischen Tätigkeit vorgeführt werden.

Die an überregionalen oder internationalen Nachrichten geübte Kritik einer zu starken Fixierung auf prominente und einflußreiche Personen, die scheinbar „Geschichte machen", ist in der Lokalberichterstattung kaum berechtigt. Das bedeutet aber nicht, daß die weniger elitäre Personenstruktur im Lokalen die „gewöhnlichen Leute" repräsentiert. Die insgesamt recht starke Gebundenheit der Personendarstellung an Organisationen hat zwangsläufig Auswirkungen auf die allgemeine Charakteristik der in den Zeitungen genannten Personen. Trotz ihrer nicht unbedeutenden Präsenz in den Städten sind beispielsweise Ausländer als eher unorganisierte Gruppierung kaum vertreten, und die tatsächlich erwähnten Ausländer sind überwiegend nicht als Einwohner, sondern als Personen von außerhalb gekennzeichnet, die an einer Veranstaltung (z.B. als Künstler) teilnehmen.[255]

Auffällige Unterrepräsentanz ist aber nicht nur ein Merkmal sozial definierter (Rand-)Gruppen, sondern zeigt sich auch in der Relation der Geschlechter: In der Lokalberichterstattung machen zwar nicht die „großen" Männer Geschichte, aber weiterhin Männer.

8.42 Frauen und Männer

„Die Artikel in der Zeitung handelten immer von Männern, außer wenn hin und wieder eine Frau ermordet wurde", beschreibt die Erzählerin in Marilyn Frenchs *Frauen* rückblickend die Darstellung der Geschlechter in den amerikanischen Medien der 50er Jahre.[256] Kaum weniger pointiert als im Roman fallen die Ergebnisse von Medienanalysen der 70er und 80er Jahre aus, die für die westlichen Industrienationen eine deutliche Unterrepräsentation von Frauen registrieren.[257] Für drei bundesdeutsche Tageszeitungen ermittelte Christiane Schmerl (1985) ein Verhältnis der Berichterstattung über Frauen zu der über Männer von 1:4 bis 1:5; ein vom Frauenanteil etwas günstigeres Verhältnis ergab sich mit 1:3 für die Lokalberichterstattung der im Sample enthaltenen Regionalzeitung.[258]

Männer dominieren auch die untersuchten Lokalteile und Stadtteilzeitungen aus Dortmund, Wuppertal und Menden. Dies vermittelt bereits eindrucksvoll die Summe der im Untersuchungssample genannten Personen: Das Verhältnis Frauen/Männer beträgt 1:4,2 – d.h. weniger als 20 Prozent der namentlich erwähnten Personen sind Frauen.[259] Vorhandene Abweichungen bei einzelnen Stichproben modifizieren den grundsätzlichen Befund der deutlichen Unterpräsentierung nicht: Ob nach Zeitungen oder Beitragstypen differenziert wird, der Frauenanteil an den jeweils genannten Personen liegt stets klar unter 25 Prozent.

Verläßt man diesen einfachen Mengenvergleich der beiden summierten Personengruppen, bieten sich die beiden folgenden Indikatoren an, die auf unterschiedlichem Skalenniveau die Präsenz der Geschlechter erfassen. Der erste mißt nur grob, ob Frauen oder Männer genannt werden, der zweite berechnet das Verhältnis der Geschlechter in jedem Beitrag. Basis sind jeweils die Beiträge mit Namensnennung:

1. Bei der anschaulichen Gegenüberstellung der Anteile von Beiträgen mit Frauen und/oder Männern wird die nachrangige Position der Frauen in der Lokalberichterstattung recht deutlich: Während Männer in fast allen Beiträgen genannt werden, kommen Frauen nur in einem Drittel der Texte vor (siehe Abbildung 52).

2. Mit der Berechnung des Frauen-/Männer-Anteils in jedem Beitrag läßt sich die Präsenz der Geschlechter auch metrisch beschreiben und entsprechend statistisch auswerten. Bildet man jeweils den Quotienten aus der Anzahl genannter Frauen und der Anzahl der insgesamt im Text namentlich genannten Personen, erhält man für jeden Beitrag den Frauenanteil (und als komplementäre Größe den Männeranteil). Die Ergebnisse sind Werte zwischen 0 (keine Frau genannt) und 1 (ausschließlich Frauen genannt), die wie Prozentwerte interpretiert werden können. – Im Durchschnitt der Beiträge mit Namensnennungen liegt der Frauenanteil bei .16 (der Männeranteil entsprechend bei .84).

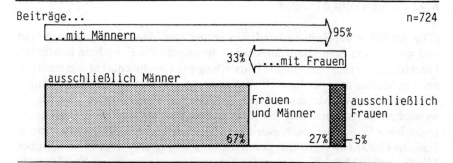

Abb. 52 – Beiträge mit namentlicher Erwähnung von Personen: Anteil der Texte mit Männern bzw. Frauen. Zwei Drittel der Texte sind „reine Männerartikel", nur in fünf Prozent werden ausschließlich Frauen erwähnt.

Inhaltliche Differenzierungen

Der in den verschiedenen Berechnungen zu erkennende eindeutige Trend einer überwiegend auf Männer bezogenen Berichterstattung zieht sich durch alle Zeitungen und durch alle Beitragstypen. Im Rahmen dieses Gesamtbefundes gibt es auch signifikante Unterschiede, wobei Männer aber selbst in den angesprochenen Teilbereichen mit höherer Frauenbeteiligung dominieren.

Stärker als im Durchschnitt sind Frauen bei der Themendimension VERSORGUNG vertreten, und zwar vor allem im Bereich der sozialen und kulturellen Versorgung.[260] Deutlich schwächer ist dagegen die Beteiligung von Frauen bei Beiträgen zu UMFELD, WIRTSCHAFT & ARBEIT oder mit mehreren Themendimensionen (siehe Abbildung 53 und Tabelle 25 im Anhang mit den Berechnungen der relativen Frauenanteile).

Zwischen den Lokalteilen gibt es auch bei den einzelnen Beitragstypen keine signifikanten Unterschiede: Bestimmte Themenbereiche werden hinsichtlich der Repräsentation der Geschlechter übereinstimmend dargestellt. Die Dortmunder Stadtteilzeitungen unterscheiden sich dagegen bei zwei Beitragstypen von den Lokalteilen. Daß diese Stadtteilzeitungen auch insgesamt einen höheren Anteil von Beiträgen mit Frauen aufweisen, ist allerdings eine Abweichung, die auf die unterschiedliche Zusammensetzung zurückgeführt werden kann: Bei den Dortmunder Stadtteilzeitungen mit ihrem ausgeprägteren Anteil der Themendimension VERSORGUNG und dem Beitragstyp 4 *Veranstaltungen/ Organisationen* sind in immerhin 43 Prozent der Beiträge mit Namensnennung auch Frauen genannt.[261] In den Wuppertaler Stadtteilbeilagen und in den Lokalteilen liegt diese Quote nur um 30 Prozent: Die hier besonders häufigen anderen Themen-Texte mit ihrer noch ausgeprägteren Männerdominanz drücken den Frauenanteil im Gesamtbild.

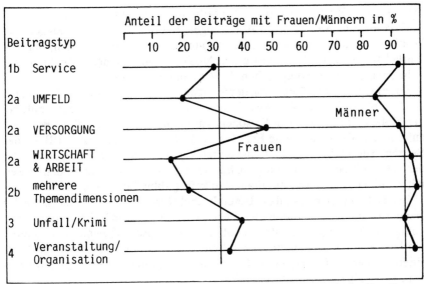

Abb. 53 – Beiträge mit Namensnennung: Anteil der Beiträge mit der Erwähnung von Frauen bzw. Männern (in Prozent), aufgeschlüsselt nach Beitragstypen.

Gedrückt wird der Frauenanteil auch durch Beiträge mit Politikbezug.[262] Während die Quote der Beiträge mit namentlich erwähnten Männern in „politischen" wie „unpolitischen" Beiträgen konstant hoch ist, geht der Anteil der Beiträge mit Frauen bei Politik-Aspekten noch weiter zurück (Abbildung 54).

Zu-Wort-Kommende

Die Untersuchung der Namensnennungen erfaßt lediglich ganz allgemein, welche Personen in der Berichterstattung als Handelnde oder Betroffene vorge-

	ohne Politik	mit Politik	Total		ohne Politik	mit Politik	Total
ohne Männer	6	5	5	ohne Frauen	63	80	67
mit Männer	94	95	95	mit Frauen	37	20	33
Basis =100	(530)	(194)	(724)	Basis =100	(530)	(194)	(724)

Abb. 54 – Beiträge mit namentlicher Erwähnung von Personen differenziert nach „politisch" und „unpolitisch": Anteil der Texte mit Männern bzw. Frauen (gerundete Prozentwerte). Die Unterschiede in der rechten Tabelle sind signifikant.

führt werden. Eine exponierte und spezifischere Darstellung von Personen ist die Wiedergabe ihrer verbalen Äußerungen, mit der einzelne Meinungen und Positionen sichtbar gemacht werden (können). In knapp 39 Prozent der ausführlich untersuchten Beiträge werden Aussagen von Personen in direkten oder indirekten Zitaten wiedergegeben.[263] Wer kommt zu Wort?

Die ungleiche Repräsentation der Geschlechter setzt sich fort; die Dominanz der Männer ist bei den Zu-Wort-Kommenden sogar noch ausgeprägter als bei der bloßen Erwähnung von Personen. Im reinen Mengenverhältnis kommen auf eine zu-Wort-kommende Frau fast sechs Männer. Auch auf der Basis der Beiträge vermindert sich die Frauenbeteiligung: Wurden noch in einem Drittel der Texte mit Namensnennung auch Frauen genannt, kommen in den Texten mit Zitaten nur in 20 Prozent Frauen zu Wort (Abbildung 55).

In den Teilbereichen sind die Befunde ähnlich wie bei der Untersuchung der Namensnennung: Der durchschnittliche Frauenanteil ist in Beiträgen zur soziokulturellen Versorgung signifikant höher als bei Wirtschaftsthemen oder mehreren Themendimensionen, bei denen Frauen noch seltener als im Durchschnitt zitiert werden. In Beiträgen mit Politik sinkt der Anteil der Beiträge mit zitierten Frauen allerdings nicht weiter.

Erklärungsansätze

Die geschlechtsspezifische Aufschlüsselung der Population in lokalen Zeitungstexten erbringt recht eindeutige Ergebnisse: Frauen sind gemessen an ihrem

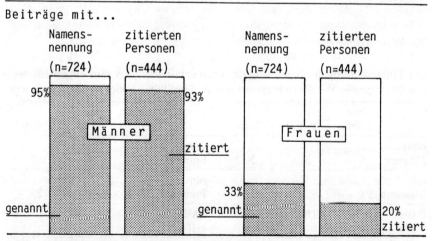

Abb. 55 – Beteiligung von Männern und Frauen an Beiträgen mit Namensnennung und mit zitierten Personen. Der Anteil von Beiträgen mit zitierten Frauen ist noch einmal signifikant niedriger als die Quote der genannten Frauen.

Bevölkerungsanteil deutlich unterrepräsentiert und zwar umso mehr, wenn komplexe Sachthemen und politische Aspekte angesprochen werden. Die möglichen Ansatzpunkte einer Ursachenforschung reichen von eher psychologischen Erklärungen (Frauen und Männer werden unterschiedlich wahrgenommen und dargestellt) bis hin zur redaktionspolitisch bedingten Ausblendung von „Frauenthemen".

Als weitere Erklärung für den geringen Frauenanteil ist ein Verweis denkbar auf die in der gesellschaftlichen Realität vorgefundene Unterrepräsentation von Frauen in mehr oder minder exponierten Positionen und Funktionen. Auch wenn die große „Prominenz" in der Lokalberichterstattung keine so bedeutende Rolle spielt, werden doch meist ausgewiesene Funktionsträger akzentuiert (Kapitel 8.41). Die Männerdominanz wäre unter diesem Aspekt ein Abbild der vorhandenen Machtverhältnisse. Daß in Beiträgen, in denen „leitende" Funktionsträger genannt werden, der Frauenanteil noch signifikant niedriger ist als in den übrigen Beiträgen stützt diese Hypothese.[264] Da die Funktionsangaben in dieser Untersuchung aber nicht nach Geschlechtern getrennt erfaßt wurden, müssen für eine exakte Prüfung allerdings noch speziellere Untersuchungen durchgeführt werden.

8.5 Tiefenstruktur-Profile

Mit den Nachrichtenfaktoren und weiteren, ergänzenden Elementen wurden Merkmale der Tiefenstruktur analysiert, in ihrer Bedeutung gewichtet und inhaltlich konkretisiert. Dabei wurden eine ganze Reihe von Detailbefunden zusammengetragen mit dem Ziel, eine differenzierte Charakterisierung der Lokalberichterstattung zu geben. In einer zusammenfassenden Bewertung werden die einzelnen Merkmale hier noch einmal gemeinsam betrachtet.
Drei Merkmalsgruppen wurden untersucht:
▷ Die Zeitstruktur ist insgesamt sehr heterogen; nur ein Teil der Texte bezieht sich überwiegend auf „Ereignisse" im Sinne eines kurzen, abgeschlossenen Zeitrahmens, während viele Beiträge auf ein unspezifischeres, nicht abgeschlossenes Geschehen verweisen.
▷ Mit der Dynamik (Überraschung, Ungewißheit, Kontroverse) und der Wertigkeit wird in stärkerem Maße der Gehalt der Beiträge im Sinne von Entwicklung und Veränderung analysiert; obwohl diese Faktoren durch Einbeziehung politischer Forderungen bzw. Bewertungen (Lob und Kritik) recht weit gefaßt wurden, enthält insgesamt nur gut die Hälfte der Beiträge Dynamik-Elemente oder eine ausgeprägte Wertigkeit.
▷ Die Personalisierung ist mäßig ausgeprägt; der Kreis der einflußreichen, prominenten Personen – obwohl für den lokalen Bereich eher großzügig definiert – spielt dabei als Personengruppe keine besonders dominierende Rolle.
Diese uneinheitlich und etwas unscharf wirkende Tiefenstruktur im Gesamt-

sample läßt sich für bestimmte Stichproben etwas stärker konturieren. Dabei werden in der Darstellung zum Teil *Tiefenstruktur-Profile* verwendet, die den prozentualen Anteil der Beiträge anzeigen, in denen das jeweilige Merkmal ausgeprägt ist.[265] Die Merkmale, die unter den Begriffen Dynamik und Wertigkeit vorgestellt wurden, sind bei diesen Profilen zusammengefaßt. Die graphische Darstellung ermöglicht in kompakter Form, mehrere Profile gegenüberzustellen, um Abweichungen oder Streuung deutlich zu machen.

Aufmachung

In den vorangegangenen Abschnitten wurde die Ausprägung der Tiefenstruktur-Merkmale in der Lokalberichterstattung insgesamt oder in inhaltlich definierten Bereichen (Beitragstypen) untersucht. Es wurde dabei nicht differenziert, ob es sich um größere, an hervorragender Stelle plazierte Beiträge oder nur um eher kleine Meldungen handelt. Solche Aufmachungsmerkmale gelten aber – zumindest im Zeitungsmantel oder generell bei nationalen/internationalen Nachrichten – als Indikator für die „Wichtigkeit", für den hohen Nachrichtenwert eines Beitrages. Wie unterscheiden sich in der Lokalberichterstattung solche akzentuierten Beiträge von kürzeren Texten, die möglicherweise mehr „Füller" sind und damit vielleicht mit dazu beigetragen haben, daß das Bild lokaler Nachrichten insgesamt so „unscharf" blieb? Der Zusammenhang von Aufmachung und Tiefenstruktur wird für die eigentlichen Lokalteile dargestellt, also ohne die Stadtteilzeitungen, die sich wegen ihrer unterschiedlichen

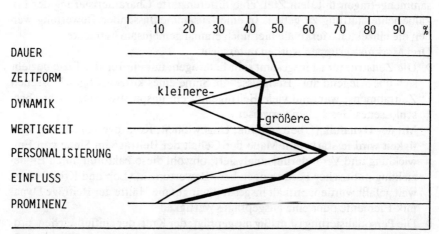

Abb. 56 – Tiefenstruktur-Profile für kürzere und größere Texte (bis 100 / mehr als 100 Quadratzentimeter Textfläche) in den Lokalteilen; vgl. Abb. 57: Spalte 1-3 und Spalte 4.

Gestaltung hierfür weniger anbieten. Abbildung 56 zeigt die Tiefenstruktur-Profile in den Lokalteilen differenziert nach größeren und kürzeren Beiträgen. Die größeren Texte sind danach in noch geringerem Umfang auf kurze Ereignisse bezogen, sie enthalten sehr viel häufiger Dynamik-Elemente, sind etwas stärker personalisiert, wobei die Gruppe der einflußreichen Personen recht stark vertreten ist. Weniger eindeutig ist die Ausprägung bei der Wertigkeit: Die größeren Beiträge enthalten häufiger Bewertungen (Lob und Kritik), während ausdrücklich negative Ereignisse in kurzen Beiträgen stärker ausgeprägt sind.

Aber auch diese Tendenzen, die beim Vergleich größerer und kleinerer Beiträge erkennbar sind, müssen relativiert werden. Bei weiterer Differenzierung zeigt sich nämlich, daß der Zusammenhang zwischen Größe/Aufmachung und der Ausprägungen der Tiefenstruktur nicht unbedingt linear ist. Hinweise auf Kontroversen sind etwa besonders häufig in mittelgroßen, weniger auffällig aufgemachten Beiträgen anzutreffen. Und negative Ereignisse/Entwicklungen sind nicht nur in kurzen Beiträgen stärker ausgeprägt, sondern auch speziell in den großen, gut plazierten „Aufmachern" auf der ersten Lokalseite. Hierin unterscheiden sich die Aufmacher hochsignifikant von den übrigen groß aufgemachten Beiträgen.[266]

Abbildung 57 enthält eine detaillierte Übersicht über die Ausprägung der einzelnen Tiefenstruktur-Merkmale in vier Aufmachungstypen:
▷ als groß aufgemachte Texte wurden Beiträge von mindestens dreispaltiger

Tiefenstruktur-Merkmale	Seite-1-Aufmacher 1	Aufmachung/Größe der Beiträge			übrige, kurze Texte 4	1-4
		andere groß aufgemachte B. 2	mittelgroße Texte 3	1-3		
Dauer (Tag)	30	34	29	31	47	41
Zeitform (abgeschlossen)	55	49	42	46	51	49
Dynamik	48	38	48	44	20	29
Überraschung	3	2	3	3	2	2
Ungewissheit	23	17	16	17	7	11
Kontroverse/Forderung	30	27	42	34	13	22
Wertigkeit	48	44	44	44	39	41
Positives Geschehen	10	17	12	13	9	11
Negatives Geschehen	30	9	15	14	22	19
Lob	3	11	6	8	4	5
Kritik	13	16	18	16	7	11
Personalisierung	70	70	63	66	59	62
Einflußreiche Personen	43	57	48	51	24	35
Prominenz	10	19	11	14	10	11
Basis=100%	(40)	(138)	(165)	(343)	(512)	(855)

Abb. 57 – Tiefenstruktur-Merkmale und Aufmachung in den Lokalteilen: Anteil der Beiträge pro Ausprägung (gerundete Prozentwerte).

Breite und einem großen Gesamtumfang eingestuft (mehr als 150 Quadratzentimeter Textfläche oder mehr als 100 Quadratzentimeter plus Bebilderung)
▷ als „Aufmacher" wurden dabei solche groß aufgemachten Beiträge klassifiziert, die auf der oberen Hälfte der ersten Lokalteilseite beginnen[267]
▷ als „mittelgroß" wurden Beiträge eingestuft, die mehr als 100 Quadratzentimeter Textfläche ohne besondere Aufmachung aufweisen
▷ in der vierten Gruppe sind die übrigen, kürzeren Texte zusammengefaßt.

Beitragstypen

Markanter als die Differenzen zwischen längeren und kürzeren, groß aufgemachten oder unauffälliger präsentierten Beiträgen sind die bereits im einzelnen vorgestellten Tiefenstruktur-Unterschiede zwischen einzelnen Beitragstypen, also zwischen inhaltlich-thematisch definierten Texten (Abbildung 58). Die große Spannweite der Ausprägung von Tiefenstruktur-Merkmalen in den verschiedenen Beitragstypen macht noch einmal deutlich, daß von einer halbwegs

Tiefenstruktur-Merkmale	Service ausführlich 1b	Themendimension Umfeld 2a	Themendimension Versorgung 2a	Themendimension Wirtschaft & Arbeit 2a	mehrere Themendimensionen 2b	Unfall/ Kriminalität 3	Veranstaltungen/ Organisationen 4
Dauer (Tag)	45	22	44	21	25	81	56
Zeitform (abgeschlossen)	19	36	61	38	38	96	77
Dynamik	7	49	21	36	51	17	14
Überraschung	1	2	3	3	2	1	1
Ungewissheit	3	16	6	6	26	10	4
Kontroverse/Forderung	3	44	14	31	39	11	10
Wertigkeit	17	33	46	43	29	80	31
Positives Geschehen	10	2	23	21	10	2	20
Negatives Geschehen	3	12	10	4	9	77	3
Lob	5	2	13	4	4	–	3
Kritik	1	22	7	19	14	1	7
Personalisierung	61	36	65	40	50	86	62
Einflußreiche Personen	35	16	38	38	43	5	42
Prominenz	16	2	13	13	8	2	12
Basis=100%	(181)	(129)	(221)	(89)	(209)	(140)	(153)

Abb. 58 – Tiefenstruktur-Merkmale und Beitragstypen, gesamtes Sample (Lokalteile, Stadtteilzeitungen), Anteil der Beiträge pro Ausprägung (gerundete Prozentwerte).

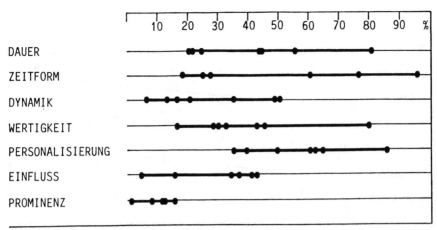

Abb. 59 – Bandbreite der Ausprägungen von Tiefenstruktur-Merkmalen bei Differenzierung nach Beitragstypen: Gesamtes Sample, vgl. Abbildung 58.

durchgängigen Struktur der Lokalberichterstattung nicht die Rede sein kann (Abbildung 59). Es zeichnen sich nach den hier untersuchten Merkmalen eher drei Tendenzen lokaler Nachrichtengebung ab.

Die erste Tendenz kommt dem üblichen Verständnis von Nachrichten als Mitteilungen über „Neuigkeiten" nahe, über tatsächliche oder potentielle Veränderungen, wie sie hier mit den Merkmalsgruppen *Dynamik* und *Wertigkeit* angesprochen werden. Nachrichten, die inhaltliche Offenheit, Veränderung, positive oder negative Ereignisse und Entwicklungen signalisieren, sind bei zwei Beitragstypen relativ häufig vertreten, nämlich bei Themen-Texten und bei Berichten zu Unfällen/Kriminalität. Der Beitragstyp *Unfall-/Kriminalitätbericht* hat dabei eine sehr einheitliche Tiefenstruktur und entspricht am ehesten einem einfachen Nachrichtenklischee: Neben der ausgeprägten (negativen) Wertigkeit charakterisiert ein kurzes, abgeschlossenes Geschehen und das Handeln von Personen das Grundmuster dieses Beitragstyps (Abbildung 60).

Bei den Themen-Texten, die in nennenswertem Umfang auf Wertigkeit und auf Dynamik-Elemente verweisen, ist gleichzeitig (mit Ausnahme der Themendimension VERSORGUNG) ein gegensätzlicher, längerfristiger Zeitrahmen erkennbar. Außerhalb von reinen Polizeimeldungen werden die durch Dynamik/Wertigkeit gekennzeichneten Ereignisse und Entwicklungen tendenziell zeitlich offener präsentiert. Eine mögliche Erklärung hierfür liegt in der fehlenden Distanz von Lokalberichterstattung: Aus der „Nähe" wird ein Geschehen in seinen Bedingungen und Folgen eher als Kontinuum erfahren und nicht nur in Form markanter Zäsuren: Ein großes Bauprojekt wird im Lokalen nicht nur beim „ersten Spatenstich" und der Übergabe des fertigen Objekts registriert, sondern auch in der Entwicklung begleitet.

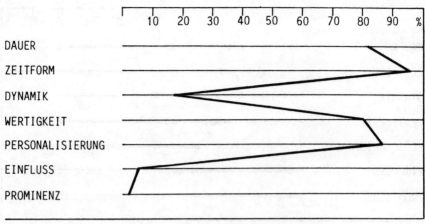

Abb. 60 – Tiefenstruktur-Profil von Unfall-/Kriminalitätsberichten.

Ein anderer Teil der beobachteten zeitlichen Offenheit lokaler Zeitungstexte ist mit dem Begriff *Service* verbunden. Der Service-Aspekt soll die zweite Tendenz lokaler Nachrichten charakterisieren und auf einen Nachrichtenwert verweisen, der nicht aus den herkömmlichen Nachrichtenfaktoren abzuleiten ist. Dabei geht es nicht um eine Spekulation über mögliche Arten der Nutzung lokaler Medieninhalte durch die Leser, sondern um im Text ausgewiesene Nutzungs*angebote*. Wie in Kapitel 7.1 berichtet, enthalten nicht nur die explizit ausgewiesenen Service-Mitteilungen, sondern auch weitere Texte anderer Beitragstypen Kontakt- und Terminhinweise und damit eine angedeutete Handlungsperspektive für den Leser. Knapp die Hälfte jener Beiträge im Untersuchungssample, die weder durch Dynamik-Elemente noch durch eine positive oder negative Wertigkeit ausgewiesen sind, enthalten Service-Aspekte.

Die dritte Tendenz der lokalen Nachrichtengebung heißt *Deskription*. Damit werden diejenigen Texte charakterisiert, die über Zustände, Veranstaltungen, Organisationen, Personen usw. berichten, ohne daß Nachrichtenmerkmale im Sinne von Dynamik/Wertigkeit oder Service-Aspekte enthalten sind. Diese deskriptive Haltung gilt in größerem Umfang für Beiträge zu Veranstaltungen/Organisationen, aber auch für einen Teil der Themen-Texte.

Zeitungsvergleiche

Die starken Unterschiede in der Tiefenstruktur der einzelnen Beitragstypen sind nicht nur für die allgemeine Charakterisierung von Lokalberichterstattung, sondern auch für zeitungsvergleichende Analysen von großer Bedeutung. Je nach Erkenntnisinteresse ist zu definieren und zu begründen, welche Stichproben aus Lokalteilen oder Stadtteilbeilagen verglichen werden sollen: Die alleinige Gesamtbetrachtung des Konglomerats Lokalberichterstattung ist jedenfalls angesichts der aufgezeigten gegenläufigen Tendenzen in Teilbereichen nicht unproblematisch und nur bedingt geeignet.

Bei der hier zugrundeliegenden allgemeinen Fragestellung wurden mehrere Möglichkeiten vorgeführt, Gesamtbetrachtungen und differenzierende Analysen speziellerer Stichproben. In der Gesamtbetrachtung lassen sich Grundzüge herausarbeiten wie in der Charakterisierung zu Anfang dieses Kapitels geschehen oder auch bei allgemeinen Vergleichen zwischen Zeitungen: Abbildung 61 zeigt etwa die überwiegend signifikanten Unterschiede in der Gesamtstruktur von Lokalteilen und Stadtteilzeitungen; Abbildung 62 stellt in ähnlicher Form die einzelnen Lokalteile gegenüber. Es sind damit Aussagen und Vergleiche zum durchschnittlichen Personalisierungsgrad, zur „Dynamik", zur eher positiven oder negativen Wertigkeit usw. im Gesamtbild der Berichterstattung möglich.

Je nach Auswahl begründeter Teilstichproben fällt die Charakterisierung der Lokalberichterstattung aber recht unterschiedlich aus. Es konnte in den vorangegangenen Abschnitten gezeigt werden, wie sich im Zeitungsvergleich Verschiebungen oder andere Bewertungen bei einzelnen Befunden ergeben, wie durch die Differenzierung nach Beitragstypen Unterschiede „verschwinden" oder wie Übereinstimmungen in der Gesamtsicht partielle Unterschiede ver-

Tiefenstruktur-Merkmale	Lokalteile	Stadtteilzeitungen	
		Dortmund	Wuppertal
Dauer (Tag)	41	55	20
Zeitform (abgeschlossen)	49	64	43
Dynamik	29	18	27
Überraschung	2	1	-
Ungewissheit	11	10	6
Kontroverse/Forderung	22	14	26
Wertigkeit	41	34	19
Positives Geschehen	11	22	7
Negatives Geschehen	19	7	5
Lob	5	4	1
Kritik	11	4	7
Personalisierung	62	52	39
Einflußreiche Personen	35	26	14
Prominenz	11	4	2
Basis = 100%	(855)	(211)	(84)

Abb. 61 – Tiefenstruktur-Merkmale in den Lokalteilen, den Dortmunder Stadtteilzeitungen und den monatlichen Wuppertaler Stadtteilbeilagen (alle ausführlich untersuchten Beiträge): Anteil der Beiträge pro Ausprägung (gerundete Prozentwerte).

decken. So wurde bei der Untersuchung der Wertigkeit in den Lokalteilen überprüft, inwieweit negative Ereignisse/Entwicklungen nur im Zusammenhang von Unfällen/Kriminalität oder auch in anderen Bereichen aufgezeigt werden. Der für die Gesamtberichterstattung geltende Befund, daß alle Zeitungen mehr negatives als positives Geschehen pointieren, wurde dadurch relativiert.

Für speziellere Problemstellungen und differenziertere Ergebnisse erscheint die Bildung inhaltlich charakterisierter Teilstichproben notwendig. Dies ist mit praktischen Problemen verbunden. Eine von vornherein inhaltlich eingegrenzte Stichprobe (z.B. Auswahl eines der hier vorgestellten Beitragstypen) ist nur mit einigem Aufwand zu identifizieren, da etwa thematische Merkmale anders als in den Sparten des Zeitungsmantels in der Lokalberichterstattung nicht so leicht ausgemacht werden können. Eine nachträgliche Differenzierung innerhalb eines Gesamtsamples wie in der hier vorgestellten Untersuchung kann hingegen je nach Differenzierungsgrad zu Schwierigkeiten bei der statistischen Auswertung führen, wenn trotz eines relativ großen Gesamtsamples in der Spezifizierung nur noch wenige Fälle verbleiben.

Lokalteilvergleich

In der zusammenfassenden Gegenüberstellung der sechs untersuchten Lokalteile wird die Verteilung der Tiefenstruktur-Merkmale für zwei Stichproben betrachtet: einmal für alle ausführlich untersuchten Beiträge (Abbildung 62) und

Tiefenstruktur-Merkmale	RN	WR	Lokalteile WAZ	WZ	MZ	WP	
Dauer (Tag)	39	43	37	44	42	42	41
Zeitform (abgeschlossen)	49	56	47	55	43	42	49
Dynamik	30	34	33	19	24	32	29
Überraschung	2	3	1	–	2	6	2
Ungewissheit	11	15	11	4	9	17	11
Kontroverse/Forderung	21	23	27	19	17	20	22
Wertigkeit	42	41	39	48	37	40	41
Positives Geschehen	10	10	8	16	12	13	11
Negatives Geschehen	21	21	20	19	16	16	19
Lob	7	1	5	8	6	6	5
Kritik	9	10	12	10	9	12	11
Personalisierung	53	69	63	57	64	67	62
Einflußreiche Personen	33	41	36	22	31	48	35
Prominenz	14	12	9	8	10	16	11
Basis=100%	(156)	(153)	(180)	(124)	(128)	(114)	(855)

Abb. 62 – Tiefenstruktur-Merkmale in den Lokalteilen (alle ausführlich untersuchten Beiträge), Anteil der Beiträge pro Ausprägung (gerundete Prozentwerte).

zweitens für den Beitragstyp *Themen-Texte*, also die Berichterstattung zu den zentralen Themendimensionen UMFELD, VERSORGUNG, WIRTSCHAFT & ARBEIT (Abbildung 63), die sich in der Zeitstruktur, Dynamik, und Aspekten der Wertigkeit vom Gesamtsample doch deutlicher abhebt.

In beiden Stichproben unterscheiden sich die sechs Zeitungen im Grad der Personalisierung und im Anteil einflußreicher Personen signifikant; für die Art der Personendarstellung besteht offensichtlich ein größerer Spielraum. Deutlich wird dies bei den Dortmunder RN, die in Überschrift und Lead besonders bei den Themen-Texten nur relativ selten auf einzelne Personen verweisen, und in der Wuppertaler WZ, die seltener einflußreiche Personen nennt, was allerdings damit zusammenhängt, daß in dieser Zeitung auch insgesamt in geringerem Umfang Namensnennungen erfolgen (vgl. Tabelle 24 im Anhang).

In der Stichprobe aller Beiträge (Abbildung 62) unterscheiden sich die Zeitungen außerdem beim Anteil der Texte, die explizit auf eine Offenheit der weiteren Entwicklung verweisen (Ungewißheit). Bei den übrigen Merkmalen gibt es im Vergleich der sechs Zeitungen keine signifikanten Unterschiede. Die Durchschnittswerte repräsentieren hier für die jeweilige Stichprobe (alle Beiträge bzw. Themen-Texte) eine gemeinsame Grundstruktur der Lokalberichterstattung, die aber durchaus Modifikationsmöglichkeiten enthält, wenn man sich die Bandbreite der Ausprägungen ansieht. Signifikante Unterschiede gibt es entsprechend zwischen einzelnen Zeitungen, in der Regel zwischen den „Ex-

Tiefenstruktur-Merkmale	Lokalteile: Themen-Texte					
	RN	WR	WAZ	WZ	MZ	WP
Dauer (Tag)	27	31	30	26	25	29	28
Zeitform (abgeschlossen)	35	51	38	43	43	41	41
Dynamik	40	50	43	29	35	44	40
Überraschung	2	4	1		3	9	3
Ungewissheit	11	22	15	7	13	21	15
Kontroverse/Forderung	30	34	35	28	27	29	31
Wertigkeit	35	36	35	47	44	47	40
Positives Geschehen	15	9	8	21	16	14	13
Negatives Geschehen	7	12	12	5	14	15	11
Lob	10	3	5	13	6	11	8
Kritik	11	16	18	17	17	15	16
Personalisierung	39	61	54	50	57	64	53
Einflußreiche Personen	40	56	42	21	33	42	40
Prominenz	18	13	9	7	6	12	11
Basis=100%	(88)	(77)	(113)	(76)	(63)	(66)	(483)

Abb. 63 – Tiefenstruktur-Merkmale in den Lokalteilen: Beiträge, die in nennenswertem Umfang über die Themendimensionen UMFELD, VERSORGUNG oder WIRTSCHAFT & ARBEIT berichten (Beitragstyp *Themen-Texte*). Anteil der Beiträge pro Ausprägung (gerundete Prozentwerte).

trem-Zeitungen", die bei den Merkmalen eine besonders hohe oder besonders niedrige Ausprägung haben.

Häufig markiert die Wuppertaler WZ, die einzige „Monopolausgabe" im Untersuchungssample, solche extremen Ausprägungen. Der Hang zu einer „positiven" Berichterstattung, die zudem kaum auf Ungewißheit über weitere Entwicklungen verweist, wurde bereits in den vorangegangenen Abschnitten detaillierter herausgearbeitet. Nimmt man die in Kapitel 7.32 erwähnten Befunde zum Politikgehalt und zu Hintergrundverweisen hinzu, so gibt es doch eine Reihe von Merkmalsausprägungen, bei der die WZ am unteren Ende rangiert. Damit läßt sich auch auf der Ebene der hier untersuchten allgemeinen Strukturmerkmale die bekannte These unterstützen, daß eine Alleinstellung im Sinne einer politisch-kritischen und „dynamischen" Berichterstattung nicht förderlich ist. Andererseits sind die Unterschiede zwischen der einzigen Wuppertaler Zeitung und jeweils einem Teil der Wettbewerbszeitungen aus Dortmund und Menden gar nicht gravierend, so daß ein Gegensatz Monopol-/Wettbewerbszeitung in dieser Schärfe nicht existiert. In Wettbewerbsgebieten scheint aber die Wahrscheinlichkeit größer, daß es eine Zeitungsausgabe gibt, die in der Tendenz weniger Harmonie und Stabilität vermittelt, sondern auch negatives Geschehen pointiert und offene Entwicklungen aufzeigt.

9 Bildberichterstattung

Daß Bilder ähnlich wie verbalsprachliche Texte Konstruktionen mit bestimmten Strukturmerkmalen sind, ist auf den ersten Blick weniger einsichtig. Speziell die mechanisch erzeugten Fotografien bieten einen augenscheinlichen Realismus, der eine distanziertere Rezeption erschwert und den Betrachter leicht verdrängen läßt, daß jedes Bild „gemacht" ist. „Fotos scheinen absolut wahr zu sein", schrieb Walter Lippmann bereits in seinem bekannten Essay über Stereotypen (1922) und erklärte damit die Macht fotografischer Bilder, Vorstellungen von der Realität zu prägen.[268]

Neben der technischen Perfektion der Wiedergabe und der als „natürlich" empfundenen Bildsprache spielen auch Inhalt und Art der fotografischen Gestaltung selbst für den „Foto-Realismus" eine entscheidende Rolle. Die gewöhnliche Gebrauchsfotografie im Amateurbereich wie in den Medien verwendet konventionelle Muster, die den Eindruck des realen Abbilds fördern. Pierre Bourdieu (1981) spricht vom „gesellschaftlichen Gebrauch" der Fotografie, der sich den Regeln einer traditionellen Weltdeutung unterwerfe: „Nur weil der gesellschaftliche Gebrauch der Photographie aus der Fülle ihrer möglichen Gebrauchsweisen nach den Kategorien, die die übliche Wahrnehmung der Welt organisieren, gezielt auswählt, kann das photographische Bildnis für die genaue und objektive Wiedergabe der Wirklichkeit gehalten werden."[269]

Beim speziellen Bildtyp *Zeitungsfoto* gehören zur Gebrauchsweise nicht nur spezifische Bildmerkmale, sondern auch der Kontext, in den Bilder gestellt werden. Im folgenden wird versucht, Grundzüge der lokalen Bildberichterstattung herauszuarbeiten, Typisierungen vorzunehmen und Zusammenhänge von Bild- und Textmerkmalen aufzuzeigen.

Die Darstellung der Bildberichterstattung beginnt dabei zunächst ganz schlicht mit einer formalen Charakterisierung und mit Aspekten der graphischen Zeitungsgestaltung, die – wie beispielsweise die Bildformate – auch eine durchaus qualitative Dimension haben. Mit der allgemeinen Beschreibung werden nicht zuletzt aber auch Basisdaten zu den bisher kaum systematisch untersuchten Zeitungsbildern geboten und gleichzeitig an Schwerpunkte der praxisorientierten Literatur angeknüpft, die vornehmlich Fragen des Layouts und andere formale Gesichtspunkte problematisiert.

9.1 Zeitungsgestaltung

Lokalberichterstattung besteht zu einem erheblichen Teil aus Bildern. Die quantitative Bedeutung läßt sich an Zahl und Flächenbelegung in den untersuchten Lokalteilen und Stadtteilzeitungen ablesen: Den 2066 Texten stehen im

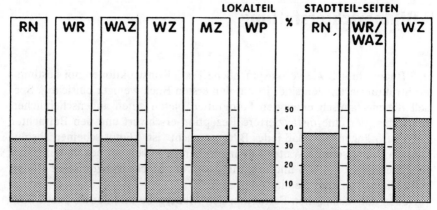

Abb. 64 – Bild-Anteil an der Gesamtfläche der Lokalteile/Stadtteilzeitungen. Zur Flächenberechnung siehe Anmerkung 270.

Sample 694 Bilder gegenüber; auf drei Textbeiträge kommt mithin ein Bild. Gemessen an der Fläche ist der Bildanteil sogar noch größer, denn das Text-Bild-Verhältnis beträgt bei der hier verwendeten Meßmethode etwa 2:1.[270] In den einzelnen Lokalteilen und auch in den Dortmunder Stadtteilzeitungen liegt der flächenmäßige Bildanteil zwischen 28 und 36 Prozent; die monatlichen Wuppertaler Stadtteilbeilagen sind mit 46 Prozent noch bilderreicher (Abbildung 64).

Aufmachung

Unter zeitungsgestalterischen Aspekten wurde auf die „Auflockerung" der einzelnen Seiten durch Bilder verwiesen (s. Kapitel 3.1). Tatsächlich sind Bilder ein durchgängiger Bestandteil (fast) jeder Seite: Von den 239 Zeitungsseiten im Untersuchungssample enthalten lediglich drei Seiten (1 %) kein Bild. Die in Kapitel 5.21 formulierte Hypothese, daß Bilder nicht nur ein regelmäßiger, sondern sogar ein flächenmäßig weitgehend konstanter Bestandteil jeder Seite sind, wird indes nicht bestätigt: Ein mehr oder weniger verbindliches Mischungsverhältnis von Text und Bild pro Seite ist bei den meisten Zeitungen nicht nachzuweisen.[271] Eine der Ursachen für die relativ große Streuung der Bildanteile dürfte die signifikant höhere Bildausstattung von rechten gegenüber linken Seiten sein, die eher textlastig gestaltet werden.

Unterhalb der Ebene einer ganzen Seite besteht der Bild-Kontext aus einzelnen verbalsprachlichen Texten. Jedes Bild im Untersuchungssample kann einem Zeitungsartikel und/oder einer Bildunterschrift zugeordnet werden. Nach Aussagen, die Bilder als Aufmachungsfaktoren charakterisieren, wurde die Hypothese aufgestellt, daß die „Bebilderung" mit anderen Aufmachungs-

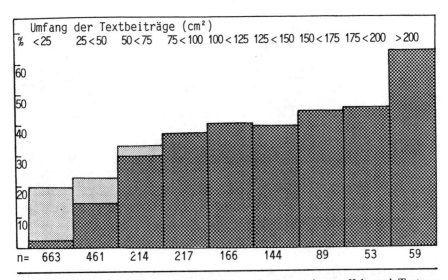

Abb. 65 – Anteil der Textbeiträge mit Bildern (in Prozent) gestaffelt nach Textumfang. Beiträge, die aus einem eigenständigen Bild mit einem Bildtext bestehen, sind durch das hellere Raster gekennzeichnet.

merkmalen korrespondiert: Wichtigen Textbeiträgen, das sind längere Artikel mit großer Überschrift, wird eher ein Bild zugeordnet als kurzen Artikeln (vgl. Kapitel 5.21).

Dieser Zusammenhang zwischen Text-Größe/Aufmachung und Bebilderung ist hochsignifikant: Mit steigendem Umfang steigt auch die Wahrscheinlichkeit einer Bebilderung (Abbildung 65). Gleichwohl ist diese formale Beziehung zwischen Text und Bild eher zurückhaltend zu interpretieren, denn insgesamt fällt die Korrelation nicht so sehr stark aus und es gibt zwei Besonderheiten, die den Zusammenhang[272] relativieren:

1. Unterstellt wurde mit der Hypothese eine Rolle des Bildes als ergänzendes Beiwerk. Neben dem vom Textbeitrag abhängigen „Illustrationsbild" gibt es aber auch den Typ eigenständiger Bilder, die in der Regel nur kurze Begleittexte mit dem Charakter von Bildunterschriften aufweisen. Bei diesem Bildtyp, der auch als „Feature-Bild" bezeichnet wird,[273] kann nicht so ohne weiteres von einer „Bebilderung" eines Textes im Sinne einer Ergänzung die Rede sein. Solche Feature-Bilder machen im Untersuchungssample immerhin mehr als ein Viertel aller Bilder aus.

2. Unabhängig von der Differenzierung in Illustrations- und Feature-Bilder ist zu erkennen, daß sich der Zusammenhang von Bild-Quote und Text-Umfang in drei Stufen vollzieht: Kurze Beiträge sind nur in geringem Maße, sehr umfangreiche Beiträge dagegen zu knapp zwei Dritteln mit Bildern ausgestattet; bei

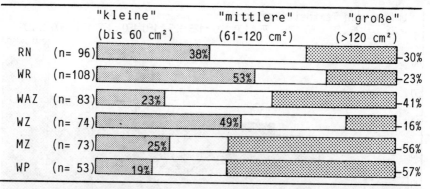

Abb. 66 – Zeitungsgestaltung: Unterschiedliche Verwendung klein- und großflächiger Bilder in den Lokalteilen.

mittelgroßen Beiträgen (von 75 bis 200 Quadratzentimeter Umfang) liegt die Bild-Quote um 40 Prozent ohne signifikante Unterschiede innerhalb dieser Spanne.

Formale Bildmerkmale

Bis hierher war ganz allgemein von „Bildern" und „Bebilderung" die Rede, ohne daß auf den Charakter und Einzelmerkmale der Bilder selbst eingegangen wurde. Leicht präzisieren lassen sich die Technik und die Grundformen der Präsentation des lokalen Zeitungsbildes. „Bild" heißt konkret: rechteckige Schwarzweiß-Fotografie. 97 Prozent der Bilder sind Fotografien, über 99 Prozent sind schwarzweiß reproduziert und 98 Prozent haben eine rechteckige Form. Zeichnungen, Farbwiedergaben, runde oder ausgestanzte Formen sind Ausnahmen.

Bei der Größe der Bilder gibt es eine Bandbreite, die bei den Lokalteilen und den Dortmunder Stadtteilzeitungen von kleinen „Briefmarkenbildchen" bis hin zum großen 340-Quadratzentimeter-Bild reichen, das damit flächenmäßig noch etwas größer ist als ein DIN-A5-Blatt.[274] Der Mittelwert der Bildfläche beträgt 100 Quadratzentimeter bei signifikanten Unterschieden zwischen einzelnen Zeitungen (Tabelle 26 im Anhang). Die unterschiedlichen Schwerpunkte der Zeitungen zeigt Abbildung 66: WR Dortmund und WZ Wuppertal verwenden bevorzugt kleine, die Mendener Lokalteile mehr großflächige Bilder.

Die Bildformate in der Lokalberichterstattung sind überwiegend konventionell, d.h. ungewöhnliche Proportionen durch ausgeprägte Hoch- oder Querformate sind relativ selten.[275] Es dominieren Bilder, die in etwa das Seitenverhältnis einer Postkarte aufweisen oder zumindest nicht besonders stark davon ab-

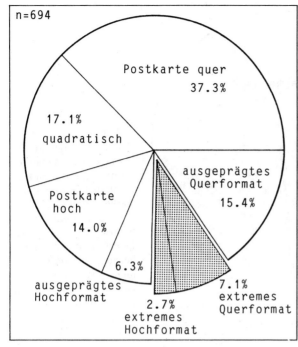

Abb. 67
„Extreme" Bildformate, bei denen eine Seite mehr als doppelt so lang ist wie die andere, machen weniger als 10 Prozent aus. Folgende Seitenverhältnisse sind zugrunde gelegt (Breite : Höhe):
▷ Postkarte quer 1.2-1.6
▷ Postkarte hoch 0.63-0.83
▷ quadratisch 0.84-1.19
▷ ausgeprägtes Querformat > 1.6 – 2.0
▷ ausgeprägtes Hochformat 0.5 < 0.63
▷ extremes Querformat > 2.0
▷ extremes Hochformat < 0.5

weichen (Abbildung 67). Bei den auffälligeren, flächenmäßig größeren Bildern ist der Trend zur Postkarte, speziell zum Querformat noch ausgeprägter (Abbildung 68).

Diese Zeitungsbilder werden damit überwiegend in der Form präsentiert, in der fotografische Bilder auch sonst üblicherweise konsumiert werden: Die Postkarten-Proportion von etwa 1:1,4 ist nicht nur bei den genormten Massenbildern der Fotolabors („9x13") zu finden, sondern entspricht in seiner Querversion auch weitgehend dem Fernsehbild und dem Normalformat beim Film.[276] Obwohl die Zeitungen bei der Formatierung der Bilder kaum technischen Vorgaben unterliegen, erfolgt eine starke Orientierung am „gewohnten Bild", das mehr oder weniger auch dem natürlichen Gesichtsfeld entspricht.[277]

Die Formatwahl dürfte damit den Eindruck einer objektiven Wiedergabe der Wirklichkeit durch Fotografien unterstreichen. Eine Veränderung von Bildformaten ist daher nicht nur eine Frage der Verhinderung von „Eintönigkeit", wie sie in Lehrbüchern diskutiert wird, sondern hat auch ein aufklärerisches Potential, indem die Bearbeitung, die Wahl des Ausschnitts beim Foto etwas deutlicher wird.

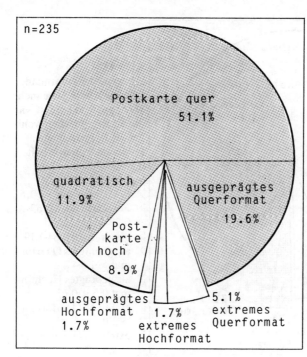

Abb. 68
Bei großflächigeren Bildern (über 120 Quadratzentimeter) werden konventionelle Formate noch stärker bevorzugt: die querliegende Postkarte, etwas ausgeprägtere Querformate und annähernd quadratische Formen. – Ausgeprägte Hochformate sind kaum vertreten (zur Definition der Formate siehe Abb.67).

9.2 Typologie lokaler Zeitungsfotos

Bei der inhaltlichen Annäherung an die lokalen Zeitungsbilder werden die wenigen Zeichnungen (3 %: Karikaturen, karthographische Darstellungen) nicht berücksichtigt, sondern auschließlich die fotografisch produzierten Bilder. Die Grundlage für die Klassifizierung der Fotos ist die als Konzept in Kapitel 5 aufgezeigte Unterscheidung von Bildausschnitten, sogenannter Einstellungsgrößen, mit denen bestimmte Darstellungsleistungen verbunden sind. Bei der Klassifizierung wird das Kontinuum zwischen einer umfassenden Raumdarstellung und einem Detail-Ausschnitt vollständig aufgeteilt. Zu dem üblichen Problem der Klassenbildung bei stetigen Variablen kommt beim Kontinuum möglicher Bildausschnitte hinzu, daß hierfür keine metrische Skala vorliegt, die leicht in Intervalle zu unterteilen wäre. Die Klassifikation erfolgt so näherungsweise und mit Hilfsvariablen.

In einer groben Vorsortierung werden Detail/Groß-, Weit- und „mittlere" Einstellungen unterschieden. Die mittleren Einstellungsgrößen werden dann weiter differenziert: Während der speziell erfaßte Bildtyp *Gruppenfoto* direkt eingestuft wird, werden die anderen Fotos über die Messung der Objekt-Bild-

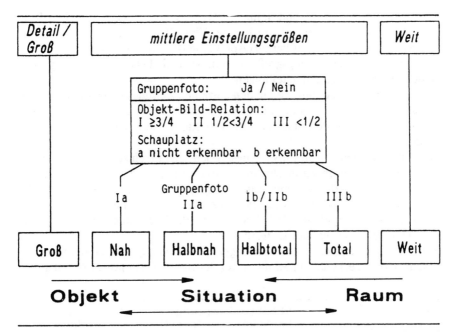

Abb. 69 – Klassifikationsschema zur Unterscheidung von Einstellungsgrößen bei Zeitungsfotos.

Relation und durch die Frage nach der Erkennbarkeit des Schauplatzes klassifiziert. Als Objekt-Bild-Relation wird dabei der Anteil von Personen oder anderer spezifizierter Objekte an den Bilddimensionen (Höhe/Breite) gemessen und zwar, ob sie drei Viertel und mehr, zwischen ein Halb und drei Viertel oder weniger als die Hälfte einer Bilddimension ausmachen.[278] Das Klassifikationsschema in Abbildung 69 zeigt die Zuordnung zu sechs Einstellungsgrößen bzw. die Einordnung in drei funktionale Grundtypen: Die Fotos zeigen tendenziell eher Objekte, Situationen oder Raum.

98 Prozent der Fotos können auf diese Weise eindeutig klassifiziert werden. Aber auch die restlichen Bilder lassen sich in einem ergänzenden Verfahren fast vollständig aufgrund inhaltlicher Merkmale zuordnen: Es sind Reproduktionen von Schriftstücken, Gemälden u. ä. sowie vergleichbare Abbildungen einzelner

Groß	16 %		
Nah	28 %	OBJEKT	44 %
Halbnah	24 %		
Halbtotal	24 %	SITUATION	48 %
Total	5 %		
Weit	2 %	RAUM	8 %

Abb. 70
Verteilung der Einstellungsgrößen im gesamten Untersuchungssample (n=672 Fotografien; gerundete Prozentwerte).

Plastiken, Modellbauten und ähnlicher Gegenstände ohne räumlichen Kontext. Diese Darstellungen entsprechen der Einstellungsgröße *Groß*.

Das Ergebnis der Klassifikation (Abbildung 70) zeigt insgesamt keine besonders bevorzugte Einstellungsgröße; erkennbar ist lediglich die relativ geringe Bedeutung reiner Raumdarstellungen.

Schwerpunkte sind hingegen in den einzelnen Zeitungsteilen auszumachen, die sich hochsignifikant unterscheiden: Die Fotos in den Lokalteilen sind eher objektorientiert, in den Stadtteilzeitungen stärker situationsbezogen (Abbildung 71).

Die Aufschlüsselung nach Einstellungsgrößen zeigt im einzelnen:
▷ Die Stadtteilzeitungen in Dortmund konzentrieren sich auf Nah/Halbnah-Einstellungen – die extremen Einstellungsgrößen *Groß* und *Total/Weit* spielen keine Rolle; zwischen den Stadtteilzeitungen von Ruhr-Nachrichten und Westfälischer Rundschau/WAZ besteht bei der Verteilung der Einstellungsgrößen kein signifikanter Unterschied
▷ In den Wuppertaler Stadtteilzeitungen gibt es einen Trend zu raumbezogenen Bildern, erkennbar sowohl im vergleichsweise sehr hohen Anteil an To-

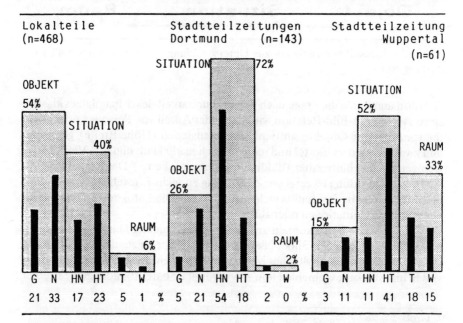

Abb. 71 – Verteilung der Fotos in den Lokalteilen und Stadtteilzeitungen (gerundete Prozentwerte): Die breiten Säulen zeigen die Verteilung auf die Grundtypen (Objekt-, Situations-, Raumbezug), die schmalen Säulen schlüsseln nach den einzelnen Einstellungsgrößen auf (G=Groß, N=Nah, HN=Halbnah, HT=Halbtotal, T=Total, W=Weit).

tal/Weit-Einstellungen, als auch in der Betonung der Halbtotalen, die ja eine Kombination von Objekt- und Raumdarstellung enthält

▷ In den eigentlichen Lokalteilen sind die Einstellungsgrößen zwischen *Groß* und *Halbtotal* relativ gleichmäßig verteilt – eindeutig raumbezogene Bilder spielen nur eine geringe Rolle; bei der Verteilung der Grundtypen (nach objekt-, situations- und raumbezogenen Fotos) unterscheiden sich die einzelnen Zeitungen nicht signifikant.

Diese allen Zeitungen gemeinsame Grundstruktur wird im Detail allerdings etwas unterschiedlich realisiert. Für den Objektbezug heißt dies beispielsweise, daß Zeitungen, die weniger Großaufnahmen enthalten, dafür mehr Fotos mit der „benachbarten" Einstellungsgröße *Nah* verwenden (siehe Tabelle 27 im Anhang).

Aber auch diese Unterschiede bei der Verteilung der Einstellungsgrößen ist relativ gering und in erster Linie auf die „Abweichung" der WZ Wuppertal zurückzuführen, die deutlich weniger Großaufnahmen verwendet und relativ viele raumbezogene Fotos bringt. In der Gruppe der übrigen Zeitungen und auch innerhalb der Städte Dortmund und Menden unterscheidet sich die Verwendung der Einstellungsgrößen nicht signifikant.

9.21 Präsentation der Einstellungsgrößen

Auch wenn die Raumdarstellungen nicht ganz so häufig sind, wird insgesamt doch die ganze Bandbreite von der Großaufnahme bis zur „weiten" Landschaftsdarstellung verwendet. Der dadurch entstehende Kontrast kann verstärkt oder vermindert werden, denn anders als bei Film und Fernsehen, wo jede Einstellungsgröße dieselbe, durch das Filmformat vorgegebene Bildfläche einnimmt, werden in der Zeitung wie gezeigt variable Formate und vor allem recht unterschiedliche Bildgrößen verwendet.

Die in Kapitel 5.21 aufgestellte Hypothese, daß der Kontrast zwischen den Einstellungsgrößen durch die Präsentation der Fotos gedämpft wird, wird durch die Untersuchungsergebnisse erhärtet: Bilder in Groß- und Nah-Einstellung werden eher im kleinen Format wiedergegeben, Situations- und Raum-Darstellungen dagegen eher großflächig. Bei den Lokalteilen besteht damit eine positive Beziehung zwischen der „Weite" des Bildausschnitts und der Bildfläche, allerdings unterschiedlich ausgeprägt bei den einzelnen Zeitungen: Besonders stark ist der Zusammenhang bei der Mendener Zeitung (r= .76), relativ schwach dagegen bei der WZ Wuppertal (r= .22) und den Stadtteilzeitungen.[279]

Die Praxis, Groß- und Nah-Aufnahmen eher klein, Total-Einstellungen dagegen großflächiger zu präsentieren, entspricht nicht der „Lehrmeinung", die eine umgekehrte Verfahrensweise empfiehlt, um „Eintönigkeit" zu verhindern.[280] Ähnlich wie zuvor bei der starken Verwendung der Postkarten-Proportion deuten auch hier die Untersuchungsergebnisse auf eine mehr oder minder unauffällige Zeitungsgestaltung hin, die auf der Ebene des Foto-Einsatzes keine Spannung durch Akzentuierung der Einstellungsgrößen erzeugt.

Zu berücksichtigen ist allerdings, daß die pauschalen Lehrbuch-Empfehlungen nur auf der Layout-Ebene argumentieren und inhaltlich-funktionale Aspekte außen vor lassen. Dazu gehören auch ganz einfache Fragen wie die nach der „Lesbarkeit" von Bildern, wenn zum Beispiel eine Weit-Einstellung als Kleinbild im Zeitungsraster fast unkenntlich wird. Im umgekehrten Fall, bei der vorgeschlagenen großflächigen Präsentation von Nah-Einstellungen, werden leicht einzelne Personen stark betont, was von der Gestaltung einen interessanten Akzent setzen kann, inhaltlich aber nicht immer angemessen sein muß.

9.22 Einstellungsgrößen und Bildinhalte

Die Einstellungsgrößen beschreiben den Bildausschnitt und charakterisieren den „Inhalt" der Fotos ganz allgemein: Es sind Einzel-Objekte oder ein Raum oder in der Zwischengröße eine „Situation", die eine größere Zahl von Objekten verbindet oder eine Objekt-Raum-Beziehung darstellt. Diese Differenzierung ermöglicht in einem weiteren Schritt, Objekte, Räume und Situationen systematisch zu beschreiben und diese Oberbegriffe inhaltlich zu konkretisieren.

Schauplätze

Räumliche Darstellungen sind der Inhalt von Weit- und Total-Einstellungen und ein Element der Halbtotal-Bilder, so daß insgesamt etwa 31 Prozent der Fotos Orte oder Schauplätze zeigen. Dabei überwiegen Außenaufnahmen und zwar nicht nur bei Weit-Einstellungen, die ja als Landschaftsdarstellungen definiert sind, sondern auch bei Total- und Halbtotal-Aufnahmen überwiegt eine Freiluftszenerie.

57 Prozent der Schauplätze lassen sich unter „Stadt" zusammenfassen (Gebäude, Verkehrswege, Baustellen usw.) und 13 Prozent der Fotos zeigen „Natur" im Sinne von unbebauter Fläche (Wald, Park, landwirtschaftliche Nutzfläche, Gewässer u.ä.). Die verbleibenden 30 Prozent sind Innenaufnahmen, die vor allem Veranstaltungs-/Versammlungsräume (16 %) oder Verkaufsräume (7%) vorführen. Gemeinsam ist den gezeigten Orten drinnen wie draußen die allgemeine Zugänglichkeit. Industrieanlagen/Betriebsgelände, Arbeitsplätze oder auch Wohnraum spielen beispielsweise als veröffentlichte Orte/Schauplätze praktisch keine Rolle.

Situationen

Die Halbtotal-Einstellungen sind inhaltlich kaum einzugrenzen. Zu den verschiedenen Schauplätzen kommt eine Vielzahl von Objekten, die nicht auf einen Nenner zu bringen sind. Neben Personen werden etwas häufiger einzelne Pflanzen, Verkehrsmittel, technische Geräte sowie Schilder/Plakatwände in einem räumlichen Kontext abgebildet. – Für die als *halbnah* eingestuften Fotos ist dagegen eine eindeutige Charakterisierung möglich: Schauplätze sind nicht erkennbar, und als Objekte bestimmen Personen nahezu ausschließlich (98 %) das Bild.

Dabei handelt es sich meist um sogenannte Gruppenaufnahmen, deren standardisierte Form immerhin 22 Prozent der insgesamt untersuchten Fotos ausmacht und die in den Dortmunder Stadtteilzeitung sogar auf einen Anteil von über 50 Prozent kommt (vgl. Kapitel 9.23, Abbildung 73). Es handelt sich dabei um die frontale Darstellung von drei und mehr Personen ohne räumlichen Kontext; knapp zwei Drittel bilden Gruppen von mehr als fünf Personen, 36 Prozent mehr als zehn Personen ab. In der Regel dürfte es sich um ein Arrangement handeln, das speziell für die Aufnahme eingerichtet wird mit dem Ziel, möglichst viele Leute auf der Bildfläche unterzubringen. Das frontale Posieren deutet dabei darauf hin, daß es nicht um eine spezifische Situation geht, sondern um eine statische, „zeitlose" Präsentation.[281]

Im privaten Gebrauch dienen solche ritualisierten Gruppenfotos für die abgelichteten Personen als verallgemeinernde, kompakte „Erinnerung" an eine bestimmte Personenkonstellation (Schulklasse, Reisegruppe usw.). Fraglich ist aber die Informationsfunktion dieses Bildtyps in der Zeitung, der für Außenstehende vermutlich keine brauchbare Identifikation einzelner Personen bietet und als „Situation" lediglich ein gleichförmiges Nebeneinander sitzender oder stehender Personen vermittelt. Eine journalistische Begründung der Gruppenfotos als Nachrichtenbilder im Sinne einer spezifischen Informationsleistung dürfte ausgesprochen schwierig sein.[282] Es ist zu vermuten, daß Gruppenfotos Ersatzbilder sind, die statt tatsächlicher Situationen und Handlungen verwendet werden, weil die „eigentlichen" Situationen nicht zugänglich oder nicht fotogemäß sind oder auch weil sie nicht auf dem Terminkalender stehen. Gruppenfotos als in starkem Maße arrangierte Bilder sind wohl vor allem Ausdruck eines Foto-Terminjournalismus, der formale, repräsentative Akte festhält.

Objekte

Während die Halbnah-Einstellungen mehrere Objekte/Personen in einer Situation zeigen, leisten die Groß- und Naheinstellungen eine individuellere Objektdarstellung. Auch diese Fotos sind überwiegend (83 %) personenbezogen, ent-

Kinder/Jugendliche (bis 14)	8%	**Abb. 72**
ältere Jugendliche/junge Erwachsene	5%	Individuelle Personendarstellung:
Erwachsene (25 bis 60)	72%	Altersstruktur der abgebildeten Personen (n=479; Altersschätzung).
ältere/alte Menschen	15%	

halten also Porträts als Brust- oder Kopfbild (*Groß*) und andere Formen bis etwa hin zur Ganzkörperdarstellung (*Nah*).

Während sich die Groß-Porträts – sieht man von der Mimik ab – auf eine bildliche Identifikation von Personen im Sinne eines Paßfotos beschränken, enthät der weitere Nah-Ausschnitt über die Porträt-Funktion hinaus weitere Möglichkeiten. Als eine Leistung von personenbezogenen Nah-Einstellungen wurde in Kapitel 5.11 die Darstellung individueller Handlung genannt. Trotz der unbewegten Abbildung in Fotos kann grundsätzlich individuelles Handeln interpretiert werden. In den meisten Fotos wird die Ebene einer statischen Abbildung allerdings nicht überschritten: Einen Gegenstand in der Hand halten oder einfach nur stehen/sitzen/liegen machen in 69 Prozent der personenbezogenen Nah-Fotos die „Handlung" aus. Unter den abgebildeten dynamischeren Tätigkeiten sind künstlerische Aktivitäten (Musizieren u.ä.) mit Abstand am häufigsten vertreten.

Gemeinsam ist den personenbezogenen Groß- und Nah-Einstellungen eine im Vergleich zu den Gruppenfotos individuelle Personendarstellung. Was sind das für Leute?

Im Gegensatz zur Textanalyse ist bei Fotos auch eine Alterseinordnung bei Personen möglich, die zumindest eine grobe Einschätzung erlaubt, inwieweit Altersgruppen repräsentiert werden, die wie junge und alte Menschen noch nicht stark oder nicht mehr im „gesellschaftlichen Leben" etabliert sind. In der ermittelten Altersstruktur (Abbildung 72) erscheint die Gruppe der Jugendlichen/jungen Erwachsenen relativ schwach vertreten. Sofern die geringe bildliche Repräsentation ein Hinweis ist für eine Vernachlässigung in der gesamten Berichterstattung, wäre davon ausgerechnet jene Altersgruppe betroffen, die auch als Leser nur noch eine schwache Bindung zur Tageszeitung aufweist.[283]

Personendarstellung: Frauen und Männer

Die eigentliche Spezifizierung der abgebildeten Personen differenziert wie zuvor bei der Textanalyse nach Geschlecht. Für die Textbeiträge wurde das Verhältnis namentlich genannter Frauen und Männer mit 1:4,2 ausgewiesen (Kapitel 8.31) und in dieser Größenordnung bewegen sich auch die Namensangaben in den Bildunterschriften. Auf den Fotos selbst ist das Verhältnis der Geschlechter mit 1:2,5 dagegen etwas ausgeglichener. Dabei gibt es einen interessanten Unterschied zwischen den beiden Formen der individuellen Objektdarstellung

Groß und *Nah*. Bei Großaufnahmen, also dem klassischen, kopfbetonten Porträtfoto, sind die Frauen nur sehr schwach vertreten (1:4,8 Männer), während sie bei den Nahaufnahmen, die mit ihrem größeren Ausschnitt auch mehr oder weniger den menschlichen Körper präsentieren, relativ häufig abgebildet werden (1:2,1).

Mit diesem Ergebnis werden auch für die Lokalberichterstattung Befunde amerikanischer Studien (Dane Archer u.a. 1983/1985) bestätigt, die in einer Reihe spezieller Untersuchungen Merkmale der visuellen Darstellung von Frauen und Männern herausgearbeitet haben. Neben der ebenfalls ermittelten quantitativen Dominanz von Männern auf Pressefotos wurden vor allem bedeutsame Unterschiede in der Art der Darstellung registriert: Danach werden in Massenmedien Männer eher durch ihre Köpfe und Gesichter repräsentiert, Frauen dagegen eher körperbetont abgebildet. Die Autoren vermuten als Auswirkung bei der Wahrnehmung, daß mit der Betonung des Kopfes Vorstellungen von Intellekt und Persönlichkeit verknüpft werden, während mit der menschlichen Figur eher „nicht- intellektuelle Vorstellungen wie Gewicht, Körperbau, Attraktivität oder Gefühl verbunden werden".[284] Die anatomischen Unterschiede der Geschlechter-Darstellung könnten damit die schlichte, klassische Zuweisung von Verstand (Mann) und Gefühl (Frau) weiter verfestigen.

Ergänzende Untersuchungen des amerikanischen Forschungsteams deuten darauf hin, daß diese asymmetrische Konstruktion der Geschlechter-Bilder seit langem fest etabliert ist und vermutlich kein bewußt diskriminierender Akt.[285] Ein Aufbrechen der tendenziell stereotypen bildlichen Darstellung der Geschlechter, wie sie mit der groben Unterscheidung der Einstellungsgrößen auch in der Lokalberichterstattung nachgewiesen werden können, läßt sich daher wohl nur durch einen sehr bewußten Umgang mit Fotos erreichen, bei dem die beschriebenen Zusammenhänge reflektiert werden.

9.23 Bildtypen

Die Bildtypisierung, die in der allgemeinen Form durch die Einstellungsgrößen erfolgte, soll hier mit Hilfe des häufigsten Bildinhalts – den Personen – konkretisiert werden. 60 Prozent der untersuchten Fotos sind explizite Personendarstellungen in Groß-, Nah-, Halbnah-Einstellung. Abbildung 73 zeigt den Anteil dieser Personenfotos an der Bildberichterstattung der einzelnen Zeitungen/ Stadtteilbeilagen – differenziert nach individuellen Personendarstellungen (Nah/Groß) und Gruppenfotos. Deutlich erkennbar sind die Unterschiede zwischen der Gruppe der Lokalteile, den Dortmunder Stadtteilzeitungen (RN, WR/WAZ) und den Wuppertaler Stadtteilbeilagen.

Die Gruppe der Lokalteile ist in dieser groben Einteilung (individuelle Personendarstellung/ Gruppenbild/ Sonstige Bildtypen) relativ homogen – signifikante Unterschiede gibt es nur zwischen einzelnen Zeitungen (RN:WZ,

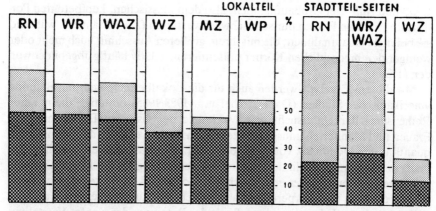

Abb. 73 – Personenbezogene Fotos: Anteil der individuellen Personendarstellungen (dunkles Raster) und der Gruppenbilder (helles Raster) in den einzelnen Zeitungen (vgl. Abbildungen 74/75).

RN:MZ, WAZ:MZ) bedingt durch die relativ zahlreichen Gruppenaufnahmen in den Dortmunder Zeitungen. Im Gesamtvergleich der sechs Zeitungen und auch zwischen den Wettbewerbszeitungen in Menden bzw. Dortmund gibt es keine signifikanten Unterschiede. Das gilt auch für die Gegenüberstellung der beiden Dortmunder Stadtteilzeitungen und zwar hier auch bei einer weitergehenden Differenzierung (Abbildung 74).

Bei den eigentlichen Lokalteilen werden mit zunehmender Differenzierung der Bildtypen aber auch Unterschiede deutlich. Während die Grundtabelle in Abbildung 75 noch die weitgehende Übereinstimmung bei der Verteilung der

Bildtyp	Stadtteilzeitungen		
	RN (85)	WR/WAZ (58)	WZ (61)
Personen (Groß/Nah)	22	28	13
-Porträt	6	3	3
-Nah	16	24	10
Gruppenbild	55	48	11
Andere Objekte (Groß/Nah/Halbnah)	2	–	2
Objekte/Raum (Halbtotal)	16	21	41
Raum (Total/Weit)	1	3	33
nicht klassifizierbar	2	–	–

Abb. 74 – Zusammensetzung der Fotos in den Stadtteilzeitungen nach Bildtypen (gerundete Prozentwerte). Die Dortmunder Stadtteilzeitungen und die WZ unterscheiden sich (Chi-Quadrat-Test, $p < 0.001$); zwischen RN und WR/WAZ gibt es dagegen keine signifikanten Unterschiede ($p < 0.05$).

Bildtyp	RN (86)	WR (107)	WAZ (81)	WZ (73)	MZ (70)	WP (51)	
Personen (Groß/Nah)	48	47	44	37	40	43	44
-Porträt	21	23	14	7	24	10	17
-Nah	27	23	31	30	16	33	26
Gruppenbild	23	17	20	13	7	12	16
Andere Objekte (Groß/Nah/Halbnah)	14	9	7	11	9	12	10
Objekte/Raum (Halbtotal)	12	23	21	26	36	25	23
Raum (Total/Weit)	3	4	5	12	7	6	6
nicht klassifizierbar	–	–	2	1	1	2	1

Abb. 75 – Zusammensetzung der Fotos in den Lokalteilen nach Bildtypen (gerundete Prozentwerte). In der Grundtabelle ohne Differenzierung nach Porträt/Nah sind die Unterschiede nicht signifikant (Chi-Quadrat-Test, $p < 0.05$) bzw. nur im Einzelvergleich (RN:WZ, RN:MZ). Mit der Unterscheidung von Porträt und Personen in Nah-Einstellung sind die Abweichungen auch im Gesamtvergleich signifikant ($p < 0.01$).

Bildtypen in den Lokalteilen dokumentiert, verweist die feinere Aufschlüsselung der Personendarstellung (in Groß und Nah) auf signifikante Abweichungen.

9.3 Verknüpfungen von Text und Bild

Fotos sind multiinterpretabel. Ihre tatsächliche Interpretation ist sehr stark von ihrem Kontext abhängig, wobei verbalsprachlichen Informationen eine besondere Bedeutung zukommt. Fast jeder Gebrauch von Fotografien ist mit einer solchen „verordneten Wahrnehmung"[286] durch verbale Sprache verbunden.

Bildberichterstattung in Zeitungen besteht durchweg aus Verbindungen von Bild und Text. Dabei werden in sich geschlossene Texte, denen das Foto zugeordnet ist, und Bildunterschriften unterschieden, die sich ganz direkt auf das Foto beziehen. Im Untersuchungssample wurden drei Arten von Text-Bild-Verknüpfungen registriert:

▷ Knapp zwei Drittel der untersuchten Zeitungsfotos haben einen Artikel und eine kurze Bildunterschrift als Kontext
▷ 6 Prozent sind ohne eigene Bildzeile einem geschlossenen Text zugeordnet
▷ 28 Prozent sind eigenständige Bilder; deren zugehöriger Text, in der Regel ausführlicher als die üblichen Bildzeilen, liegt irgendwo zwischen Bildunterschrift und einem eigentlichen Zeitungsartikel und wird im folgenden sowohl als Bildunterschrift als auch bei der Analyse der Gesamttexte berücksichtigt.

9.31 Bildunterschriften

In Kapitel 5.12 wurden drei Interpretationsleistungen von Bildunterschriften unterschieden, der ikonische, indexikalische und symbolische Bezug zum Bildinhalt. Alle drei Arten sind in der lokalen Bildberichterstattung vertreten, wobei der symbolische Bezug am wenigsten ausgeprägt ist: In 15 Prozent der Bildunterschriften erfolgen verallgemeinernde Interpretationen („Der Winter ist zurückgekehrt"[287]) oder Bewertungen, daß etwas beispielhaft oder regelmäßig sei („Die Ornamente sind typisch für die Architektur der Jahrhundertwende"). Bildunterschriften dieser Art sind eher bei Fotos anzutreffen, die Schauplätze/ Raum zeigen (29 %), während Personenporträts und Gruppenbilder nur in Ausnahmefällen eine Verallgemeinerung erfahren.

Im Gegensatz zum symbolischen steht der ikonische Bezug, der sich ganz konkret auf das Bild bezieht und es interpretiert, indem erkennbare Elemente des Bildinhalts pointiert werden („In Arbeitskleidung und mit großen Transparenten standen viele Menschen..."). Einen solchen ikonischen Bezug, also eine zumindest teilweise am Bild kontrollierbare Beschreibung, enthalten 23 Prozent der untersuchten Bildunterschriften. Auch der ikonische Bezug ist eher bei nicht-personenbezogenen Fotos anzutreffen.

Die Regel in der Bildunterschrift sind ergänzende Informationen, die weder verallgemeinern noch Elemente des Bildes beschreiben. Es sind Angaben, die sich auf Bildinhalte beziehen, aber am Bild selbst nicht nachzuprüfen sind, wie etwa Namens-, Ort- oder Zeitangaben. Dieser indexikalische Bezug ist in über 99 Prozent der untersuchten Bildunterschriften enthalten und bildet damit den Standard, der ein Foto zur Bildnachricht macht, während die anderen Bezüge optional sind.

Grundsätzlich sind verschiedene Arten indexikalischer Angaben denkbar. Die Bildunterschrift zum Porträtfoto einer Person kann beispielsweise Angaben zu Name, Handlung, Ort und Zeit enthalten („Fritz Meier führt heute abend in der Konzertaula Zauberkunststücke vor"). - Die Untersuchung der indexikalischen Bezüge stützt allerdings die Hypothese, daß die Informationen in der Bildunterschrift mit den Darstellungsleistungen der Fotos korrespondieren, die durch die Einstellungsgrößen vorgegeben sind. Dies läßt sich recht gut für die beiden im Zusammenhang mit den Einstellungsgrößen herausgestellten Begriffe *Objekt* und *Raum* zeigen.

Möglich sind räumliche Einordnungen bei jedem Bild. Gemäß der Hypothese erfolgen Ortsangaben in der Bildunterschrift aber vor allem dort, wo auch im Bild der Raum eine Rolle spielt. Abbildung 76a zeigt den hochsignifikanten Zusammenhang zwischen Einstellungsgröße und Ortsangaben in der Bildunterschrift.

Die Identifikation oder Bezeichnung von Objekten wird umgekehrt vornehmlich zu den Einstellungsgrößen *Nah* und *Groß* erwartet, die einzelne Objekte besonders betonen. Untersucht wurde dieser Zusammenhang für Perso-

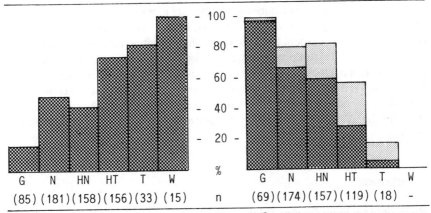

Abb. 76 – Einstellungsgröße und indexikalische Angaben in der Bildunterschrift: a) links: Anteil der Fotos mit räumlicher Einordnung in der Bildunterschrift, b) rechts: Anteil der Bildunterschriften mit Personen-Indentifikation oder Funktionsangaben (helles Raster) bei Fotos, auf denen Personen erkennbar sind. – Einstellungsgrößen: G=Groß, N=Nah, HN=Halbnah, HT=Halbtotal, T=Total, W=Weit.

nen, die neben den ausdrücklichen Personendarstellungen auch weniger hervorgehoben auf weiteren Fotos auszumachen sind. Auch hier ist der Zusammenhang zwischen Einstellungsgröße und der Angabe in der Bildunterschrift hochsignifikant (Abbildung 76b).

Zwischen indexikalischem und bildbeschreibendem ikonischem Bezug bewegen sich Angaben zu konkreten Handlungen. Auch hier ist eine deutlich höhere Quote bei den für Handlungen prädestinierten Einstellungsgrößen von *Nah* bis *Halbtotal* zu beobachten.

Gestützt wird mit diesen Befunden die der Bilduntersuchung zugrunde liegende These von den Darstellungsleistungen der einzelnen Einstellungsgrößen. Gleichzeitig wird auch die Trennschärfe des verwendeten Klassifikationsverfahrens unterstrichen, etwa im Übergang von *Halbnah* auf *Halbtotal*, wo der „Sprung" vom Objekt- zum Raumbezug in Abbildung 76 jeweils recht deutlich erkennbar ist.

9.32 Thematische Bezüge

Zwischen einem Bild und einer darauf bezogenen knappen Bildunterschrift wurde naheliegenderweise eine relativ enge Beziehung vermutet. Das Verhältnis zwischen einem Bild und einem zugehörigen, aber in sich geschlossenen, komplexeren Text erscheint dagegen unbestimmter. In den meisten Fällen ist das Bild als „Illustrationsfoto" lediglich zugeordnet und unterstützt einen Text, der vermutlich auch für sich allein stehen könnte.[288]

Unter dem Aspekt der Bildberichterstattung gibt es grob gesehen zwei Klassen von Zeitungsartikeln, nämlich mit und ohne Foto. Es wird vermutet, daß die Ausstattung mit einem Foto nicht zufällig erfolgt, sondern mit inhaltlichen Merkmalen der Texte korrespondiert. Ausgangspunkt für entsprechende Hypothesen waren Überlegungen, daß Bilder zur Vermittlung mancher Inhalte besser, zur Vermittlung anderer dagegen weniger geeignet sind. Dies wird hier zunächst anhand der groben Einordnung in Beitragstypen und einiger weiterer thematischer Variablen überprüft; in Kapitel 9.33 geht es dann um die Tiefenstruktur.

Sachthemen

Besonders geeignet für eine Bildberichterstattung erscheint die Themendimension UMFELD, bei der es um Zustände und Entwicklungen der physischen Umgebung geht. Die beschreibende Leistung von Fotos, die schließlich stets konkrete, physisch gegebene Objekte zeigen, ist hier sinnvoll einzusetzen. Tatsächlich enthält immerhin die Hälfte der UMFELD-Beiträge Bildberichterstattung, ohne sich damit allerdings von den übrigen Themen-Texten sonderlich abzuheben; die Themen-Texte haben insgesamt mit 48 Prozent eine hohe „Bebilderungsquote". Ein ausgeprägter Zusammenhang zwischen einem Themenbereich und der grundsätzlichen Entscheidung für eine Bildberichterstattung ist demnach nicht erkennbar.

Die begründete fotografische Qualität von UMFELD-Themen wird aber bei einer Differenzierung nach Bildtypen deutlich, wenn nämlich jene Fotos ausgeblendet werden, die thematisch „neutral" sind; dies gilt für Groß-Einstellungen von Personen wie auch für Gruppenbilder. Bei diesen Bildtypen läßt sich

Themendimension		Anteil der Beiträge mit Fotos in %	
		alle Fotos	...ohne Personenporträts/ Gruppenbilder
UMFELD	n=129	50	50
VERSORGUNG	n=221	52	27
WIRTSCHAFT & ARBEIT	n= 89	36	27
mehrere Themendimensionen	n=209	46	37
...mit UMFELD	n=130	45	40
...ohne UMFELD	n= 79	52	32
Themen-Texte	n=648	48	35

Abb. 77 – Themen-Texte: Anteil der Beiträge mit Fotos (gerundete Prozentwerte) a) für alle Bildtypen (nicht signifikant, $p < 0.05$), b) ohne die themenunspezifischen Personenporträts und Gruppenbilder (signifikant, $p < 0.001$).[289]

Themen-Texte	mit Politik	ohne Politik	
mit Foto	31	57	48
ohne Foto	69	43	52
Basis=100%	(236)	(412)	(648)

Abb. 78 – Anteil der Themen-Texte mit Fotos, differenziert nach Beiträgen mit und ohne Politikbezug (gerundete Prozentwerte). – Der Unterschied ist signifikant ($p < 0.001$; Phi: 0.258).

keine thematische Präferenz begründen: Auf den Charakter von Gruppenfotos als Ersatz für eine inhaltliche Bildberichterstattung wurde bereits verwiesen (Kapitel 9.21); ähnliches gilt für Porträtfotos, die ausschließlich eine Personenidentifikation ohne weitere inhaltliche Bezüge leisten. Die differenzierte Bebilderungsquote bei den Themen-Texten zeigt, daß ohne „neutrale" Fotos die UMFELD-orientierten Beiträge am häufigsten mit Bildern ausgestattet sind (Abbildung 77).

Ein hoher Anteil (88 %) schauplatzbezogener Fotos (Einstellungsgrößen Halbtotal/Total/Weit) bei Beiträgen, die das räumliche Umfeld thematisieren, deutet hier auf eine starke themenorientierte Bildberichterstattung hin. Bei den anderen Themendimensionen, die von einer abstrakteren Qualität sind, läßt sich eine bestimmte Bildberichterstattung schwerer begründen; Schwerpunkte bei den verwendeten Bildtypen sind hier auch nicht auszumachen.

Politik

Ein recht großer Teil der Themen-Texte verweist auf politische Diskussionen, Entscheidungen oder Strukturen (vgl. Kapitel 7.31), die naturgemäß schwierig zu visualisieren sind. Die damit begründete Vermutung, daß bei „unpolitischen" Themen-Texten eine stärkere Bildberichterstattung erfolgt als bei politischen Beiträgen, wird bestätigt (Abbildung 78). Der Unterschied ist auch bei weiterer Differenzierung mit Ausnahme der Themendimension WIRTSCHAFT & ARBEIT hochsignifikant (Tabelle 28 im Anhang).

Ein Ausweichen auf reine Personenfotos – wie dies in der nationalen und internationalen Politikdarstellung zu beobachten ist – kann in der politischen Lokalberichterstattung nicht registriert werden.[290] Auch der Anteil von Personen mit ausgewiesenem politischen Amt oder Mandat in den Bildunterschriften zu Groß- und Nah-Aufnahmen ist nicht besonders hoch und entspricht mit 16 Prozent jener Politiker-Quote, die auch bei den insgesammt genannten Funktionsträgern in den Textbeiträgen zu beobachten war.[291]

Terminjournalismus

Mit der Betrachtung der Themen-Texte und dem Politik-Aspekt wurde versucht, Zusammenhänge zwischen thematischen Merkmalen der Texte und möglichen Leistungen von Zeitungsfotos aufzuzeigen. Neben solchen inhaltlichen Begründungen von Bildberichterstattung sind aber auch organisatorisch-technische Probleme der Bildbeschaffung zu berücksichtigen.

Anders als bei der Textproduktion, die auch auf der Basis von zugetragenen Informationen und nachträglich recherchiertem Material erfolgen kann,[292] müssen Fotos „vor Ort" und zum geeigneten Zeitpunkt geschossen werden. Daß Beiträge zu Unfällen/Kriminalität trotz einer grundsätzlich hohen Fotogenität von allen Beitragstypen den geringsten Bildanteil (9 %) aufweisen, kann als Beispiel für das Problem der Bildbeschaffung gelten und auch den möglichen Aufwand andeuten, ein Ereignis fotografisch zu „erwischen".[293] Angesichts solcher logistischer Probleme und der großen Zahl täglich anfallender Bilder dürfte ein erheblicher Teil der Bildberichterstattung unter den Begriff des Terminjournalismus fallen, also ein Fotografieren vorgeplanter oder vorhersehbarer Ereignisse.

Der Prozeß der Foto-Produktion kann nur durch Verfahren der teilnehmenden Beobachtung oder Befragungen analysiert werden. Mit der Inhaltsanalyse ist aber beispielsweise zu prüfen, inwieweit sich die Textbeiträge, denen die Fotos zugewiesen sind, auf Veranstaltungen beziehen. Damit sind zwar keine direkten Aussagen über das Ausmaß von Terminjournalismus in der Bildberichterstattung möglich (der ausgewiesene Veranstaltungsbezug markiert eher die untere Grenze), wohl aber ein grundsätzlicher Trend.

Dabei wird die Hypothese vom starken Terminbezug des Fotojournalismus gestützt durch eine hohe Bebilderungsquote (61 %) des Beitragstyps 4, der speziell Berichte über Veranstaltungen/Organisationen (ohne thematischen Bezug) enthält. Und bei Betrachtung der Textbeiträge insgesamt (ohne Sonderformen und Service-Mitteilungen[294]) haben Texte mit Bild einen signifikant höheren Veranstaltungsbezug als Beiträge ohne Bild.

Die Aufschlüsselung des Veranstaltungsbezugs nach Bildtypen legt dabei folgende zusätzliche Hypothese nahe: Ein Veranstaltungs- oder Terminbezug fördert vor allem Gruppenfotos und Nah-Aufnahmen von Personen. Der Zusammenhang zwischen ausgewiesenem Veranstaltungsbezug und Bildtyp ist recht stark (siehe Abbildung 79).

Bildtyp		mit Veranstaltungsbezug
Personen (Groß)	n= 90	50 %
Personen (Nah)	n=157	72 %
Gruppenbild	n=156	84 %
Andere Objekte (Groß/Nah/Halbnah)	n= 51	49 %
Objekte/Raum (Halbtotal)	n=160	39 %
Raum (Total/Weit)	n= 51	20 %

Abb. 79
Bildtypen und ausgewiesenem Veranstaltungsbezug im zugehörigen Text. Die Unterschiede sind hochsignifikant ($p < 0.001$; Cramers V: .416); Gesamtsample ohne nicht klassifizierbare Bildtypen (1%).

9.33 Tiefenstruktur-Ausprägungen

Die spezifischen Merkmale von Texten, die mit oder ohne Fotos veröffentlicht werden, konnten auf der thematischen Ebene nur ansatzweise herausgearbeitet werden. Ausgeprägte thematische Präferenzen sind nicht zu erkennen oder werden möglicherweise durch technische Fragen der Bildbeschaffung überlagert. Das markanteste Ergebnis ist die relativ bildarme Berichterstattung „politischer" Beiträge. Die politische Diskussion und die mehr oder minder institutionalisierte Gestaltung des gesellschaftlichen Lebens ist wie vermutet kein besonders geeignetes Bildthema. Das deutet verallgemeinert darauf hin, daß die Art der Thematisierung vielleicht ein wichtigerer Faktor für Bildberichterstattung ist als das Sachthema selbst. Dies soll mit den in der Textanalyse bereits ausführlich angesprochenen Tiefenstruktur-Merkmalen näher untersucht werden, die die „Art" der Berichterstattung näher charakterisieren.

Vor den in Kapitel 5.32 formulierten Hypothesen soll zunächst ganz allgemein die Grundannahme überprüft werden, daß sich Texte mit Bild von Texten ohne Bild unterscheiden. Zu berücksichtigen ist bei diesen und den folgenden Berechnungen wiederum, daß bei einigen speziellen Beitragstypen (bei Sonderformen und beim Service-Typ *Kurz-Info*) keine Tiefenstruktur-Merkmale erhoben wurden; diese Beiträge mit zugehörigen Bildern sind also hier nicht berücksichtigt.

Tiefenstruktur-Merkmale	Texte mit Bild	Texte ohne Bild	Unterschiede signifikant?
Dauer (Tag)	40	43	nein
Zeitform (abgeschlossen)	52	50	nein
Dynamik	20	32	ja ***
Überraschung	2	2	nein
Ungewissheit	9	11	nein
Kontroverse/Forderung	14	26	ja ***
Wertigkeit	34	41	ja **
Positives Geschehen	17	9	ja ***
Negatives Geschehen	8	22	ja ***
Lob	7	4	ja
Kritik	7	11	ja
Personalisierung	58	59	nein
Einflußreiche Personen	38	27	ja ***
Prominenz	13	7	ja ***
Basis=100%	(501)	(649)	

Abb. 80 – Tiefenstruktur-Merkmale in Beiträgen mit und ohne Bebilderung: Anteil der Beiträge pro Ausprägung (gerundete Prozentwerte). Basis: gesamtes Sample (ausführlich untersuchte Beiträge). Überprüfung der Signifikanz mit Chi-Quadrat-Test, Irrtumswahrscheinlichkeit $p < 0.05$; ein höheres Signifikanzniveau ist durch **($p < 0.01$) bzw. ***($p < 0.001$) ausgewiesen.

Die Tiefenstruktur von Texten mit Bild und Texten ohne Bild unterscheidet sich und zwar in den Bereichen Dynamik und Wertigkeit sowie in der Personenstruktur. Die allgemeine Gegenüberstellung (Abbildung 80) erlaubt zunächst folgende Charakterisierung[295]:

▷ Die Bildberichterstattung akzentuiert in der Gesamtsicht mehr das Unproblematische, Positive; Beiträge mit Bild berichten seltener über Kontroversen und sind in ihrer Wertigkeit positiver als reine Textberichterstattung
▷ Bei insgesamt übereinstimmendem Personalisierungsgrad werden in Texten, die mit Bildern ausgestattet sind, eher einflußreiche/prominente Personen genannt.

Diese allgemeine Charakteristik von Texten mit Bildern ist insofern pauschal und eher oberflächlich, als Bildberichterstattung auf das bloße Vorkommen (Bild: ja/nein) reduziert wird und auch die Unterschiedlichkeit der Texte nicht berücksichtigt wird. Im folgenden werden deshalb einige abgestufte Aussagen über die Bildberichterstattung gemacht durch Differenzierungen nach Bildtypen auf der Fotoebene und nach Beitragstypen auf der Textebene.

Beitragstypen

Daß Texte ohne Bilder sich erheblich häufiger auf „negative" Ereignisse beziehen, ist beispielsweise auf die vielen unbebilderten Unfall- und Kriminalitätsberichte zurückzuführen. Ohne diesen Beitragstyp sind die Negativismus-Unterschiede zwischen Texten mit und ohne Bild nicht signifikant. – Die Akzentuierung von positiven Ereignissen (Erfolg...) durch Bilder ist dagegen bei mehreren Beitragstypen nachzuweisen, bei Service-Mitteilungen und Berichten über Veranstaltungen/Organisationen sowie bei der Themendimension VERSORGUNG. Bei den übrigen Themen-Texten (UMFELD, WIRTSCHAFT & ARBEIT, mehrere Themendimensionen) ist aber kein Unterschied zwischen bebilderten und nicht bebilderten Beiträgen auszumachen; hier wird positives Geschehen durch Bildberichterstattung nicht akzentuiert.

Entsprechend läßt sich auch für weitere Tiefenstruktur-Merkmale verfahren. Für das Vorkommen von Kontroversen und politischen Forderungen läßt sich dabei die pauschale Charakterisierung bestätigen: Beiträge mit Bildern enthalten durchweg deutlich weniger Kontroversen/Forderungen als nicht bebilderte Texte. Wie in Kapitel 5.32 behauptet, sind verbale Kontroversen und politische Forderungen keine Textmerkmale, die eine Bildberichterstattung begünstigen.

Eine weitere Hypothese befaßt sich mit der Zeitstruktur. Da Fotos Momentaufnahmen einer zurückliegenden Aufnahmesituation sind, wurde vermutet, daß auch die zugehörigen Textbeiträge vornehmlich ein kurzes, abgeschlossenes Ereignis darstellen. Dies wird im Gesamtsample nicht bestätigt: Die Unterschiede zwischen bebilderten und nicht bebilderten Texten sind für die Merk-

		Anteil der Beiträge mit	
Einstellungsgröße		Zeitform: abgeschlossen	Dauer: Tagesereignis
Groß	n= 83	47	28
Nah	n=160	55	50
Halbnah	n=132	68	51
Halbtotal	n=139	49	39
Total/Weit	n= 47	23	11
	n=561	53	41

Abb. 81 – Einstellungsgröße der Fotos und Zeitstruktur der zugehörigen Texte: Anteil der Beiträge mit Ausprägung des Zeitmerkmals (gerundete Prozentwerte); die Unterschiede sind für Zeitform und Dauer hochsignifikant (Chi-Quadrat-Test, $p < 0.001$). Berücksichtigt sind alle Fotos, die zu einem ausführlich untersuchten Text gehören.[296]

male *Dauer* und *Zeitform* nicht signifikant (siehe Abbildung 80). Eine mögliche Erklärung hierfür wurde bereits bei der Entwicklung der Hypothese angedeutet: Nicht alle Bildtypen haben dieselbe Zeitqualität. Die extremen Einstellungsgrößen *Groß* und *Total/Weit* sind „zeitloser" als die situationsbezogeneren mittleren Einstellungsgrößen und damit auch losgelöst von einer Zeitstruktur einzusetzen, die kurze, abgeschlossene Ereignisse markiert. An einem Beispiel außerhalb des Pressebereichs läßt sich dies vielleicht deutlich machen: Sowohl das Paßfoto (Groß) als auch die typische Urlaubspostkarte (Total/Weit) sind zeitlich nicht fixiert, sondern werden als mehr oder weniger dauerhafte Zustandsbeschreibungen eingesetzt.

Die unterschiedliche Zeitqualität zeigt sich tendenziell auch in der Zeitstruktur der zugehörigen Texte (Abbildung 81). Groß-Einstellungen und mehr noch die reinen Raumdarstellungen (Total/Weit) sind häufig mit Texten verbunden, die in ihrer Zeitstruktur offen oder unspezifisch sind.

Bildtypen

Vergleichbare Unterschiede gibt es nicht nur bei der Zeitstruktur, sondern auch bei anderen Tiefenstruktur-Merkmalen. Noch etwas spezifischer als die Unterscheidung von Einstellungsgrößen ist die Klassifizierung der Fotos mit den vorgestellten Bildtypen. Mit den Tiefenstruktur-Profilen der zugehörigen Texte läßt sich eine differenziertere Charakterisierung der Bildberichterstattung durchführen. Es läßt sich damit etwa zeigen, daß es in Abweichung zu der oben formulierten pauschalen Charakterisierung der Bildberichterstattung auch Bildtypen gibt, die sehr wohl Konflikte oder eine negative Wertigkeit akzentuieren (Abbildung 82).

Tiefenstruktur-Merkmale	Bildtypen Personen (Groß)	andere Objekte (Groß-Halbnah)	Personen (Nah)	Gruppenbild	Objekte/ Raum (Halbtotal)	Raum (Total/ Weit)	
Dauer (Tag)	28	32	54	52	39	11	41
Zeitform (abgeschlossen)	53	34	59	70	49	23	53
Dynamik	46	17	14	9	25	47	22
Überraschung	3	–	3	1	1	–	2
Ungewissheit	19	11	3	3	11	30	10
Kontroverse/Forderung	32	11	9	5	19	34	16
Wertigkeit	50	34	37	39	35	30	38
Positives Geschehen	16	6	24	35	4	2	17
Negatives Geschehen	7	17	3	1	20	9	9
Lob	10	11	14	5	2	2	7
Kritik	4	2	3	2	13	21	7
Personalisierung	74	64	73	57	45	28	58
Einflußreiche Personen	59	30	42	45	25	24	38
Prominenz	19	11	18	13	6	4	12
Basis=100%	(68)	(47)	(128)	(124)	(142)	(47)	(556)

Abb. 82 – Tiefenstruktur-Merkmale in Beiträgen mit Bildern differenziert nach Bildtypen: Anteil der Beiträge pro Ausprägung (gerundete Prozentwerte). Berücksichtigt wurden alle Fotos, die nach Bildtypen klassifiziert werden konnten und die zu einem ausführlich untersuchten Text gehören. Bis auf das Merkmale *Überraschung* und die Sammelkategorie *Wertigkeit* sind alle Unterschiede signifikant (Chi-Quadrat-Test, $p < 0.01$).

Folgende Tendenzen sind zu beobachten:

1. Beiträge mit Personenporträts (Groß-Einstellung) enthalten recht häufig Verweise auf Dynamik, also auf Ungewissheit, Kontroversen, politische Forderungen. Die bis auf ihre Identifikationsleistung neutralen, inhaltlich sonst unspezifischen Porträtfotos lassen sich offensichtlich besser mit einem inhaltlich offenen Geschehen verbinden als die anderen Personendarstellungen, die bildlich zwar „mehr" bieten, aber damit auch in ihrer Aussage festgelegt sind.

2. Die stärker situativen Bilder haben einen Momentaufnahme-Charakter und weisen damit weniger über sich hinaus. Die Nah- und Gruppenbilder markieren entsprechend nur sehr selten Beiträge, die Ungewissheit oder Kontroversen enthalten. Hier trifft vielmehr die eingangs formulierte Charakterisierung zu: Diese Bilder akzentuieren das Unproblematische und Positive. Der Erfolg wird mit einem Gruppenbild gefeiert.

3. Die mit räumlichen Darstellungen (Weit, Total, Halbtotal) ausgestatteten

Texte vermitteln dagegen wiederum deutlich mehr inhaltliche Offenheit und haben im Vergleich zu allen übrigen Bildtypen eine ausgeprägt negative Wertigkeit. Hier spiegelt sich die kritische Auseinandersetzung mit dem räumlichen Umfeld wieder, die auch in der Gesamtberichterstattung deutlich wurde und bei dem fotogenen Themenbereich auch bildlich begleitet werden kann.

Erkennbar ist schließlich noch der naheliegende Zusammenhang zwischen Bildtyp und der Personalisierung des zugehörigen Textes. Rund drei Viertel der individuellen Personendarstellungen (Groß und Nah) stehen im Kontext personalisierter Texte, während reine Raumdarstellungen eine deutlich niedrigere Quote (28 %) aufweisen.

Personalisierung

Daß die meisten Zeitungsfotos personenbezogen sind, hat zu der Frage geführt, welche Rolle Fotos bei der Personalisierung von Zeitungsinhalten grundsätzlich spielen. Einige Vermutungen gehen dabei sogar soweit, in der Fotografie eine der Ursachen für Personalisierung zu sehen (vgl. Kapitel 5.32).

Mit der hier vorgestellten Inhaltsanalyse können die Personalisierung von Bildern und Texten gegenübergestellt werden. Es sind damit allerdings naturgemäß keine Aussagen über die Genese von Text-Bild-Einheiten in dem Sinne möglich, ob ein personalisierter Text die Bildauswahl oder personenbezogenen Bilder die Textgestaltung beeinflußt haben.

Vergleicht man zunächst die Text- und Bildberichterstattung insgesamt, so sind keine auffälligen Unterschiede auszumachen. 59 Prozent der ausführlich untersuchten Texte wurden als personalisiert eingestuft, da in der Überschrift oder im Lead Personen namentlich oder in einer Funktion genannt werden (Kapitel 8.3), und von den analysierten Bildern sind 60 Prozent „explizite Personendarstellungen" (Kapitel 9.23). Bei einzelnen Zeitungen gibt es allerdings durchaus unterschiedliche Tendenzen, so etwa bei den Ruhr-Nachrichten, die von allen Lokalteilen die niedrigste Personalisierungsquote im Text (53 %), gleichzeitig aber einen recht hohen Anteil personenbezogener Bilder (71 %) aufweisen.[297] Solche Differenzen sind vermutlich ein Hinweis dafür, daß es zwar möglich ist, Texte zurückhaltend zu personalisieren, indem Personen nicht im Lead sondern weiter unten im Text genannt werden, eine entsprechende Möglichkeit beim Foto aber in der Regel nicht besteht: Ein Bild von einer Person, die diese wie im Text mehr in den „Hintergrund" rückt, ist am Ende gar keine Personendarstellung, sondern zeigt einen Raum oder einen sonstigen Vordergrund.

Neben dieser summarischen Betrachtungsweise wird die Rolle der Fotos in der jeweiligen Text-Bild-Einheit untersucht. Dafür wird ein spezielles Sample gebildet und zwar ohne die eigenständigen Bilder, bei denen automatisch ein recht enger Bezug zwischen Bild- und Textmerkmalen besteht. Bei Beiträgen

Text hochpersonalisiert	Bild hochpersonalisiert	Anteil (n=366)
ja	ja	28%
ja	nein	28%
nein	ja	11%
nein	nein	34%

Abb. 83 – Hohe Personalisierung in Text-Bild-Einheiten: Anteil der jeweiligen Kombination (gerundete Prozentwerte). Basis: In sich geschlossene, ausführlich untersuchte Textbeiträge mit Bild.[298]

mit mehreren Bildern wird das Bild mit der stärksten Personenbezogenheit ausgewählt.

Abbildung 83 zeigt hochpersonalisierte Text-Bild-Kombinationen. „Hochpersonalisiert" sind Texte, in denen mindestens eine Person in Überschrift oder Lead namentlich genannt wird, und Bilder mit Personen in Groß- oder Nah-Einstellung. Bei diesen Ausprägungen erscheint eine Vergleichbarkeit der Personalisierung von Text und Bild am ehesten gegeben.

In 11 Prozent der Text-Bild-Beiträge ist das Bild hochpersonalisiert ohne eine entsprechende Ausprägung im Text. Es wird in diesen Fällen durch Bildberichterstattung also ein höherer Personalisierungsgrad erreicht als im reinen Text. Dem stehen aber immerhin 28 Prozent der Beiträge gegenüber, in denen der Text nach unserer Definition stärker personalisiert ist als das Bild, so daß die Hypothese von der stärkeren Personalisierung der Lokalberichterstattung durch Fotos insgesamt nicht gestützt wird.

10 Ausblick:
Zur Strukturierung lokaler Nachrichten

Die Befunde zur untersuchten Text- und Bildberichterstattung bieten eine detaillierte Charakterisierung von Lokaljournalismus, ohne daß sich die zahlreichen Einzelergebnisse wie Puzzleteile zu einem leidlich glatten Gesamtbild fügen. Daß sich die Struktur lokaler Nachrichten somit nicht auf einige markante Merksätze reduziert, ist einerseits ein wichtiges Ergebnis, erschwert andererseits aber Interpretationen und Orientierungen im Hinblick auf praktische Problemstellungen.

Gefragt sind vor allem Perspektiven und Definitionen eines „neuen" Lokaljournalismus, der sowohl (anderen) politischen Ansprüchen genügt als auch zur Zukunftssicherung der Zeitung beiträgt: Er soll einerseits die „öffentliche Aufgabe" der Presse ernster nehmen und andererseits im Sinne eines wirtschaftlich erfolgreichen Lokaljournalismus einem redaktionellen Marketing folgen, das dem Produkt Lokalzeitung/lokale Nachrichten seine Position auf dem umkämpften Medienmarkt sichert. Für solche pragmatische Erkundung von Leseverhalten und für die neuen Lokaljournalismus-Entwürfe empfiehlt sich mit Blick auf das uneinheitliche Bild der vorgefundenen Lokalberichterstattung zunächst einmal dies: Abstand zu nehmen von pauschalen Aussagen, die *die* Lokalberichterstattung insgesamt betreffen und – fälschlicherweise – ein homogenes Ganzes implizieren.

Mit Ausnahme der gemeinsamen Klammer des Bezugs zu einem begrenzten, lokalen Verbreitungsgebiet gibt es in den untersuchten Lokalteilen keine eindeutigen, durchgängig anzutreffenden Merkmale, die lokale Nachrichten als Ganzes prägen; bestenfalls sind einzelne Segmente der Text- und Bildberichterstattung zu unterscheiden, die bestimmte gemeinsame Strukturmerkmale aufweisen. Für einen entsprechend differenzierteren Umgang wurden Kriterien einer neuen Typologie für Lokalzeitungsbeiträge entwickelt, die die herkömmliche bloße Themeneinordnung überwindet und in stärkerem Maße funktionale Aspekte und die Komplexität der Texte berücksichtigt. Solche Unterscheidungen sind sowohl sinnvoll bei der (Neu-)Konzeption lokaler Berichterstattung als auch bei der Überprüfung der Akzeptanz beim Lesepublikum.

Im Bereich der Leserschaftsforschung wird die Problematik verallgemeinernder Aussagen über die Lokalberichterstattung als Ganzes besonders deutlich: Wenn dort immer wieder auf die Beliebtheit und die hohe Nutzung des Lokalteils verwiesen wird,[299] so ist dies eine trügerische, weil undifferenzierte Bestätigung der bisherigen Praxis, die betroffene Verleger und Journalisten beruhigen mag, inhaltlich aber nicht weiter hilft. Die interessante Frage lautet doch, welcher Art von Beiträgen die Aufmerksamkeit gilt und in welcher Form diese Beiträge genutzt werden.

Anders als bei den elektronischen Medien, deren Programme sich stets vom Umschaltknopf bedroht sehen, muß eine entsprechend differenzierte Nutzungsanalyse lokaler Zeitungsberichterstattung nicht zu einer verkrampften, auf „Einschaltquoten" zielenden Politik führen. Zeitungen werden als Ganzstück vertrieben und vertragen daher deutlich besser ein Nebeneinander aus „Mehrheits-" und „Minderheitsbeiträgen" und eine Mischung aus verschiedenen potentiellen Nutzungsarten (Meinungsbildung, Aktualisierung von Wissen, Unterhaltung, gezielte Informationsabfrage usw.); aus einer differenzierten Nutzungsanalyse könnten aber neue Aspekte für die bislang kriterienarme Lokalteil-Gestaltung, für die Zusammensetzung und Darbietung dieser „Mischung" gewonnen werden.

Weil Zeitungen eine Mischung unterschiedlicher Inhalte und Beitragstypen für den Leser vorhalten, sind Orientierungshilfen erforderlich, die einen selektiven Umgang mit den (in unserem Untersuchungssample) insgesamt jeweils über 30 Seiten starken Zeitungen pro Tag ermöglichen, für die nur ein begrenztes Zeitbudget zur Verfügung steht. Im Zeitungsmantel und im Anzeigenteil erfolgt eine gewisse Orientierung durch Gliederung in Themenbereiche oder Rubriken – in der vorgefundenen Gestaltung der recht umfangreichen Lokalteile dagegen bedeutet das Nebeneinander der verschiedenen Inhalte und Beitragstypen mit ihren jeweiligen Nutzungsmöglichkeiten vor allem ein Durcheinander, das wenig Anhaltspunkte für den Leser bietet.

Besonders deutlich wurde der Mangel an Struktur bei dem Beitragstyp *Service-Mitteilungen*, jenen meist kurzen Meldungen mit Veranstaltungsangeboten, Öffnungszeiten, Beratungshinweisen, Verbrauchertips. Diese Service-Mitteilungen gehören aus Lesersicht kaum zum „Pflichtteil", der zur Aktualisierung von Wissen über wichtige Entwicklungen durchgearbeitet werden muß; Service-Mitteilungen sind vielmehr besonders geeignet für eine gezielte Informationsabfrage im Bedarfsfall. Diese gezielte Nutzung wird erheblich durch die Zeitungsgestaltung behindert, die durch (Ver-)Streuung dieser Meldungen im ganzen Lokalteil und durch fehlende Rubrizierung einen kaum zumutbaren Suchvorgang provoziert. Obwohl dieser Beitragstyp ein beachtliches Volumen erreicht, sind Konzepte einer funktionalen Präsentation (wie beispielsweise in Stadtmagazinen vorgeführt) nur in Ansätzen auszumachen.

Über eine sinnvolle Gliederung der Gruppe der ausgewiesenen Service-Mitteilungen hinaus läßt sich der Service-Aspekt zum Ausgangspunkt weiterreichender Überlegungen machen. Allein das Volumen der registrierten Service-Mitteilungen (knapp die Hälfte aller Beiträge, rund ein Drittel der Textfläche) verweist darauf, daß *Service* ein wichtiges journalistisches Kriterium umschreibt. *Service* charakterisiert den Nachrichtenwert von Mitteilungen, die einen unmittelbaren Nutzen für den Leser im Sinne von Handlungsrelevanz besitzen. Solch praktischer Nutzen von Nachrichten ist zwar nicht auf Lokalberichterstattung beschränkt, gewinnt dort aber eine besondere Bedeutung: Lokale Nachrichten sind durch einen ausgeprägten Nahbezug definiert, mit der eine wahrscheinliche Betroffenheit oder mögliche Teilhabe des Lesers verbunden ist, weshalb es besonders naheliegt, diesen Bezug journalistisch aufzubereiten. – Dies muß sich nicht auf das bloße Anzeigen von Veranstaltungsterminen beschränken: Das Service-Prinzip kann vielmehr als journalistische Haltung begriffen werden, mit der Lokalberichterstattung insgesamt stärker auf herauszustellende Nutzungs- und Partizipationsmöglichkeiten ausgerichtet werden kann. Für den Bereich der politischen Partizipation ist das fehlende Aufzeigen von Handlungs- und Mitwirkungsmöglichkeiten bereits mehrfach beklagt worden. Auch bei anderen Themen sind Kontakthinweise oder das Aufzeigen von Verhaltensmöglichkeiten u. ä. in verstärktem Maße denkbar.

Ein solches Service-Verständnis ist freilich – anders als die bloße Verarbeitung eingehender Veranstaltungshinweise – mit größerem journalistischen Aufwand verbunden. Womöglich sind die berühmten „W"-Fragen (Wer, was, wann, wo, wie, warum?) durch einen weiteren Recherche-Aspekt zu ergänzen: Welcher konkrete Nutzen kann gezogen werden? Welche Ansatzpunkte für eine mögliche Selbsttätigkeit des Lesers gibt es? – Durch die Antizipation von Folgeaspekten eines Beitrages kann der bereits vorhandene Service-Charakter der Lokalberichterstattung zu einer erkennbaren Dienstleistung ausgebaut werden.

Solche eigenen, lokalspezifischen Nachrichtenprinzipien zu definieren und zu pflegen, bietet sich deshalb an, weil herkömmliche Nachrichtenkriterien, wie sie in nationalen und internationalen Nachrichten nachgewiesen wurden, in der Lokalberichterstattung eine deutlich geringere Rolle spielen. Nach der in Anlehnung an die Nachrichtenwertforschung durchgeführten Untersuchung von Zeitgerüst, Dynamik und Wertigkeit, Personalisierungsgrad und Status der erwähnten Personen ist es kaum möglich, von „Standards" des Lokaljournalismus zu sprechen im Sinne bestimmter Muster, nach denen Nachrichten konstruiert werden. Dies gilt auch für Teilbereiche: Mit Ausnahme der Berichte über Unfälle/Kriminalität, die einem festen Schema unterliegen, lassen sich auch für einzelne inhaltlich definierte Segmente der Lokalberichterstattung keine prägnanten Charakterisierungen formulieren, sondern lediglich Trends, die Abweichungen zwischen Beitragstypen oder Themenbereichen akzentuieren. – Im Vergleich zu nationalen und internationalen Nachrichten weist Lokalberichterstattung jedenfalls sowohl insgesamt wie auch in der Differenzierung nach Beitragstypen keine markante Struktur auf.[300]

Dies wundert nicht, wenn man bedenkt, daß der Lokalteil der Zeitungen täglich einen Umfang hat, der fast der Seitenzahl entspricht, die im Zeitungsmantel für regionale, nationale und internationale Nachrichten zur Verfügung stehen. Mit Nachrichten-Theorien, die an Weltnachrichten entwickelt wurden und einen extremen Selektions- und Reduktionsvorgang charakterisieren, lassen sich die Inhalte von Lokalteilen und Stadtteilzeitungen da nur zum Teil erklären: Statt Selektionszwang besteht dort nämlich viel eher der Druck, Seiten zu füllen.

Statt des von der Nachrichtenwertforschung herausgearbeiteten „Grundmusters" der Konstruktion von Nachrichten[301] gibt es mehrere Tendenzen, die die Lokalberichterstattung bestimmen und ihr im Gesamtbild einen vergleichsweise amorphen Charakter verleihen: Ein Teil der lokalen Nachrichten ist tatsächlich ähnlich wie Weltnachrichten konstruiert; ein weiterer genügt vor allem dem besprochenen Service-Prinzip; ein dritter Teil ist schließlich mit herkömmlichen Kriterien gar nicht zu beschreiben und verweist bestenfalls auf die relativ große Offenheit von Lokalberichterstattung.

Der Pressehistoriker Otto Groth hat diese Offenheit schon 1928 beschrieben: In den Lokalteil würden „alle möglichen Betrachtungen, Mitteilungen, Nachrichten" gesteckt, die Hauptsache sei, daß die Lokalberichterstattung „umfangreich, mannigfaltig und unterhaltend ist".[302] So finden sich neben Nachrichten im herkömmlichen Sinne und lokalspezifischen Service-Informationen „Geschichten" und Beschreibungen des lokalen Lebens, bei denen nicht ganz klar wird, worin ihr aktueller Nachrichtenwert besteht. Die bevorzugte Kombination mit Gruppenbildern unterstreicht die Bedeutung dieser Beiträge als ausschneidenswerte Erinnerung für den jeweils kleinen Kreis der unmittelbar Beteiligten. Über diesen Souvenir-Charakter hinaus ist eine nachrichtliche Funktion häufig nicht erkennbar.

Aus der Offenheit wie aus der groben Unterscheidung mehrerer „Tendenzen" lokaler Berichterstattung lassen sich drei Perspektiven für ihre Veränderung ableiten, die trotz unterschiedlicher Zielsetzungen auch (in Grenzen) miteinander verbunden werden können:

Erstens: Nimmt man die vorgefundenen Elemente und Tendenzen der derzeitigen lokalen Berichterstattung als gegeben, bietet sich eine andere Organisation dieser Bestandteile an und zwar in Form einer stärkeren Trennung der vorgestellten Grundformen *Nachricht, Service-Information* und der *Geschichten* aus dem lokalen Leben, mit möglicherweise noch weitergehender Differenzierung. Diese Neu-Organisation muß sich nicht auf eine Kosmetik im Sinne eines anderen Umbruchs beschränken, der dem Leser anstelle des vorherrschenden „Patchworks" mehr Orientierung bietet, sondern kann zudem eine reflektierte Produktion bedeuten: Der (selbstgewählte) Zwang einer stärkeren Rubrizierung und Trennung nach Funktionen von Beiträgen sollte zu einem bewußteren Einsatz von Bildmaterial und textlichen Stilmitteln führen. Noch korrespondiert nämlich das hier referierte Ergebnis einer verschwommenen Tiefenstruktur mit dem Eindruck, daß auch auf der Ebene der journalistischen Formen im lokalen Bereich einiges verwischt.

Zweitens: Wenn man die aktuelle Zusammensetzung der Lokalberichterstattung nicht akzeptiert, vor allem nicht die wertfrei als „Offenheit" charakterisierte Beliebigkeit von Inhalten, bietet sich eine deutliche Umfangsreduzierung der Lokalteile an mit der Zielsetzung, die Selektionsmöglichkeiten zu erhöhen.

So ließe sich der Druck mindern, „alle möglichen Mitteilungen" in die Zeitung zu heben, und eine Nachrichtendefinition finden, die mehr als das Kriterium „lokaler Bezug" enthält und sich letztlich stärker an den Faktoren überlokaler Nachrichten orientiert. Zu berücksichtigen ist allerdings, daß ein verminderter Umfang nicht automatisch zu einer derartigen inhaltlichen Verdichtung führt, wie das Beispiel der hier untersuchten „Monopolzeitung" zeigt, bei der ein vergleichsweise geringer Umfang mit einem erheblich reduzierten personellen Aufwand einhergeht und mit dem damit verbundenen Druck, die Seiten nach dem ökonomischen Gesichtspunkt der unaufwendigen Materialbeschaffung zu füllen.[303] Eine Umfangsreduktion macht unter der Zielsetzung der qualitativen Veränderung nur Sinn, wenn sie die Kapazität der Redaktion steigert.

Drittens: Die Offenheit der Lokalteile kann schließlich auch als konzeptionelle Chance genutzt werden, als dritter Weg, der sich weder auf eine bloße Gliederung der bisherigen Praxis, noch auf eine Übernahme herkömmlicher Nachrichtenkriterien beschränkt, die ja auch nicht unproblematisch ist: Die nicht auf Tagesereignisse fixierte Zeitstruktur und die weniger auf Prominenz abhebende Personenstruktur der Lokalbeiträge können auch als (potentielle) Stärken begriffen werden, so wie andererseits die fehlende Kontinuität und die vordergründige Eliteberichterstattung („Minister treffen Minister") der Weltnachrichten zurecht kritisiert werden.[304]

Wie man mit den beschriebenen Tendenzen umgeht und vor allem wie die Offenheit konkret genutzt wird, ist das eigentliche Thema der seit längerem geführten Diskussion um die Fortentwicklung des Lokaljournalismus. An die Stelle der bloßen Anhäufung des Beliebigen, wie sie in noch stärkerem Maße als bei Zeitungen in Anzeigenblättern zu finden ist, sollen journalistische Recherche und Bearbeitung treten. Welche Bedeutung wird der Vermittlung sozialen Wandels und der Darstellung von Problembereichen eingeräumt gegenüber einer eher statischen Wiedergabe des lokalen Lebens? Inwieweit ist die bloße Abbildung des lokalen (Veranstaltungs-)Lebens in Text und Gruppenfoto abzulösen durch einen analytischeren Journalismus, der vielleicht durch offizielle Termine und Verlautbarungen auf ein Thema aufmerksam wird, aber in der Aufbereitung in Text und Bild eigene Akzente setzt? Und wird das angesprochene Service-Prinzip begriffen als journalistische Haltung, mit der die Lokalberichterstattung stärker in Richtung auf Nutzungs- und Partizipationsmöglichkeiten gestaltet wird?

Entsprechende Entwürfe für eine neue Definition von Lokalberichterstattung liegen vor: Es soll, so eine knappe, allgemeine Formulierung, eine „von spezialisierter Sachkenntnis getragene, kontinuierliche Berichterstattung und Analyse angestrebt werden, die informiert, den Lesern ihre Betroffenheit von (politischen) Entscheidungen nahebringt und ihnen Möglichkeiten der Mitwirkung aufzeigt".[305] In den 70er Jahren wurden im Rahmen der begonnenen Auseinandersetzung mit der Lokalpresse Konzepte entwickelt, einem solchen neuen Lokaljournalismus näherzukommen.[306]

Als wichtigster Ansatzpunkt erschienen hierbei die Journalisten und deren Professionalisierung durch bessere Aus- und Fortbildung. Seminare, Materialien und Lehrbücher zeugen von den verdienstvollen Aktivitäten zur Verbesserung der Kompetenz von Lokaljournalisten. Indes ist inzwischen deutlich geworden, daß Veränderungen des Lokaljournalismus nicht allein durch „pädagogische" Maßnahmen und gute Ideen hervorzubringen sind, wenn nicht gleichzeitig die Produktionsbedingungen verändert werden.[307] Ein anderer Lokaljournalismus ist nämlich ein aufwendigerer Lokaljournalismus – und auch hier gelten die Gesetze des Marktes: „Wenn der Journalismus mehr Aufwand treiben will, muß er beweisen, daß dieser größere Aufwand seinen höheren Preis wert ist."[308]

Welche Strukturierung Lokalberichterstattung auf Dauer erfährt, wird somit davon abhängen, inwieweit Leistungen des Lokalteils nachweisbar den wirtschaftlichen Erfolg des Gesamtprodukts Zeitung bestimmen. Es wäre zu zeigen, daß die kostengünstige Beschaffung lokaler Nachrichten, die mit dem Begriff „Terminjournalismus" verbunden wird, auf die Dauer kein Erfolgsrezept ist. Und daß das zugehörige 25köpfige Gruppenbild zwar 25 leicht verkaufte Exemplare bedeuten mag,[309] aber keine Basis ist für ein Abonnement.

Anmerkungen

Kapitel 1 Einführung: Das Interesse an Lokalberichterstattung

1. siehe z.B. Kiefer (1987) S. 85f.
2. siehe Pürer (1982) S.547f. Für die Tageszeitungen wird seit längerem in Perspektivdiskussionen ein „anderer" Lokalteil mit Verweis auf die neue Konkurrenzsituation in Aussicht gestellt; z.b. Hans Heigert in: Hamburger Medientage (1977) S.83; Flug (1980) S.1242. Als konkrete Bemühungen zur Verbesserung des Lokaljournalismus siehe die Aktivitäten und Publikationen des Projektteams Lokaljournalisten: Das Handbuch (Loseblattsammlung 1977ff) und die Materialien für Lokaljournalisten (1980) sind in das bekannte ›ABC des Journalismus‹ (zuerst 1981) eingeflossen; daneben erscheint 14tägig die „Drehscheibe", ein Pressedienst mit beispielhaften Beiträgen aus Lokalzeitungen.
3. s. Voß-Dietrich (1969) in Emil Dovifats ›Handbuch der Publizistik‹.
4. vgl. Wilking (1985).
5. Dorsch (1978a) S.189.
6. vgl. Kapitel 2.2, Abschnitt ›Bedingungen im Verbreitungsgebiet‹.
7. vgl. Kopper (1982) S.84ff.
8. Freund (1979) S.228.
9. Die sozialwissenschaftliche Methode der Inhaltsanalyse ist Grundlage der hier vorgestellten empirischen Untersuchung wie auch der meisten angesprochenen früheren Arbeiten. Auf theoretische und methodische Implikationen wird mehrfach – meist im Kontext konkreter Probleme – eingegangen. Für eine allgemeine Einführung in die Inhaltsanalyse wird auf die umfassende Spezialliteratur verwiesen – z.B. Merten (1983), Früh (1981).

Teil I

10. Als Forschungsbilanzen zur Lokalkommunikation siehe Ronneberger/Stuiber (1976), Saxer (1978), Rager/Schibrani (1981), Kopper (1982) bes. S.77-104 und 127-132, Wilking (1984) sowie die Referierung des Forschungsstandes in empirischen Arbeiten, ausführlich etwa bei Begemann (1982) und Fritsch (1983).
11. Kieslich (1969) S.5.

Kapitel 2 Ansätze und Entwicklungen der Lokalpresseforschung

12. vgl. Wilking (1982) S.9ff. Einen ausführlichen Überblick über die Entwicklung „lokaler Wechselseiten" in den verschiedenen Zeitungstypen bis 1945 bietet Schütze (1971).
13. vgl. Wilking (1982) S.44f. Die Gesamtstruktur von Zeitungen einschließlich der Umfänge der (allerdings unterschiedlich definierten) Lokalberichterstattung haben u.a. untersucht: Groth (1915), Hundt (1935), Gunkel (1943), Lunke (1949), Schütz (1956), Hagemann (1958), Schulz (1970), Arbeitsgemeinschaft für Kommunikationsforschung (1974/1981).
14. Conrad (1935), Adloff (1939), Gunkel (1943) beschreiben Zeitungen des 19. Jahrhunderts; Hundt (1935) verfolgt die Entwicklung verschiedener Pressetypen im „märkischen Sauerland" bis in die 1930er Jahre; Feddersen (1941) stellt u.a. wohlwollend die „Veränderungen"

in der Berliner „Heimatpresse" nach 1933 dar. – Siehe auch die Darstellung der ‚Lokalpresseforschung in der ersten Hälfte des 20. Jahrhunderts' bei Fritsch (1983), S.7-11.

15 bei Groth im Kapitel ‚Der lokale und sportliche Teil', S.925-940; bei Dovifat (1976) im Kapitel ‚Der Orts- und Heimatteil', S.59-70.

16 vgl. Wilking (1984) S.183f.

17 vgl. Wilking (1984) S.184f.

18 Empirische Methoden setzten sich in der Publizistikwissenschaft erst in den 60er Jahren durch. Insofern beschränkt sich das Fehlen einer empirischen Forschungstradition nicht auf den Bereich der Lokalkommunikation. Vgl. Bohrmann/Sülzer (1973), Knoche (1978) S.88-101.

19 Umfassend dokumentiert wurde diese Entwicklung vor allem durch den Pressestatistiker Walter J. Schütz mit seinen seit 1954 wiederholten Stichtagssammlungen und den Auszählungen der „Ein-Zeitungs-Kreise" (s. Schütz 1978, 1979; Bibliographie weiterer Veröffentlichungen: Schütz 1983, S.87f). Zur Problematik der Einschätzung und Messung von Pressekonzentration siehe Knoche (1978) und Pätzold/Röper (1984).

20 Eine Zusammenstellung der an die Presse gestellten Erwartungen und der Befürchtungen, die mit der Pressekonzentration verbunden wurden, siehe bei Ronneberger/Stuiber (1976) S.59ff.

21 Dorsch (1978a) S.189.

22 Daneben gibt es eine ganze Reihe unveröffentlichter Arbeiten (vgl. etwa Langenbucher 1980, S.139, Anmerkungen 1-4).

23 Haenisch/Schröter (1971) S.242.

24 Franz Ronneberger, Vorwort, in: Stofer (1975).

25 Zur Kritik des Ansatzes und der Arbeit von Stofer siehe Wilking (1984) S.189f, Kopper (1982) S.69/80, Dorsch (1978b) S.273f. – Der Ansatz ist teilweise auch in den Arbeiten von Wolz (1979), Benzinger (1980) und Langenbucher (1980) enthalten.

26 siehe vor allem Rager/Schibrani (1981) und Wilking (1982 und 1984).

27 Der dritte Ansatz, der mit einer Einbeziehung der Spezifika des Verbreitungsgebietes eine Relativierung der allgemeinen Qualitätsnormen anstrebt, gelangt in der erwähnten Arbeit von Stofer (1975) zu einer positiveren Einschätzung des Lokaljournalismus. Diese Fallstudie macht aber gleichzeitig deutlich, daß der zugrundeliegende theoretische Ansatz für eine empirische Untersuchung noch deutlich präziser werden muß; Stofers Ergebnisse und Schlußfolgerungen sind passagenweise völlig beliebig. Vgl. Anmerkung 25.

28 Die folgenden Ausführungen beruhen auf Einzelkritiken der genannten Untersuchungen in Wilking (1982) S.55-93 und (1984) S.184-190.

29 vgl. Wilking (1984) S.186ff.

30 Zu den Leistungen von „quantitativer" und „qualitativer" Vorgehensweise und ihrer Verknüpfung siehe Merten (1983) S.49ff.

31 Frahm (1980) S.98.

32 Um die Förderung des Lokaljournalismus bemüht sich seit 1975 das Projektteam Lokaljournalisten mit einer Reihe von Veröffentlichungen (siehe Kapitel 1, Anmerkung 2)

33 Zur Einbeziehung von Alternativzeitungen oder anderen nicht tagesaktueller Publikationen siehe u.a. Jarren (1984b), Fuchs (1984), Prater (1981, 1982). Rager (1982) vergleicht Tageszeitungen und ein „subregionales" Hörfunkprogramm. – Zum Bereich der Lokalberichterstattung in den elektronischen Medien und möglichen Auswirkungen auf die Printmedien existieren (vor der Veröffentlichung der Ergebnisse der „Begleitforschung" zu den Kabelpilotprojekten) vor allem theoretische Arbeiten oder Berichte über Auslandserfahrungen. Siehe u.a. die Beiträge in Thomas (1981) und in Medium, 15.Jg. 1985, Nr.4/5.

34 siehe Hüther u.a. (1973), S.31.

35 siehe als Beispiel Benzinger (1980), Fuchs (1984).

36 Kategorien nach Hüther u.a. (1973) S.31f.- Zur Kritik des Kategoriensystems siehe Wilking (1984) S.184f.

37 Rager kommt zu dem Ergebnis einer großen Ähnlichkeit zwischen den Zeitungen; Häufigkeitsverteilungen und Rangfolgen werden nebeneinandergestellt und dann ohne weitere Bearbeitung diskutiert. Siehe Rager (1982) S.53ff.

38 Hinzu kamen bei den Zeitungen sogar 30 bis 50 weitere Themen, die zusätzlich notiert wurden. Siehe Rager (1982) S.53.

39 nach Rager (1982), S.173. Die Kategorie „Radio Kurpfalz" bezieht sich auf die Berichterstattung über das „subregionale" Hörfunkprogramm.

40 vgl. Projektteam Lokaljournalisten (1984) S.350f.

41 siehe Rager (1982) S.44f. Vgl. auch die Themenlisten von Luchsinger u.a. (1981) S.233f, Rind (1983) S.310.

42 vgl. Merten (1983) S.98, 306 sowie die Diskussion der Zuverlässigkeit des Kategoriensystems bei Rager (1982) S.44f.

43 siehe z.B. Rombach (1983) S.300, der mit Ragers Kategoriensystem arbeitet. Rager selbst dokumentiert seine Zusammenfassung der Kategorien nicht.

44 Kriterien für Kategorien siehe bei Merten (1983) S.95ff.

45 Frahm (1976) S.7f.

46 Als Pionierstudien des hier beschriebenen Ansatzes gelten die Arbeiten von Östgard (1965) und Galtung/Ruge (1965), die sich mit „Foreign News" befassen. Systematisiert wurde der Ansatz von Schulz (1976), der die Struktur von überregionalen Nachrichten in bundesdeutschen Medien untersuchte.

47 vgl. Schulz (1982a) S.20ff. In der Nachrichtenforschung dominierte lange (unter dem Einfluß des Gatekeeper-Modells) eine Sichtweise, die die Nachrichtenentstehung lediglich als Selektionsvorgang charakterisierte. Auch der hier skizzierte Ansatz einer Untersuchung von „Nachrichtenfaktoren" suchte zunächst vor allem nach Selektionsregeln. Die weiter unten beschriebenen Untersuchungen der Lokalberichterstattung betonen zum Teil ebenfalls das Auswahlproblem (vgl. Wilking 1984, S.191ff). Zur Entwicklung der heutigen Sichtweise, „daß die Nachrichtenfaktoren primär Strukturprinzipien der gesellschaftlichen Konstruktion von Wirklichkeit und erst in zweiter Linie journalistische Selektionsregeln kennzeichnen" siehe Schulz (1982a) S.21ff.

48 nach Schulz (1982a) S.22f.

49 Die Untersuchungen von Rohr und Prater sind in unveröffentlichten Examensarbeiten dokumentiert. Als zusammenfassende Veröffentlichungen, in denen die Ergebnisse der Nachrichtenfaktor-Analyse wiedergegeben werden, siehe Rohr (1978, 1980) bzw. Prater (1982), Mohler/Prater (1981).

50 Vgl. Schönbach (1980) S.154ff, Rohr (1975) Anhang. Prater übernimmt Schönbachs Nachrichtenfaktoren mit Ausnahme des Faktors KRIMINALITÄT; er verwendet statt dessen den Faktor NEGATIVISMUS, der neben Verbrechen auch Unglücke, Unfälle u.ä. umfaßt.

51 Vgl. Rohr (1975) S.109, Schönbach (1978) S.263ff, 273f, Prater (1982) Nr.3, S.21ff. Kurz-Ereignisse und Personalisierung sind auch Merkmale der untersuchten Schweizer Zeitungen: Luchsinger u.a. (1981) S.159ff.

52 siehe Schönbach (1978) S.273f. Schulz (1982a) S.23 stellt unter Einbeziehung der Untersuchungen von Lokalberichterstattung fest, daß das „Grundmuster der Konstruktion von Wirklichkeit" in allen Nachrichtenmedien unserer Gesellschaft „im wesentlichen" übereinstimme.

53 siehe neben den genannten Untersuchungen auch Hippler/Kutteroff (1981).
54 siehe Schönbach (1980) S.151ff.
55 Schulz (1976) vergleicht überregionale Nachrichten von Tageszeitungen, Hörfunk, Fernsehen und einer Nachrichtenagentur auf der Ebene der Nachrichtenfaktoren.
56 siehe besonders Projektteam Lokaljournalisten (1984) S.42ff mit unzusammenhängenden Gedanken über „Die Nachrichten und die Wirklichkeit". Die dort zum Teil aufgeworfenen Fragen (S.43) hätten sich für eine Diskussion der „Tiefenstruktur" und der Nachrichtenfaktoren angeboten. – La Roche (1984), S.70ff nennt zwar einige „Faktoren, die Interesse erzeugen" und zum Teil an die genannten Nachrichtenfaktoren erinnern, bezieht sich dabei aber lediglich auf den normativen Katalog eines amerikanischen Lehrbuches aus den dreißiger Jahren (dt.: Warren 1954).
57 vgl. Brendel/Grobe (1976) S.52f. Als Beispiele für die unkritische Vermittlung journalistischer Normen nennen Weischenberg/Weischenberg (1980) das klassische amerikanische Lehrbuch von Warren (zuerst 1934, dt. 1954) und das daran anknüpfende Handbuch von La Roche (zuerst 1975). Beide enthalten u.a. eine Art Kochrezept für Nachrichten, besonders eindrucksvoll in der Abbildung „The Chemistry of the News Laboratory" in Warren (1959) S.39.
58 In der deutschen PR-Literatur wird die Nachrichtenkonstruktion nicht so offen angesprochen wie in amerikanischen Fachbüchern. Der PR-Begründer Edward L. Bernays betonte bereits 1923 die bewußte Verwendung des Nachrichtenwertes: „The counsel on public relations not only knows what news value is, but knowing it, he is in a position to make news happen. He is a creator of events." (Zitiert nach Binder (1983) S.64). – Prater (1982) Nr.3, S.26 verweist als praktische Konsequenz seiner Nachrichtenfaktoren-Untersuchung auf die Möglichkeit, eigene Anliegen besser in die Zeitung zu bringen.
59 Schönbach (1978) S.266.
60 siehe entsprechende Ergebnisse bei Rohr (1975) S.107f.
61 Zur Unterhaltung in den verschiedenen Medien siehe Browne (1983) S.191ff.
62 Vielfach werden nur einzelne Funktionen aus dieser Liste angesprochen; umfassender sind vor allem zwei Studien der früheren Münchener Arbeitsgemeinschaft für Kommunikationsforschung AfK (1973, 1981) und eine Darstellung aus kommunalpolitischer Sicht bei Knemeyer/Wengert (1978), S.20ff und 40ff.
63 Die in Kapitel 2.1 erwähnte, erste nähere Inhaltsanalyse des Lokalteils deutschsprachiger Zeitungen geht indirekt ebenfalls auf Untersuchungen des Integrationsansatzes zurück und wurde unter dem Sammeltitel „Untersuchungen über Funktionen und Wirkungen von Zeitungen in ihrem Leserkreis" von Kunz (1967) veröffentlicht. Tatsächlich wird zwischen Inhaltsanalyse und dem Integrationsgedanken aber nicht mehr als ein gelegentlicher verbaler Bezug hergestellt.
64 vgl. Saxer (1978) S.371-373; Hinweise zu einzelnen Untersuchungen auch bei Ronneberger/ Stuiber (1976) S.63-65.
65 vgl. statt anderer die ideologiekritische Auseinandersetzung mit dem Integrationsbegriff bei Bauer (1972) S.38-52 und Rombach (1983) S.7ff.
66 siehe als Beispiel Holtmann (1984), der wieder für eine Zeitung plädiert, die „Heimat reproduziert" und eine emotionale Ortsbezogenheit vermittelt. – Zur allgemeinen Renaissance des Heimatgefühls siehe Bredow/Foltin (1981).
67 vgl. Meister (1984) S.298ff.
68 siehe Meister (1984) S.299f.
69 siehe Meister (1984) S.450f.
70 Auch wenn der normative oder „ideologische" Charakter des Integrationsbegriffs von Mei-

ster (1984) an einer Stelle (S.106) bestritten wird, entsteht doch insgesamt der Eindruck, Integration sei eine Art Grundwert, aus dem konkrete Zeitungsinhalte abgeleitet werden können. Manches an der gezielten Erzeugung von Integration und Identifikation durch bestimmte Medieninhalte erinnert an Public-Relations-Theorien. Die dort vermittelten Inhalte sollen ebenfalls durch eine postulierte gesamtgesellschaftliche „Interessenidentität" legitimiert werden. (Vgl. hierzu Binder 1983, S.33ff). Die Frage, wer welche Ziele mit welchem Interesse beim Prozeß der Integration durchsetzen will, wird nicht gestellt. Vgl. Bauer (1972) S.44f.

71 Rombach (1983) S.21/49 stellt als wichtige Themenbereiche Produktion, Konsum, Wohnen, Bildung, Freizeit, Gesundheit, Verkehr heraus, da sie für die „Daseinsfürsorge" besonders wichtig sind. Nicht ganz einsichtig ist allerdings, warum unter der Fragestellung der Partizipation auf diese Weise Bereiche wie Politische Organisationen oder Rechtsprechung ausgeblendet werden.

72 Vgl. Rager (1982) S.97ff, der Fragen zur kritischen Berichterstattung und zur Partizipation nur am Rande bearbeitet.

73 Insofern ist Koszyk (1985) S.145 zu widersprechen, der in dem unbefriedigenden Ergebnis der Arbeit Rombachs bereits die Grenzen der Inhaltsanalyse und empirischer Studien schlechthin sieht.

74 Vgl. Rombach (1983) S.77 zum beabsichtigten Untersuchungsziel.

75 Daß Lokalteilanalysen von Aussagen und Untersuchungen zum Zeitungsmantel geprägt wurden, wurde bereits in Kapitel 2.1 und 2.2 kritisiert. – Die Ausblendung des Anzeigenteils und damit der wesentlichen ökonomischen Grundlage der Lokalzeitungen ist aber auch unabhängig davon ein Phänomen der bisherigen Lokalkommunikationsforschung. Vgl. Frahm (1982) S.85.

76 Dorsch (1984) S.131.

77 siehe Rohr (1975) Tabellarischer Anhang, Tabelle 6; Rind (1982) S.115/278; Rombach (1983) S.185ff.

78 vgl. Kopper (1982) S.84f.

79 „Für den Leser ist auch die kleinste Anzeige eine Nachricht". Dorsch (1984) S.131.

80 vgl. Kopper (1982) S.78f. Soweit Daten zur Anzeigenstruktur durch eine Inhaltsanalyse (statt z.B. durch eine Aufschlüsselung der jeweiligen Erlöse) gewonnen werden, ist eine „Geheimhaltung" durch die Verlage nicht sinnvoll, da entsprechende Umfangsmessungen auch von Außenstehenden anhand der Zeitungsexemplare durchzuführen sind.

81 Zu den Problemen der inhaltsanalytischen Inferenz siehe Merten (1983).

82 vgl. Schütz (1979); Pätzold/Röper (1984) sehen aktuelle Konzentrationsbewegungen auf der Ebene von Kooperationen und durch Vergrößerung der Vertriebsgebiete.

Kapitel 3 Aussagen zur Bildberichterstattung

83 Zur Entwicklung der Zeitungsbilder siehe Koszyk/Pruys (1976) unter ‚Illustration'; Boltanski (1981) S.140; Martin/Werner (1981) S.21-25; Menk (1983) S.1-22.

84 Kracauer (1977) S.33.

85 siehe Sunjič (1984) S.13-16. – Ludwig A.C. Martin (1961), S.26-40, hatte bereits für frühere Zeiträume den langfristigen Trend einer Zunahme der Bebilderung beschrieben.

86 Pürer (1982) S.546. Siehe auch Martin/Werner (1981) S.38f; Beifuß/Blume/Rauch (1984) S.173: „Und die Bilderflut steigt noch."

87 Dovifat (1976) S.70.

88 vgl. Hüther/Scholand/Schwarte (1973) S.118ff; Kunz (1967) S.28; Twele (1982) S.24f. – Harald Menk (1983), S.27f stellt bei einer Durchsicht der Jahrgänge der ‚Münsterschen Zeitung' ebenfalls einen Schwerpunkt der Bildberichterstattung im Lokalteil fest.

89 siehe Dietz (1982) und weitere Beiträge in Kaltenbrunner (1982).

90 vgl. den Forschungsüberblick von Sartorti (1981) S.36ff. Die sich anschließende Analyse historischer Ausgaben der ‚Prawda' (Moskau) gehört zu den Ausnahmen einer differenzierteren Bildanalyse in Zeitungen. – Zu Ansätzen einer (literaturwissenschaftlichen) Kritik von Bildberichterstattung siehe Nolting (1981).

91 Beifuß/Blume/Rauch (1984) S.144.

92 siehe Lammai (o.J.) S.7-27; Projektteam Lokaljournalisten (1984) S.133.

93 Lammai (o.J.) S.7.

94 Beifuß/Blume/Rauch (1984) S.134.

95 Meyer (1983) Kap.III, ‚Layout', S.25. – Siehe auch Frings (1969) S.79-86; Mösslang (1969) S.98; Projektteam Lokaljournalisten (1984) S.113ff.

96 Vgl. Martin/Werner (1981) S.11: „Von einer ‚Gleichrangigkeit' von Foto und Wort im journalistischen Bereich kann nicht gesprochen werden."

97 Härlin (1982) S.9. Vgl. Projektteam Lokaljournalisten (1984) S.127.

98 siehe Weichler (1983) S.126; Brüseke/Große-Oetringhaus (1981) S.63ff.

99 siehe Waller (1982) S.39f. Einen hohen Anteil politischer Prominenz auf Personenfotos registriert auch Benzinger (1980) S.600ff. Benzinger stellt andererseits fest, daß nur auf 28,4 Prozent der Bilder überhaupt Personen „dargestellt" werden. Diese Zahl ist allerdings praktisch ohne Wert, da aus der Arbeit nicht hervorgeht, was als Personen-Darstellung kodiert wurde. Möglicherweise wurden hier nur Porträtfotos (Großaufnahmen) erfaßt.

100 mit dem Ergebnis, daß Lokalteile reich bebildert sind. Siehe Anmerkung 88.

101 siehe etwa Schönbach (1978) S.268f. – Auch Twele (1981) S.1, stellt fest, daß Bilder, insofern sie in Untersuchungen überhaupt berücksichtigt werden, „gegenüber dem Text eine völlig untergeordnete Funktion" erhalten.

102 siehe Rohr (1975) S.67; Hüther/Scholand/Schwarte (1973) S.120.

103 siehe Brög (1979) S.108f.

104 Zur Wahrnehmung von Bildern und Texten siehe Schulz (1982b) S.102ff; Kasper (1979) S.12; allgemein: Langer (1965) Kap.4, besonders S.97ff.

105 siehe Twele (1981 und 1982).

106 Twele (1982) S.26.

107 So sind beispielsweise die Fotos bei der Bestimmung „emotional ansprechender Komponenten" auf einer siebenstufigen Skala einzuordnen, darunter „Stufe 3: Die Funktion der Information aus sachlichen Bereichen überwiegt noch gegenüber der gleichzeitig stark emotionalen Wirkung" und „Stufe 5: Die Funktion des emotionalen Appells überwiegt gegenüber der gleichzeitig bedeutenden sachlichen Information" (Kottwitz 1970 S.45). Dabei wird weder der Unterschied zwischen „sachlichen" und „emotionalen" Inhalten erläutert, noch wird aufgezeigt, wie sachliche und emotionale Komponenten gewichtet und gegeneinander verrechnet werden, um das „Überwiegen" einer Komponente auszumachen.

108 Merten (1983) S.55f.

109 vgl Endulat (1985) S.69, 75ff und Computerlistenband.

110 siehe Twele (1982) S.24, 26.

111 vgl. Archer u.a. (1985) S.53f.

Teil II

112 siehe Huber (1986), der mit den Mitteln einer Marketinganalyse die sehr komplexen Bedingungen der „von vielen betriebsinternen und -externen Einflußfaktoren gesteuerte „Konstruktion von Realität" (S.176) im Lokaljournalismus analysiert – allerdings ohne konkrete Beziehungen zwischen Bedingungen und journalistischem Produkt herzustellen (vgl. Wilking 1987).

113 Für Gisèle Freund (1976) ist die Fotografie „eines der wirksamsten Mittel zur Formung unserer Vorstellung und zur Beeinflussung unseres Verhaltens" (S.6f).

Kapitel 4 Konzeption der Textanalyse

114 Schönbach (1978) S.273f, (1980) S.149ff.

115 Vgl. Schulz (1982a) S.22ff.

116 siehe Schönbach (1983), Schulz (1982a), Galtung/Ruge (1965).

117 siehe Schönbach (1980), Prater (1982).

118 siehe Schönbach (1978) S.267f, der „politische" Beiträge gesondert untersucht; ähnlich Schulz (1976) S.65ff.

119 „Was sind das für Leute?" fragt auch Schönbach (1978) S.265 und unterscheidet Politiker/Lokalpolitiker und „Leute außerhalb der Politik" mit lokalem/überlokalem Bekanntheitsgrad.

120 siehe Kapitel 4.33 und Methodischer Anhang/Kodierbuch Text, Variablen 19/20: Themendimension ‚Umfeld', Variablen 21/22: Themendimension ‚Versorgung', Variablen 23/24: Themendimension ‚Wirtschaft und Arbeit'.

121 vgl. Galtung/Ruge (1965) S.263f; Schulz (1976) S.33.

122 vgl. die Operationalisierung bei Schulz (1976) S.131ff.

123 So modifiziert der Nahraum als lokaler Bezugspunkt im einzelnen gesehen wird, so ist das Prinzip des Raumbezuges unbestritten. Die Bandbreite reicht von dem engen Verständnis eines auf Ereignisse „innerhalb der Gemeindegrenzen" beschränkten Lokalteils (Rink 1963, S.99) bis zur Projektion des „globalen, nationalen und regionalen" Geschehens auf den lokalen Lebensbereich (Kieslich 1972, S.99). Vgl. Jarren (1984b) S.14.

124 vgl. Schönbach (1978), Prater (1982) Nr.3.

125 Chill (1983).

126 vgl. Rohr (1975) S.17, 105f und Anhang; Schönbach (1978) S.276, Anm.25; Schönbach (1980) S.149; Prater (1982) Nr.3, S.18.

127 Die von Schönbach (1978) mit dem Faktor RÄUMLICHE NÄHE akzentuierte Kritik („Die isolierte Welt des Lokalen") läßt sich mit anderen Variablen genauer überprüfen, die ganz gezielt erfassen, inwieweit beispielsweise Abhängigkeiten von überlokaler Politik genannt werden.

128 vgl. Galtung/Ruge (1965) S.264.

129 vgl. Schulz (1976) S.130 und 126 mit einer Vorgabe langfristig eingeführter Themen.

130 Schönbach (1978) S.276, Anm.25. Vgl. Prater (1982) Nr.3, S.18 und 21.

131 siehe z.B. Jarren (1984b) S.132, Golombek (1983) S.4f

Kapitel 5 Konzeption der Bildanalyse

132 Spekulationen über die Integrationswirkung von Bildern finden sich bei Meister (1984) S.450f.

133 Zur Funktion des Fotos aus Sicht des Journalisten siehe Waller (1982) S.18f; Bücken/Giffhorn/Triebold (1981) S.23. – Viele andere Aussagen zur Funktion von Zeitungsbildern nennen kein konkretes Bezugssystem: siehe die Zusammenstellung solcher Aussagen bei Kottwitz (1970) S.19ff.

134 vgl. Nolting (1981) S.10, der für das Illustrierten-Bild behauptet: „Es gehorcht weniger dem einzelnen Ereignis, dessen Form und Vermittlung es sein soll, als der Syntax und Grammatik ‹...› des Illustriertenheftes."

135 Nicht selten wird in Arbeiten zur Pressefotografie ein zum Bild gehörender verbalsprachlicher Text als Selbstverständlichkeit vorausgesetzt. Explizite Aussagen finden sich dagegen u.a. bei Beifuß/Blume/Rauch (1984) S.93; Meyer (1983) Kap.III, ‚Layout'; Mösslang (1969) S.98; Stiewe (1933) S.7.

136 vgl. Bystrina (1981) S.308. – Für die Übertragung der Einstellungsgrößen des Films auf Abbildungen in Printmedien gibt es bereits Beispiele, in denen allerdings die Funktionen der verschiedenen Einstellungsgrößen nur angedeutet werden, wie in der Analyse historischer ‚Prawda'-Ausgaben bei Sartorti (1981). – Eine Variable ‚Bildausschnitt' ist auch in der Analyse lokaler Pressefotos von Endulat (1985), S.55f, enthalten (vgl. Kapitel 3.1). Die Unterscheidung verschiedener Einstellungsgrößen wird dort inhaltlich aber nicht näher motiviert; darüber hinaus wird mit einem kaum geeigneten Verfahren gearbeitet: Der Kodierer soll aus dem Zeitungsbild den Abstand des Fotografen zum Aufnahmeobjekt abschätzen.

137 Zur Einstellungsgröße beim Film siehe Hickethier (1975) S.46f.

138 Grundsätzlich ist freilich eine viel größere Bandbreite bei den Einstellungsgrößen vorstellbar, wenn man an Satelliten- oder auch Mikroskopaufnahmen denkt: siehe die Bildfolge in Morrison (1982), „The Relative Size of Things in the Universe". Solche Dimensionen bei den Einstellungsgrößen sind aber bei der lokalen Bildberichterstattung praktisch auszuschließen.

139 vgl. Hickethier (1975) S.46ff; Kluwe (1982) S.107ff.

140 Hickethier (1975), S.49, ordnet der Groß-Einstellung eine „mimische Handlungsebene" zu. Es besteht also die hier nicht weiter verfolgte Möglichkeit, bei entsprechenden Aufnahmen von Personen die Mimik zu untersuchen.

141 vgl. Schulz (1982b) S.103ff, Möller (1981) S.243f.

142 Dies wäre zumindest nach Forderungen zu erwarten, die an Pressefotos gestellt werden. Siehe Kistermann (1982) S.97f; Stiewe (1933) S.10.

143 Westdeutsche Allgemeine, Ausgabe Dortmund, 4.8.1984, S. DO 3.

144 Bei den Voruntersuchungen zeigte sich, daß teilweise Schauplätze „identifiziert" wurden, obwohl diese nicht wirklich erkennbar waren. Es wurde vielmehr vom Kodierer aus bestimmten Umständen und Informationen des Textes auf den Schauplatz geschlossen: So wurde bei einem Gruppenbild eines Klassentreffens als Schauplatz „Bewirtungsraum" kodiert, obwohl bestenfalls zu erkennen war, daß das Foto in einem geschlossenen Raum aufgenommen worden war. – Diese Beobachtung spricht dafür, den Schauplatz nur dort zu erfassen, wo er eindeutig erkennbar ist.

145 Problematisch wäre eine solche Analyse bei einer Betrachtung nichtprofessioneller Alltagsfotografie, die sich häufig zwischen den Einstellungsgrößen ‚Total' und ‚Nah' bewegt, da versucht wird, gleichzeitig dargestellter Person und der Situation der räumlichen Umgebung gerecht zu werden. Vgl. Kallinich (1977) S.22.

146 Meyer (1983) Kap.III, ‚Layout' S.29.

147 siehe Brög (1979) S.103ff; Meyer (1983) Kap.III, ‚Layout'; Mösslang (1969) S.98; Preisendanz (1971); Stiewe (1933) S.7. Vgl. Burger (1984) S.299ff.

148 siehe Brög (1979) S.105ff; Mösslang (1969) S.103. – Als Beispiel für die beliebige Betextung siehe ein Experiment in ›Die Zeit‹, Jg. 1981, Nr.13 (20.3.1981) und die zugehörigen Erläuterungen in Nr.14 (27.3.1981).

149 siehe Brög (1979) S.105ff, S.174f (Anm.140).

150 Brög (1979) bemängelt, daß die Bildunterschriften nicht selten ohne Kenntnis der Situation produziert werden, in der der Fotograf das Foto aufgenommen hat. „‹...› wer ist es eigentlich, der die Bildunterschriften produziert? Nicht selten allein der, der das Foto gekauft hat und damit auch Druck- und Reproduktionsrechte." (S.123).

151 vgl. Menk (1983) S.85, 94f.

152 siehe Brög (1979) S.120ff. Vgl. Preisendanz (1971) S.2ff. – Beispiele für einen symbolischen Bildtext bei Zeitungsbildern bietet auch Ehmer (1975) S.208f.

153 Zu Grenzfällen bei der Bestimmung der Einstellungsgröße siehe Kuchenbuch (1978) S.21.

154 vgl. Baumann (1980) S.150 mit seinem Hinweis, daß die Größe von Gemälden bei ihrer Vermittlung durch Medien irrelevant wird.

155 Projektteam Lokaljournalisten (1984) S.134.

156 siehe Brög (1979) S.109ff; vgl.Burger (1984) S.302; Kasper (1979) S.14f; Sontag (1978) S.27f; Waller (1984) S.40.

157 vgl. die Darstellung von Politik in Fernsehnachrichten: Straßner (1981) S.453f.

158 Für Hall (1973) S.183f spielen Fotos eine entscheidende Rolle bei der Personalisierung, da Personen der bevorzugte Inhalt von Nachrichtenfotos seien.

159 Waller (1982) S.39.

160 Siehe die kultur- und sozialgeschichtliche Arbeit zu Fotografie und Fotojournalismus bei Freund (1976).

Teil III

161 vgl. Dorsch (1978a) S.191, Wilking (1984) S.182.

162 siehe Presse- und Informationsamt der Bundesregierung (1986) S.52, 123, 163.

163 Schütz (1979), S.601f.

164 vgl. Schütze (1971)

165 siehe Presse- und Informationsamt der Bundesregierung (1986) S.163 – Der Anteil von 88 Prozent Lokalausgaben wurde nach einer Tabelle von Schütz (1978) S.59 errechnet.

166 Untersucht wurden in der AfK-Studie Umfang und Plazierung des Lokalteils sowie das Vorkommen einiger Beitragsformen (Kommentar/Glosse, Karikatur, Gesellschaftskolumne).

167 Zu erfassen und bei der Samplebildung zu berücksichtigen wären Außenmerkmale der Lokalberichterstattung wie etwa Charakter und Größe des Verbreitungsgebietes, Auflage, Wettbewerbssituation und andere ökonomische Faktoren.

Kapitel 6 Untersuchte Zeitungen

168 Einwohnerzahlen nach: Landesamt für Datenverarbeitung und Statistik Nordrhein-Westfalen (1986) S.32

169 siehe Lange/Pätzold (1983) Band 1, S.259; Pätzold (1987); Stadt Dortmund (Hrsg.): Grüße aus der Medienstadt, Dortmund o.J. (1986?).

170 Pätzold (1987) S.1.
171 Einen knappen Überblick zum Kabelpilotprojekt Dortmund bieten Drescher (1986), Kleemann (1987).
172 vgl. Schütz (1985) S.513.
173 siehe Darstellung bei Ulmer (1977).
174 siehe Informationsgemeinschaft zur Feststellung der Verbreitung von Werbeträgern e.V. (1986). Zur Entwicklung, den Bereich der Dortmunder Ausgabe zwecks Auflagensteigerung auszuweiten, siehe Rolf-Michael Kühne in Klaue/Knoche/Zerdick (1980) S.114f.
175 siehe Lange/Pätzold (1983) Band 3, S.42.
176 Mit Verweis auf die Konkurrenzsituation nannte die Zeitungsgruppe WAZ lediglich die nicht sehr aussagekräftige „Druckauflage" von 95 852.
177 nach FORSA (1986) S.4f.
178 Diese Konstruktion wird auch als „WAZ-Modell" bezeichnet, siehe Darstellung bei Broichhausen (1976).
179 vgl. Lange/Pätzold (1983) Band 3, S.34ff, S.69.
180 Lange/Pätzold (1983) Band 3, S.35.
181 Die Druckauflage beträgt nach Angaben der Redaktion 9000 Exemplare.
182 Von einer „intensiven" Berücksichtigung lokalspezifischer Besonderheiten, wie sie Lange/ Pätzold (1983) Band 3, S.37 dem Verlag attestieren, kann im Vergleich zu der Stadtteil-Berichterstattung in anderen Städten keine Rede sein.
183 vgl. Gruner (1984), Lange/Pätzold (1983) Band 1, S.257f.
184 Auflage der Westfalenpost nach Auskunft der Zeitungsgruppe WAZ; Auflage der Mendener Zeitung nach Informationsgemeinschaft zur Feststellung der Verbreitung von Werbeträgern (1986).
185 vgl. Schütz (1969) S.23, Knoche/Schulz (1969) S.302, Koller (1978) S.280, Benzinger (1980) S.557.
186 Schütz (1969) S.24.

Kapitel 7 Typologie lokaler Zeitungstexte

187 Soweit dieser Beitragstyp in früheren Untersuchungen erfaßt wird, wird ebenfalls ein recht hoher Anteil an der Lokalberichterstattung registriert; siehe Kapitel 2, Anm. 77.
188 vgl. Verband Rheinisch-Westfälischer Zeitungsverleger (1986) S.5.
189 nach Verband Rheinisch-Westfälischer Zeitungsverleger (1986) Anhang, Graphik 2.
190 Bezugszeitraum: 1984. Auf detaillierte Angaben wurde hier verzichtet, da die Anzeigenabteilungen zum Teil abweichende Kategorien verwenden und sich aufgrund der unterschiedlichen regionalen Belegungsmöglichkeiten Verschiebungen ergeben.
191 Der gesamte Stellenanzeigenteil war 1984 bei WR/WAZ und RN im Vergleich zu 1977 um etwa 40 Prozent geschrumpft (nach Berechnungen der WR/WAZ-Anzeigenabteilung Dortmund).
192 Zur Funktion des lokalen Anzeigenteils siehe Dorsch (1984) S.119f.
193 Bei den Personalia ist der unmittelbare Entscheidungs- und Handlungsbezug nicht so ausgeprägt; er beschränkt sich auf die Möglichkeit der Gratulation/Kondolenz. Vgl. Projektteam Lokaljournalisten (1984) S.203.
194 Projektteam Lokaljournalisten (1984) S.203.
195 Die längeren Service-Meldungen werden nur zu 16 Prozent in Rubriken geordnet.

196 Daneben finden sich etwa in der WZ Wuppertal unter den Meldungen in Service-Übersichten Kurz-Verweise („16.00 Uhr Sitzung des Verkehrsausschusses") ohne Andeutungen der Tagesordnung.

197 Als Zeitbudget für die Tageszeitungslektüre wurden für 1985 durchschnittlich 33 Minuten ermittelt, siehe Kiefer (1987) S.139.

198 Als „nennenswerter Umfang" wurde gewertet, wenn ein Aspekt über mindestens zehn normale Textzeilen thematisiert wurde. Bei sehr kurzen Beiträgen wurde ein „nennenswerter Umfang" zugestanden, wenn der thematische Aspekt zwei Drittel des Beitrages ausmacht. Die unterschiedliche Spaltenbreite der untersuchten Zeitungen wurde bei dieser formalen Festlegung berücksichtigt. – Vgl. Methodischer Anhang: Kodierbuch Text.

199 Vgl. Variable 25 der Textanalyse im Methodischen Anhang. Dem Dienstleistungssektor wurden zugeordnet: Einzelhandel, Gastgewerbe, Wissenschaft/Forschung, staatliche Verwaltung/Dienstleistungen, sonstige Dienstleistungen; im Produktionsbereich wurden Urproduktion und gewerbliche Produktion/Handwerk zusammengefaßt.

200 Unterscheidungskriterium zwischen Polizeimeldungen und den ausführlicheren Kriminalitäts- und Unglückstexten ist die Textfläche des Beitrages. Als (kurze) Polizeimeldungen wurden Beiträge von weniger als 50 Quadratzentimetern eingestuft; das entspricht einem Umfang von bis zu 30 Textzeilen.

201 Umfänge wurden bisher lediglich bei der weiteren Untergliederung des Beitragstyps 4 ‚Unfall/Kriminalität' und (in etwas anderer Form) des Beitragstyps 2 ‚Service' berücksichtigt. Diese Differenzierungen werden deshalb bei der allgemeinen Gegenüberstellung von Beitragstypen und Umfängen nicht verwendet.

202 Der Eta-Koeffizient ist eine Maßzahl zur Darstellung der Abhängigkeit einer metrischen Variablen (hier: Umfang) von einer nominalen Variablen (hier: Beitragstyp). Das zugehörige Eta-Quadrat ist definiert als Maß der Fehlerreduktion; sein Wert gibt in diesem Fall an, um wieviel Prozent der Vorhersagefehler für den Umfang reduziert werden kann durch Kenntnis des Beitragstyps. Eta und Eta-Quadrat können Zahlenwerte von 0 (keine Abhängigkeit) bis 1 (maximale Abhängigkeit) annehmen. Siehe Benninghaus (1974) S.230ff und S.87ff.

203 Die vorsichtige Formulierung soll darauf verweisen, daß die Grenzen zwischen informierenden und meinungsäußernden Formen durchaus fließend sein können. Die in der gängigen Analysepraxis implizit enthaltene Annahme, die Norm der Trennung von Nachricht und Meinung werde in der Praxis eingehalten, ist bisher lediglich für Zeitungsmäntel überprüft worden (Schönbach 1977). – Da die offene Meinungsform des Kommentars und explizite Kritik in Lokalteilen selten ist, fließen Wertungen möglicherweise verstärkt in „informierende" Beiträge ein. Die Übernahme der im Zeitungsmantel und in Lehrbüchern herausgearbeiteten journalistischer Formen ist für die Lokalteilanalyse nicht abgesichert. Siehe auch Anm. 204.

204 Bei der Entwicklung der Kategorien zeigte sich, daß eine ganze Reihe lokaler Beiträge nicht so ohne weiteres in diese klassischen, in Journalistenlehrbüchern vorgestellten informierenden Formen eingeordnet werden kann. Vor allem die strenge Nachrichtensprache wird im Lokalen nicht selten durch eine „lockere Schreibe" ersetzt; die Grenze zur anschaulichen, lebendigen Berichtform der Reportage ist dadurch manchmal fließend. Als Reportagen wurden (unter diesem Vorbehalt) 2 Prozent der Beiträge eingestuft.

205 Ob Interview und Umfrage als meinungsäußernde Formen gelten können, ist nicht unumstritten; La Roche (1984) zählt sie zu den informierenden Darstellungsformen.

206 siehe Beispiele in Methodischer Anhang: Kodierbuch Text – Kommentar, Variable 31.

207 Daß Rückblicke im Rahmen gerichtlicher Aufarbeitungen tatsächlich vornehmlich Einzelschicksale schildern, wurde mit Variable 26 ‚Situation' geprüft. 29 von 30 Beiträgen mit ge-

richtlichen Aufarbeitungen berichteten überwiegend über Situation/Schicksal/Veränderung von namentlich benannten oder anonymen Einzelpersonen bzw. über eine geschlossene, zahlenmäßig definierte Gruppe.

208 Zu Politikbegriffen und ihrer unterschiedlichen Selektivität siehe Rohe (1986).
209 siehe Methodischer Anhang – Kodierbuch Text, Variablen 28, 29 und 30.
210 siehe Methodischer Anhang – Kodierbuch Text.
211 Insgesamt wurden 16 Kommentare gezählt: WAZ Dortmund 9, WZ Wuppertal und WP Menden je 2, WR Dortmund, MZ Menden und WR/WAZ-Stadtteilzeitung je 1. RN Dortmund, RN-Stadtteilzeitung und WZ-Stadtteilzeitung enthielten keinen Kommentar. – Daß Kommentare im Lokalteil selten sind, wurde bereits mehrfach registriert: Knoche (1968), Rohr (1975) S.52f, Arbeitsgemeinschaft für Kommunikationsforschung (1981) Teil A/ Kap.4.13, Rager (1982) S.61f
212 vgl. Befragungsergebnisse von Koller (1978) nach denen „der jeweils kleinere Wettbewerber sich bemühte, eine ‚bessere' Zeitung zu machen als die größere Konkurrenz, diese dagegen, aus der Einstellung heraus, es nicht nötig zu haben, an einem solchen Leistungswettbewerb kaum interessiert war."(S.285) – In diese Richtung deuten auch die Ergebnisse für die ‚Rheinpfalz' in der Mannheim-Studie von Schönbach (1978). – In unserem Sample ist der nach den angesprochenen Merkmalen „auffälligste" Lokalteil, WAZ Dortmund, vom Marktanteil (ca. 10 %) die mit Abstand kleinste Zeitung (vgl.Kap. 6.1).

Kapitel 8 Tiefenstruktur lokaler Zeitungstexte

213 „Factors Influencing the Flow of News", heißt die Arbeit von Östgaard (1965), in der der Begriff des Nachrichtenfaktors systematisch entwickelt wurde. Galtung/Ruge (1965) verwenden ebenfalls die Idee vom Nachrichtenfluß mit Selektion und „Verzerrung".
214 siehe Schulz (1982a) S.20ff.
215 vgl. Rohr (1975, 1978, 1980); Prater (1982) Nr.3.
216 siehe Vogt (1973), S.234ff. Die „erzählte Zeit" in literarischen Erzählungen hat eine vergleichbare Bedeutung wie die hier untersuchte „Dauer" in journalistischen Nachrichten.
217 Eingeführt wurde der Nachrichtenfaktor ZEITFORM in der Untersuchung von Rohr (1975).
218 Kritisiert wird die mangelnde Kontinuität und zusammenhangslose Zerstückelung durch die Betonung isolierter Kurzereignisse.
219 vgl. Galtung/Ruge (1970) S.262f.
220 vgl. Schulz (1976) für Nachrichten im überregionalen Teil.
221 Als Anteil der lokalen Tageszeitungsbeiträge, die sich auf Ereignisse von höchstens einem Tag Dauer beziehen, wurden gemessen (Marge in den einzelnen Untersuchungsgebieten): Königstein i.Ts. 98-100 Prozent, Mannheim 63-78 Prozent, Münster 55-56 Prozent, Würzburg 47-51 Prozent, Kanton Aargau/CH durchschnittlich 57 Prozent – nach Schönbach (1980) S.154ff; Prater (1982) Nr.3, S.21; Luchsinger/Meier/Saxer (1981) S.163.
222 vgl. Methodischer Anhang, Kodierbuch Text – Kommentar, Variable 34.
223 Für die Berechnung der partiellen Korrelation bei Nominalvariablen (Particlle Kontingenz) wurde Kullbacks 2I nach Röhr/Lohse/Ludwig (1983) S.198ff verwendet. – Überprüft wurde der Zusammenhang zwischen dem Nachrichtenfaktor DAUER und den verschiedenen Zeitungsteilen unter Ausschaltung der Drittvariablen ‚Beitragstyp': Der Unterschied zwischen den Dortmunder Lokalteilen und Stadtteilzeitungen ist unter dieser Bedingung nicht signifikant ($p < 0.05$). – Zugrunde gelegt wurden eine zweistufige Ausprägung von Dauer (Tagesereignis – länger/unspezifisch) und sieben Stufen der Drittvariablen: Beitragstyp 1b ‚Ser-

vice', 2a ‚Themen-Texte' unterteilt nach den drei Themendimensionen, 2b ‚Themen-Texte' mit mehreren Themendimensionen, 4 ‚Veranstaltung/Organisation' und eine Restkategorie, in der die teilweise zu schwach besetzten Typen 3 ‚Unfall/Kriminalität' und 5 ‚Sonstiges' zusammengefaßt sind.

224 vgl. Rohr (1975) Anhang; Prater (1982) Nr.3, S.21.

225 Überprüft wurde die Partielle Kontingenz mit Kullbacks 2I (vgl. Anmerkung 223) und zwar der Zusammenhang zwischen dem Nachrichtenfaktor ZEITFORM und den Zeitungen, gruppiert nach ihrem Verbreitungsgebiet (Großstädte – Mittelstadt), unter Ausschaltung der Drittvariablen ‚Beitragstyp': Der Zusammenhang zwischen Verbreitungsgebiet und Zeitform verschwindet ($p < 0.05$). – Zugrunde gelegt wurden eine zweistufige Ausprägung von Zeitform (offen/abgeschlossen) und fünf Stufen der Drittvariablen: Beitragstyp 1b ‚Service', 2a ‚Themen-Texte' mit einer Themendimensionen, 2b ‚Themen-Texte' mit mehreren Themendimensionen, 3 ‚Unfall/Kriminalität', 4 ‚Veranstaltung/Organisation'.

226 Berechnet wurde der Partielle Kontingenzquotient 2I (vgl. Anmerkung 223). Überprüft wurde der Zusammenhang zwischen dem Nachrichtenfaktor ZEITFORM und den verschiedenen Zeitungsteilen unter Ausschaltung der Drittvariablen ‚Beitragstyp'; der Unterschied zwischen den Lokalteilen und den Dortmunder Stadtteilzeitungen bleibt statistisch gesichert ($p < 0.05$). Der partielle Assoziationskoeffizient Phi beträgt 0.15. – Zugrunde gelegt wurden eine zweistufige Ausprägung von ZEITFORM (offen/abgeschlossen) und sieben Stufen der Drittvariablen: Beitragstyp 1b ‚Service', 2a ‚Themen-Texte' unterteilt nach den drei Themendimensionen, 2b ‚Themen-Texte' mit mehreren Themendimensionen, 4 ‚Veranstaltung/Organisation' und eine Restkategorie, in der die zum Teil zu schwach besetzten Typen 3 ‚Unfall/Kriminalität' und 5 ‚Sonstiges' zusammengefaßt sind.

227 In der Vierfeldertafel mit den Variablen DAUER (Tagesereignis – längerfristiges/unspezifisches Geschehen) und ZEITFORM (abgeschlossen – offen) beträgt der Kontingenzkoeffizient $Phi = .52$.

228 vgl. Jarren (1984b) S.132, Golombek (1983) S.4, Frahm (1980) S.93, Durth (1974) S.24

229 vgl. Methodischer Anhang – Kodierbuch Text, Variablen 14, 15.

230 Frahm (1976) S.10.

231 Warren (1959) S.38.

232 82 Prozent aller Beiträge mit Kontroversen gehören zum Beitragstyp 2 ›Themen-Texte‹.

233 vor allem im „Negativismus"-Streit, der gelegentlich inszeniert wird (s. Rust 1985). Schneider u.a. (1984) S.263ff weisen zum Thema Negativismus auf Möglichkeiten, vor allem aber auch auf die Problematik positiver Nachrichten hin („In derselben Zeit sind 9999 Bürger unserer Gemeinde nicht ermordet worden").

234 siehe Frahm (1976) und Chill (1983), die die besondere Situation von „Lokaljournalisten in der Provinz" charakterisiert: Bis auf die „Gruseleinheiten" der Unfallberichterstattung, dürfe er nur schreiben, „was der kleinen Welt nicht schadet".

235 vgl. Schönbach (1978) S.266, Luchsinger/Meier/Saxer (1981) S.163ff.

236 Es ließe sich durchaus argumentieren, daß die „neutralen" Beiträge das „Normale" thematisieren und damit ähnlich wie die „guten" Nachrichten ein Gegengewicht zur Dynamik und zum Veränderungspotential der negativen Nachrichten bilden.

237 In den Lokalteilen verweisen durchschnittlich 30 Prozent der Beiträge auf positive oder negative Entwicklungen ohne signifikante Unterschiede zwischen den Zeitungen ($p < 0.05$). Deutlichere Abweichungen gibt es bei den Stadtteilzeitungen: RN (23 %), WR/WAZ (38 %), WZ (12 %).

238 vgl. Frahm (1976) S.12.

239 Eine Aufschlüsselung für den Teilbereich Themendimension WIRTSCHAFT & ARBEIT

bietet mangels Masse nur eine grobe Einschätzung; in den Lokalteilen beträgt die Zahl der Beiträge mit Verweisen auf überwiegend positiven zu negativen Entwicklungen: RN (13:1), WR (7:1), WAZ (3:6), WZ (7:0), MZ (4:2), WP (5:3).

240 Als Hypothese ausführlich formuliert und begründet wird die Personalisierung bei Galtung/ Ruge (1970) S.266.

241 Schönbach (1978) S.265.

242 Schönbach (1978 und 1980) zählt die namentlich genannten Personen pro Beitrag und vergleicht die Mittelwerte verschiedener Zeitungen; bei welcher Zahl eine hohe Personalisierung beginnt, wird nicht erörtert. – Prater (1982) wählt als Personalisierungskriterium, ob in einem Beitrag Personen namentlich genannt werden. – Rohr (1975) und Luchsinger/Meier/ Saxer (1981) verwenden jeweils die vierstufige Skala von Schulz (1976), interpretieren sie aber unterschiedlich.

243 vgl. Projektteam Lokaljournalisten (1984) S.45/47.

244 Die Quote der Namensnennungen in der Überschrift liegt zwischen 10 Prozent bei Beiträgen ohne einflußreiche Personen und 35 Prozent bei Beiträgen mit überlokalen Politikern oder sonstiger Prominenz.

245 En-bloc-Vergleich für die Themen-Texte mit den Themendimensionen UMFELD, WIRTSCHAFT & ARBEIT und mehreren Themendimension.

246 siehe Schulz (1976) S.65ff.

247 vgl. Prater (1982) Nr.3, S.22; Luchsinger/Meier/Saxer (1981) S.159f; Schönbach (1980) S.154ff.

248 Die Beziehung PERSONALISIERUNG – PERSÖNLICHER EINFLUSS kann nur dort vernachlässigt werden, wo ohnehin fast alle Beiträge hoch personalisiert sind. Dies trifft bei Lokalteiluntersuchungen nicht zu.

249 vgl. Methodischer Anhang – Kodierbuch Text, Variable 46; Kategorien 1-4 sind in der Abbildung enthalten in ‚Politiker... Bund, Land, international', Kategorien 5-6 in ‚Kommunalpolitiker', Kategorien 7-8 in ‚Leitende Repräsentanten von Verbänden, größeren Unternehmen'. Erfolgen in einem Beitrag mehrere unterschiedliche Angaben, wurde die in der Liste weiter oben stehende Einflußfunktion berücksichtigt.

250 vgl. Methodischer Anhang – Kodierbuch Text, Variable 45.

251 vgl. im Gegensatz dazu momentane Funktionen wie Autofahrer, Angeklagter, Veranstaltungsteilnehmer.

252 Offen ist die Einordnung allerdings bei den „Künstlern", deren Status hinter der berichteten künstlerischen Aktivität häufig nicht deutlich wird.

253 Es wurden zunächst die Beiträge mit einflußreichen Personen klassifiziert und dabei zunächst die Politiker (A), dann die leitenden Repräsentanten (B). Die Funktionsangaben ohne ausgewiesenen Einfluß (C-G) wurden gleichberechtigt klassifiziert. In der Kategorie F sind Personen mit politischem Mandat/Amt (z.B. Ratsmitglied, Bezirksvertreter) ohne exponierte Position (wie z.B. Fraktionsvorsitz) erfaßt.

254 Bei Beiträgen ohne Personen wird in 51 Prozent in nennenswertem Umfang über Organisationen berichtet. Zur Definition des „nennenswerten Umfangs" siehe Kodierbuch Text Variable 28: Fußnote.

255 Unter dem Vorbehalt der sehr geringen Zahl von Beiträgen mit Ausländern ist als Trend neben dem Veranstaltungs-/Kulturbereich auch eine relativ starke Präsenz in Beiträgen über Unfälle/Kriminalität erkennbar. Vgl. die spezielle „Gastarbeiter"-Untersuchung von Delgado (1972).

256 French (1982) S.25.

257 siehe den Forschungsüberblick von Schmerl (1984).

258 siehe Schmerl (1985) S.14; untersucht wurden neben anderen Printmedien die Tageszeitungen ‚Die Welt', ‚Frankfurter Rundschau' und ‚Neue Westfälische' (Bielefeld). Das Verhältnis von Frauen- zu Männerberichterstattung in der Lokalberichterstattung der ‚Neuen Westfälischen' basiert auf eigener Berechnung nach entsprechenden Angaben auf S.29.

259 Erfaßt wurden pro Beitrag nur jeweils bis zu neun Frauen bzw. Männer. Diese Grenze wurde nur in sehr wenigen Beiträgen erreicht bzw. überschritten, so daß es bei diesen und den folgenden Berechnungen vernachlässigt werden konnte.

260 Dieser Schwerpunkt harmoniert mit den Ergebnissen anderer Presseuntersuchungen; vgl. Schmerl (1984) S.72.

261 Berechnet wurde der Partielle Kontingenzquotient 2I (vgl. Anmerkung 223). Überprüft wurde der Zusammenhang zwischen der Erwähnung von Frauen und den Zeitungsteilen (Lokalteil – Stadtteilzeitungen Dortmund) unter Ausschaltung der Drittvariablen ‚Beitragstyp': Der Unterschied zwischen den Zeitungsteilen ist unter dieser Bedingung nicht signifikant ($p < 0.05$). – Zugrunde gelegt wurden die Beiträge mit Namensnennungen (mit/ohne Frauen) und fünf Stufen der Drittvariablen: Beitragstyp 1b ‚Service', 2a ‚Themen-Text VERSORGUNG', 2b ‚Themen-Texte' mit mehreren Themendimensionen, 4 ‚Veranstaltung/Organisation' und eine Restkategorie, in der die übrigen, bei den Stadtteilzeitungen zu schwach besetzten Beitragstypen/Themendimensionen zusammengefaßt sind.

262 Zur Operationalisierung von Politik siehe Kapitel 7.31. Gegenübergestellt werden hier Beiträge ohne und mit mindestens einem „Politik-Element".

263 Nicht berücksichtigt sind hier geschlechtsneutrale Äußerungen von Gruppen, Organisationen usw.

264 In Beiträgen, in denen Personen explizit als politische Amtsträger oder leitende Repräsentanten von Organisationen ausgewiesen sind (s. Methodischer Anhang, Kodierbuch Text – Variable 46, alle Kategorien), liegt der Frauenanteil bei .11, bei Beiträgen ohne solche Funktionsträger bei .20 – die Unterschiede sind signifikant (U-Test Mann-Whitney, $p < 0.05$). – Zu berücksichtigen ist, daß bei dieser Analyse keine Aussage über das tatsächliche Geschlecht des Funktionsträgers gemacht werden kann.

265 Als Komplement ist gleichzeitig jeweils die Alternativ-Ausprägung enthalten. Die ist in den Grafiken aber nicht ausgewiesen, um eine Ähnlichkeit mit den bekannten „Polaritäts-Profilen" zu vermeiden, die auf dem Modell des semantischen Differentials basieren und sowohl vom Skalenniveau als auch von der grafischen Interpretation nicht mit den Tiefenstruktur-Profilen zu vergleichen sind.

266 Die naheliegende Vermutung, daß sich die Aufmacher als besonders exponierte Texte auch in weiteren Merkmalen von vergleichbar großen Beiträgen abheben, ist bei der geringen Fallzahl nicht zu bestätigen.

267 Der Begriff des „Aufmachers" verweist im Grunde auf genau einen exponierten Beitrag pro Ausgabe. Auf einigen wenigen lokalen Titelseiten erfüllte mehr als ein Text die zitierten Anforderungen, so daß das Sample der Aufmacher statt 36 (sechs Zeitungen/sechs Untersuchungstage) 40 Fälle umfaßt.

Kapitel 9 Bildberichterstattung

268 Lippmann (1964) S.70 (zuerst: Walter Lippmann: Public Opinion, New York 1922).

269 Bourdieu (1981) S.88.

270 Gegenübergestellt sind bei dieser und weiteren Berechnungen die Summen der für jeden Text und jedes Bild gemessenen Text- bzw. Bildfläche. Nicht berücksichtigt wurden die Bildunterschriften außer bei eigenständigen Bildern. Die durchschnittliche Textfläche

beträgt 65 qcm, die Bildfläche 100 qcm. – Bei einer anderen, seitenweisen Vermessung verschiebt sich durch die Einbeziehung der (unscheinbaren, aber zahlreichen) unbedruckten Zwischenräume zwischen den Beiträgen der Flächenanteil zugunsten der Texte.

271 Für jeden Lokalteil wurde überprüft, ob die prozentualen Bildanteile auf den einzelnen Seiten aus einer Normalverteilung mit der Standardabweichung 5.0 stammen. Diese Bedingung wurde nur von zwei Zeitungen erfüllt (p <0.05).

272 Für den Zusammenhang Textumfang-Bebilderung entsprechend Abb. 65 wurde als Korrelationskoeffizient Kendalls tau-c .23 berechnet. Ohne die eigenständigen Bilder beträgt der Wert .39. Ähnliche Werte ergeben sich für den Zusammenhang zwischen Bebilderung und dem Umfang der Text-Überschrift als speziellem Aufmachungsmerkmal.

273 Martin (1961) beobachtete bereits eine Tendenz vom Illustrations- zum Feature-Bild, auch bei „Lokalredakteuren fortschrittlicher Zeitungen" (S.34).

274 Noch größer (bis 560 Quadratzentimeter) fallen die Titelfotos der WZ-Stadtteilbeilagen aus.

275 Zu diesem Ergebnis kommt auch Endulat (1985) S.69f.

276 Das genormte Postkartenformat hat wie alle DIN-A-Formate ein Seitenverhältnis von 1:1,41; Fernsehbild und das Normalformat („Academy") beim Film haben ein Seitenverhältnis von 1:1,33. – Als „Postkartenformat" wurden bei der Untersuchung solche Bilder eingestuft, die im Hoch- oder Querformat ein Seitenverhältnis zwischen 1:1,2 und 1:1,6 (jeweils einschließlich) aufweisen.

277 vgl. die Darstellung des binokularen Gesichtsfeldes bei Baumgartner (1978) S.298.

278 Für die Bestimmung der Objekt-Bild-Relation wurde die Variable 12 (Abbildungsmaße von Personen) in Verbindung mit den Variablen 7 und 8 (Breite, Höhe des Bildes) und die Variable 25 (Andere Einzelobjekte) verwendet; s. Methodischer Anhang – Kodierbuch Bild.

279 Berechnet wurde der Pearsonsche Produkt-Moment-Korrelationskoeffizient. Bei den Stadtteilzeitungen der RN Dortmund und WZ Wuppertal besteht kein signifikanter Zusammenhang zwischen Einstellungsgröße und Bildfläche (p < 0.05).

280 siehe Projektteam Lokaljournalisten (1984) S.134, Meyer (1983) Kap. ‚Layout', S.26. Vgl. Kapitel 5.21.

281 vgl. Bourdieu (1981) S.88.

282 Murphy (1976) nennt in seiner Kritik der britischen Lokalpresse das Gruppenfoto als Beispiel für eine unproblematische und in Grenzen sogar verkaufsfördernde Berichterstattung: „Twenty-five boy scouts pictured leaving for a trip to Switzerland should sell twenty-five papers without controversy." (S.18).

283 vgl. Langenbucher (1987).

284 Archer u.a. (1985) S.73.

285 Archer u.a. (1985) S.64ff untersuchten ergänzend zu den Pressefotos Personendarstellungen in Zeichnungen und Gemälden verschiedener Epochen mit dem Ergebnis, daß die stärkere Gesichtsbetonung bei Männern „Jahrhunderte alt und nicht nur eine moderne Erfindung ist". In einem Experiment, bei dem Versuchspersonen eine Frau bzw. einen Mann zeichnen sollten, wurde ebenfalls eine entsprechende Tendenz der Betonung des Gesichts bei Männern beobachtet – unabhängig vom Geschlecht des Zeichnenden.

286 Preisendanz (1971).

287 Weitere fiktive Beispiele auch für den ikonischen Bezug siehe im Kommentar zum Kodierbuch Bild (Methodischer Anhang).

288 Nach Waller (1982) S.18 ist dies die häufigste Einsatzform von Zeitungsfotos.

289 Bei Texten mit mehreren Bildern wurde das flächenmäßig größte Bild berücksichtigt.

290 vgl. Waller (1982) S.39f.

291 Erfaßt wurde jeweils in Textbeiträgen und Bildunterschriften der Anteil von Angaben zu politischen Mandaten/Ämtern an den Funktionsangaben insgesamt.
292 Zur Materialbeschaffung für Lokalberichterstattung siehe Fritsch (1983).
293 vgl. Boltanski (1981) S.138f über das Problem des „richtigen" Augenblicks.
294 Bei Sonderformen wurde ein Veranstaltungsbezug nicht erfaßt; bei Service-Mitteilungen, die überwiegend eine Vorausberichterstattung leisten (Ankündigungen), ist die Überprüfung von Terminjournalismus in der Bildberichterstattung nicht sinnvoll.
295 Die Charakterisierung gilt auch dann, wenn man die eigenständigen Bilder ausklammert, die in ihren relativ kurzen Texten noch weniger Dynamik- und Wertigkeits-Merkmale aufweisen. Die wichtigsten Unterschiede zu Beiträgen ohne Bild bleiben bestehen: Auch die Gruppe der abgeschlossenen Texte mit zugeordneten Bildern enthält weniger Kontroversen/Forderungen, mehr positives und weniger negatives Geschehen sowie mehr einflußreiche/prominente Personen; lediglich die Ausprägung kritischer Bewertungen ist nicht mehr signifikant verschieden von den Beiträgen ohne Bild.
296 Da eine Reihe von Beiträgen mehrere Bilder enthält, stimmt die Zahl der Fälle nicht mit der Zahl der ‚Texte mit Bild' in Abbildung 80 überein.
297 Die Unterschiede sind signifikant (Chi-Quadrat-Test, $p < 0.01$). Verglichen wurden die Angaben in Tabelle 39 (Anhang) und Abbildung 75 (Personen- und Gruppenbild kumuliert).
298 Bei Texten, denen mehrere Fotos zugeordnet werden konnten, wurde das am stärksten personenbezogene Bild berücksichtigt.

Kapitel 10 Zusammenfassung und Ausblick

299 siehe z.B. Kiefer (1987) S.85f.
300 vgl. die Charakterisierung nationaler/internationaler Nachrichten bei Schulz (1976) S.115f.
301 vgl. Schulz (1982a) S.23.
302 Groth (1928) S.926.
303 vgl. Lange/Pätzold (1983) Band 1, S.260.
304 Zur kritischen Einschätzung der Struktur von Weltnachrichten siehe Luger (1985) S.8, Schulz (1976) S.121, Schönbach (1983) S.41.
305 Kaiser (1986) S.9.
306 vgl. Wilking (1985).
307 vgl. Kaiser (1986) S.9. – Bei einem anderen Konzept für einen besseren Lokaljournalismus – der Alternativpresse – wurde das Problem der Produktionsbedingungen und des bestimmenden wirtschaftlichen Interesses von Zeitungsunternehmen von Beginn an schärfer gesehen, wenn auch der idealistische Ausstieg aus den Gesetzmäßigkeiten des Marktes in vielen Fällen auf Dauer nicht durchzuhalten war. Vgl. Wilking (1985) S.40.
308 Weischenberg (1988).
309 vgl. Anm. 282.

Anhang

Tabellarischer Anhang

1	Themen-Texte: Themenkombinationen	202
2	Beitragstypen: Textumfang	203
3	Beitragstypen: Verweise (Überblick, Rückblick, Ausblick)	203
4	Beitragstypen: Politik	204
5	Zeitungsvergleich: Verteilung der Beitragstypen	204
6	Zeitungsvergleich: Verweise	205
7	Zeitungsvergleich: Politik	206
8	Beitragstypen: Nachrichtenfaktor Dauer	206
9	Zeitungsvergleich: Nachrichtenfaktor Dauer	207
10	Beitragstypen: Nachrichtenfaktor Zeitform	208
11	Zeitungsvergleich: Dynamik	208
12	Beitragstypen: Nachrichtenfaktor Ungewißheit	209
13	Zeitungsvergleich: Nachrichtenfaktor Ungewißheit	209
14	Zeitungsvergleich: Nachrichtenfaktor Kontroverse	210
15	Beitragstypen: Nachrichtenfaktoren Erfolg/Mißerfolg	210
16	Zeitungsteile: Nachrichtenfaktoren Erfolg/Mißerfolg	211
17	Zeitungsvergleich: Nachrichtenfaktoren Erfolg/Mißerfolg	211
18	Zeitungsvergleich: Lob und Kritik	212
19	Beitragstypen: Lob und Kritik	213
20	Zeitungsvergleich: Wertigkeit bei Themen-Texten	214
21	Personalisierung in Überschriften und Lead	215
22	Beitragstypen: Nachrichtenfaktor Personalisierung	215
23	Zeitungsvergleich: Nachrichtenfaktor Personalisierung	216
24	Zeitungsvergleich: Nachrichtenfaktoren Einfluß/Prominenz	217
25	Beitragstypen: Frauenanteil	218
26	Zeitungsvergleich: Größe der Bilder	218
27	Zeitungsvergleich: Einstellungsgröße der Fotos	219
28	Bildberichterstattung und Politikbezug	220

Tabelle 1: Themen und Themenkombinationen bei Beiträgen, die mindestens einer der drei Themendimensionen Umfeld, Versorgung, Wirtschaft & Arbeit zugeordnet werden können (siehe Kapitel 7.2); gesamtes Sample. Die Spezifikationen in den Spalten der Themendimensionen sind unten aufgeschlüsselt.

Anzahl der Themendimensionen	Umfeld	Versorgung	Wirtschaft & Arbeit	Häufigkeit (n = 648)	Prozent	Prozent kumuliert
1	–	2	–	156	24.1	24.1
1	–	1	–	61	9.4	33.5
1	2	–	–	54	8.3	41.8
1	–	–	1	50	7.7	49.5
1	1	–	–	38	5.9	55.4
1	3	–	–	37	5.7	61.1
1	–	–	2	28	4.3	65.4
2	–	1	1	25	3.9	69.3
2	1	–	1	19	2.9	72.2
2	3	2	–	15	2.3	74.5
2	–	2	1	14	2.2	76.7
2	–	1	2	13	2.0	78.7
2	–	2	2	13	2.0	80.7
2	2	1	–	12	1.9	82.6
1	–	–	3	11	1.7	84.3
2	3	–	1	10	1.5	85.8
2	1	2	–	9	1.4	87.2
3	1	2	1	9	1.4	88.6
2	1	1	–	8	1.2	89.8
3	1	1	1	8	1.2	91.0
24 weitere Themenkombinationen				58	9.0	100.0

Themendimension Umfeld
1 Baumaßnahme, Umgestaltung
2 Verkehrsverhältnisse, Umweltverschmutzung, Naturphänomene
3 Gebäude, Straßen, Flächen allgemein oder in anderem Bezug

Themendimension Versorgung
1 Elementar (techn.-soz. Infrastruktur): Wohnen, Konsum/Lebensmittel, Energie, Wasser, Entsorgung, Beförderung, Post... soziale Versorgung (Gesundheits-, Sozialfürsorge...)
2 Kulturell: Bildung/Erziehung, Kinderbetreuung, Sport/Erholung/Freizeit, Veranstaltungen, Veranstaltungseinrichtungen
3 Elemente aus beiden Bereichen (1 und 2)

Themendimension Wirtschaft & Arbeit
1 Wirtschaftliche Situation: Staat, Branchen, Organisationen
2 Arbeit: Arbeitsmarkt/Arbeitslosigkeit, Berufe/Arbeitsbedingungen, berufl. Ausbildung, Arbeitnehmer-Interessenvertretung
3 Elemente aus beiden Bereichen (1 und 2)

Tabelle 2: Beitragstypen und Textumfang: Verteilung der Beiträge nach Umfangsgruppen (in Prozent); gesamtes Sample ohne Beitragstyp ‚Sonderform'.

Textumfang cm²	Typ 1 Service-Mitteilung	Typ 2a 1 Themendimension	Typ 2b 2-3 Themendimensionen	Typ 3 Unfall/Kriminalität	Typ 4 Veranstaltung Organisation	Typ 5 Sonstiges	
bis 50	74.2	26.4	14.4	71.4	45.1	67.9	54.9
50 < 100	17.3	30.8	20.1	9.3	26.8	7.1	20.6
100 < 150	6.1	26.7	33.0	12.9	16.3	17.9	14.9
ab 150	2.4	16.2	32.5	6.4	11.8	7.1	9.7
Basis = 100%	1024	439	209	140	153	28	1993

Chi-Quadrat: 580.46
hochsignifikant (p < 0.001)

Abhängige Variable: Textumfang
Eta: .515 (ungruppiert: .504)
Eta-Quadrat: .265

Tabelle 3: Beitragstypen und Verweise (Überblick, Rückblick, Ausblick): Anteil der Beiträge mit Verweisen (in Prozent); alle ausführlich untersuchten Beiträge.

Zahl der Verweise	Typ 1b Service (ausführlich)	Typ 2a 1 Themendimension	Typ 2b 2-3 Themendimensionen	Typ 3 Unfall/Kriminalität	Typ 4 Veranstaltung/Organisation	Typ 5 Sonstiges	
keine	73.5	41.5	21.1	89.3	59.5	53.6	51.3
1	24.9	38.5	49.3	10.0	31.4	35.7	33.8
2-3	1.7	20.0	29.7	.7	9.2	10.7	14.9
Basis = 100%	181	439	209	140	153	28	1150

Chi-Quadrat: 232.48
hochsignifikant (p < 0.001)

Cramers V: .318

Tabelle 4: Beitragstypen und Politik: Anteil der Beiträge mit Politik-Elementen (in Prozent); alle ausführlich untersuchten Beiträge.

Beiträge	Typ 1b Service (ausführlich)	Typ 2a 1 Themendimension	Typ 2b 2-3 Themendimensionen	Typ 3 Unfall/ Kriminalität	Typ 4 Veranstaltung/ Organisation	Typ 5 Sonstiges	
mit Politik	7.7	30.5	48.8	2.1	15.7	14.3	24.4
ohne Politik	92.3	69.5	51.2	97.9	84.3	85.7	75.6
Basis=100%	181	439	209	140	153	28	1150

Chi-Quadrat: 148.96   Cramers V: .360
hochsignifikant ($p < 0.001$)

Tabelle 5: Zeitungsvergleich: Verteilung der Beitragstypen (in Prozent).

Beitragstyp	Zeitungen (Lokalteile)						
	RN	WR	WAZ	WZ	MZ	WP	
0 Sonderform	3.2	6.4	3.8	2.0	1.5	3.2	3.5
1 Service	47.2	47.9	42.5	43.3	48.2	48.7	46.2
2a 1 Themendimens.	21.3	19.1	21.6	25.6	21.5	24.9	22.0
2b 2-3 Themendimens.	9.9	8.2	17.1	11.8	10.8	10.1	11.4
3 Unfall/Kriminalität	10.6	9.6	10.3	11.8	6.7	3.7	9.1
4 Veranst./Org.	6.0	5.3	4.8	5.4	7.7	9.0	6.2
5 Sonstiges	1.8	3.5	–	–	3.6	.5	1.6
Basis=100%	282	282	292	203	195	189	1443

Chi-Quadrat: 62.87
hochsignifikant ($p < 0.001$)   Cramers V: .093

Bei Ausschluß der Beitragstypen 0 ‚Sonderformen' und 5 ‚Sonstiges':
Chi-Quadrat: 30.48 (Freiheitsgrade: 20)
nicht signifikant ($p < 0.05$)

Beitragstyp	Stadtteilzeitungen RN	WR/WAZ	WZ	
0 Sonderform	1.3	2.6	11.0	3.5
1 Service	66.9	58.1	31.4	57.5
2a 1 Themendimens.	16.9	16.8	30.5	19.4
2b 2-3 Themendimens.	3.5	6.8	16.9	7.1
3 Unfall/Kriminalität	1.0	3.1	–	1.4
4 Veranst./Org.	9.9	12.0	8.5	10.3
5 Sonstiges	.6	.5	1.7	.8
Basis=100%	314	191	118	623

Chi-Quadrat: 82.25
hochsignifikant (p < 0.001)   Cramers V: .257

Tabelle 6: Zeitungsvergleich: Verweise im Lokalteil. Anteil der Beiträge mit Verweisen (Überblick, Rückblick, Ausblick) in der Lokalberichterstattung des Typs 2 ‚Themen-Text', 3 ‚Unfall/Kriminalität', 4 ‚Veranstaltung/Organisation' (in Prozent).

Beiträge	Zeitungen (Lokalteile) RN	WR	WAZ	WZ	MZ	WP	
mit mind. 1 Verweis	50.4	51.3	61.1	47.7	52.7	60.0	54.1
ohne Verweise	49.6	48.7	38.9	52.3	47.3	40.0	45.9
Basis= 100%	135	119	157	111	91	90	703

Chi-Quadrat: 7.41
nicht signifikant (p < 0.05)

Im Einzelvergleich ist der Unterschied WAZ:WZ signifikant.

Tabelle 7: Zeitungsvergleich: Politik im Lokalteil. Anteil der Beiträge mit Politik-Elementen in der Lokalberichterstattung des Typs 2 ‚Themen-Text', 3 ‚Unfall/Kriminalität', 4 ‚Veranstaltung/Organisation' (in Prozent).

Beiträge	Zeitungen (Lokalteile)						
	RN	WR	WAZ	WZ	MZ	WP	
mit Politik	24.4	31.9	35.0	22.5	33.0	30.0	29.6
ohne Politik	75.6	68.1	65.0	77.5	67.0	70.0	70.4
Basis=100%	135	119	157	111	91	90	703

Chi-Quadrat: 7.43
nicht signifikant ($p < 0.05$)

Im Einzelvergleich sind die Unterschiede WAZ:WZ, WAZ:RN signifikant.

Tabelle 8: Beitragstypen und Nachrichtenfaktor Dauer: Anteil der Beiträge pro Ausprägung (in Prozent); gesamtes Sample, alle ausführlich untersuchten Beitragstypen.

Dauer	1b Service	2a Umfeld	2a Versorgung	2a Wirtschaft...	2b 2-3 Themendim.	3 Unfall/ Krimin.	4 Veranst. Org.	5 Sonstiges	
Tagesereignis	45.3	21.7	43.9	21.3	25.4	80.7	55.6	17.9	41.9
mehrtägiges Ereignis	39.2	31.8	26.7	41.6	44.5	15.0	18.3	21.4	31.0
nicht einzuordnen	15.5	46.5	29.4	37.1	30.1	4.3	26.1	60.7	27.1
Basis= 100%	181	129	221	89	209	140	153	28	1150

Chi-Quadrat: 207.99 Cramers V: .301
hochsignifikant ($p < 0.001$)

Tabelle 9: Zeitungsvergleich: Nachrichtenfaktor Dauer. Anteil der Beiträge pro Ausprägung (in Prozent); alle ausführlich untersuchten Beitragstypen.

a) Lokalteile

Dauer	Zeitungen (Lokalteile)						
	RN	WR	WAZ	WZ	MZ	WP	
Tagesereignis	39.1	43.1	37.2	43.5	42.2	42.1	40.9
mehrtägiges Ereignis	32.1	35.9	34.4	31.5	27.3	29.8	32.2
nicht einzuordnen	28.8	20.9	28.3	25.0	30.5	28.1	26.9
Basis=100%	156	153	180	124	128	114	855

Chi-Quadrat: 6.545
nicht signifikant (p < 0.05)

b) Stadtteilzeitungen

Dauer	Stadtteilzeitungen			
	RN	WR/WAZ	WZ	
Tagesereignis	54.8	54.1	20.2	44.7
mehrtägiges Ereignis	27.8	15.3	39.3	27.5
nicht einzuordnen	17.5	30.6	40.5	27.8
Basis=100%	126	85	84	295

Chi-Quadrat: 34.573
hochsignifikant (p < 0.001)

Auch der Unterschied RN:WR/WAZ ist im Einzelvergleich signifikant (p < 0.05); hohe Übereinstimmung besteht hier aber bei Dichotomisierung der Variablen (Tagesereignis – kein Tagesereignis).

Tabelle 10: Beitragstypen und Nachrichtenfaktor Zeitform: Anteil der Beiträge pro Ausprägung (in Prozent); alle ausführlich untersuchten Beitragstypen.

Zeitform	1b Service	2a Umfeld	2a Versorgung	2a Wirtschaft ...	2b 2–3 Themendim.	3 Unfall/ Krimin.	4 Veranst./ Org.	5 Sonstiges
Vergangenheit	18.8	35.7	61.1	38.2	38.3	95.7	77.1	28.6	51.2
Gegenwart	19.3	47.3	30.8	41.6	49.3	4.3	11.8	46.4	29.7
Zukunft	58.6	9.3	4.5	13.5	8.6	–	7.2	3.6	14.8
nicht einzuordnen	3.3	7.8	3.6	6.7	3.8	–	3.9	21.4	4.3
Basis=100%	181	129	221	89	209	140	153	28	1150

Chi-Quadrat: 553.28   Cramers V: .400
hochsignifikant ($p < 0.001$)

Tabelle 11: Zeitungsvergleich: Hinweise auf Dynamik (Nachrichtenfaktoren Überraschung, Ungewißheit, Kontroverse und Wiedergabe von politischen Forderungen/Bewertungen) – Anteil der Beiträge mit mindestens einem Hinweis (in Prozent); alle ausführlich untersuchten Beitragstypen.

„Dynamik"	Zeitungen (Lokalteile)						
	RN	WR	WAZ	WZ	MZ	WP	
ja	30.1	34.0	32.8	19.4	24.2	32.5	29.2
nein	69.9	66.0	67.2	80.6	75.8	67.5	70.8
Basis=100%	156	153	180	124	128	114	855

Chi-Quadrat: 10.80
nicht signifikant ($p < 0.05$)

Im Einzelvergleich sind die Unterschiede zwischen WZ und RN, WR, WAZ, WP jeweils signifikant.

Tabelle 12: Beitragstypen und Nachrichtenfaktor Ungewißheit: Anteil der Beiträge pro Ausprägung (in Prozent); alle ausführlich untersuchten Beitragstypen.

Ungewißheit ausgedrückt	1b Service	2a Umfeld	2a Versorgung	2a Wirtschaft ...	2b 2–3 Themendim.	3 Unfall/ Krimin.	4 Veranst./ Org.	5 Sonstiges	
ja	3.3	15.5	6.3	5.6	26.3	10.0	3.9	3.6	10.5
nein	96.7	84.5	93.7	94.4	73.7	90.0	96.1	96.4	89.5
Basis=100%	181	129	221	89	209	140	153	28	1150

Chi-Quadrat: 83.71 Cramers V: .270
hochsignifikant (p < 0.001)

Tabelle 13: Zeitungsvergleich: Nachrichtenfaktor Ungewißheit – Anteil der Beiträge pro Ausprägung (in Prozent); alle ausführlich untersuchten Beitragstypen.

a) Lokalteile

Ungwißheit ausgedrückt	Zeitungen (Lokalteile)						
	RN	WR	WAZ	WZ	MZ	WP	
ja	10.9	15.0	10.6	4.0	9.4	16.7	11.1
nein	89.1	85.0	89.4	96.0	90.6	83.3	88.9
Basis=100%	156	153	180	124	128	114	855

Chi-Quadrat: 12.70
signifikant (p < 0.05)

Im Einzelvergleich sind die Unterschiede zwischen WZ und RN, WR, WAZ, WP jeweils signifikant.

b) Stadtteilzeitungen

Ungewißheit ausgedrückt	Stadtteilzeitungen			
	RN	WR/WAZ	WZ	
ja	7.1	14.1	6.0	8.8
nein	92.9	85.9	94.0	91.2
Basis=100%	126	85	84	295

Chi-Quadrat: 4.27
nicht signifikant (p < 0.05)

Tabelle 14: Zeitungsvergleich: Nachrichtenfaktoren Kontroverse – Anteil der Beiträge pro Ausprägung (in Prozent); alle ausführlich untersuchten Beitragstypen.

a) Lokalteile

Kontroverse enthalten	Zeitungen (Lokalteile)						
	RN	WR	WAZ	WZ	MZ	WP	
ja	12.8	17.0	16.7	12.1	10.2	12.3	13.8
nein	87.2	83.0	83.3	87.9	89.8	87.7	86.2
Basis=100%	156	153	180	124	128	114	855

Chi-Quadrat: 4.633
nicht signifikant ($p < 0.05$)

b) Stadtteilzeitungen

Kontroverse enthalten	Stadtteilzeitungen			
	RN	WR/WAZ	WZ	
ja	9.5	7.1	16.7	10.8
nein	90.5	92.9	83.3	89.2
Basis=100%	126	85	84	295

Chi-Quadrat: 4.431
nicht signifikant ($p < 0.05$)

Tabelle 15: Beitragstypen und Nachrichtenfaktoren Erfolg/Mißerfolg: Anteil der Beiträge pro Ausprägung (in Prozent); alle ausführlich untersuchten Beitragstypen.

Erfolg/ Mißerfolg	1b Service	2a Umfeld	2a Versorgung	2a Wirtschaft ...	2b 2–3 Themendim.	3 Unfall/ Krimin.	4 Veranst./ Org.	5 Sonstiges
positive Entwicklung	9.9	2.3	23.1	21.3	10.0	2.1	20.3	–	12.7
negative Entwicklung	3.3	11.6	10.4	4.5	8.6	77.1	3.3	10.7	15.8
keine Ausprägung	86.7	86.0	66.5	74.2	81.3	20.7	76.5	89.3	71.5
Basis=100%	181	129	221	89	209	140	153	28	1150

Chi-Quadrat: 511.41　　　　　　　　　　Cramers V: .472
hochsignifikant ($p < 0.001$)

Tabelle 16: Zeitungsvergleich (Zeitungsteile): Nachrichtenfaktoren Erfolg/Mißerfolg – Anteil der Beiträge pro Ausprägung (in Prozent) auf Basis der Beiträge mit eindeutig positiver oder negativer Entwicklung; in eckigen Klammern die Werte ohne Beitragstyp 3, ›Unfall-/Kriminalitätsberichte‹.

Erfolg/Mißerfolg	Lokalteile (6)		Stadtteilzeitg. Dortmund (2)			
positive Entwicklung	36.6	<59.1>	75.4	<86.8>	44.0	<66.2>
negative Entwicklung	63.4	<40.9>	24.6	<13.2>	56.0	<33.8>
Basis=100%	257	<154>	61	<53>	318	<207>

Chi-Quadrat: 30.17   <13.52>   Phi: .308   <.256>
hochsignifikant (p < 0.001)

Tabelle 17: Zeitungsvergleich: Nachrichtenfaktoren Erfolg/Mißerfolg – Anteil der Beiträge pro Ausprägung (in Prozent).

a) auf Basis der insgesamt ausführlich untersuchten Beiträge

Erfolg/ Mißerfolg	Zeitungen (Lokalteile)						
	RN	WR	WAZ	WZ	MZ	WP	
positive Entwicklung	9.6	9.8	7.8	16.1	11.7	13.2	11.0
negative Entwicklung	21.2	20.9	20.0	19.4	15.6	15.8	19.1
keine Ausprägung	69.2	69.3	72.2	64.5	72.7	71.1	69.9
Basis=100%	156	153	180	124	128	114	855

Chi-Quadrat: 8.67
nicht signifikant (p < 0.05)

b) auf Basis der Beiträge mit eindeutig positiver oder negativer Entwicklung

Erfolg/ Mißerfolg	Zeitungen (Lokalteile)						
	RN	WR	WAZ	WZ	MZ	WP	
positive Entwicklung	31.3	31.9	28.0	45.5	42.9	45.5	36.6
negative Entwicklung	68.8	68.1	72.0	54.5	57.1	54.5	63.4
Basis=100%	48	47	50	44	35	33	257

Chi-Quadrat: 5.82
nicht signifikant (p < 0.05)

Tabelle 18: Zeitungsvergleich: Lob und Kritik – Anteil der Beiträge pro Ausprägung (in Prozent); alle ausführlich untersuchten Beitragstypen.

a) Lokalteile

Bewertung	Zeitungen (Lokalteile)						
	RN	WR	WAZ	WZ	MZ	WP	
positive Bewertung	7.1	1.3	5.0	8.1	6.3	6.1	5.5
negative Bewertung	9.0	10.5	11.7	10.5	9.4	12.3	10.5
keine* Bewertung	84.0	88.2	83.3	81.5	84.4	81.6	84.0
Basis=100%	156	153	180	124	128	114	855

Chi-Quadrat: 8.95
nicht signifikant ($p < 0.05$)
Im Einzelvergleich sind die Unterschiede WR:RN, WR:WZ signifikant.

b) Stadtteilzeitungen

Bewertung	Stadtteilzeitungen			
	RN	WR/WAZ	WZ	
positive Bewertung	3.2	5.9	1.2	3.4
negative Bewertung	4.8	3.5	7.1	5.1
keine* Bewertung	92.1	90.6	91.7	91.5
Basis=100%	126	85	84	295

Chi-Quadrat: 3.92
nicht signifikant ($p < 0.05$)

* Hier sind auch Beiträge erfaßt, die sowohl Lob als auch Kritik enthalten (im Durchschnitt 1 Prozent).

Tabelle 19: Lob und Kritik in verschiedenen Beitragstypen: Anteil der Beiträge in Prozent; alle ausführlich untersuchten Beitragstypen.

Bewertung	1b Service	2a Umfeld	2a Versorgung	2a Wirtschaft ...	2b 2–3 Themendim.	3 Unfall/Krimin.	4 Veranst./Org.	5 Sonstiges
positive Bewertung	5.0	2.3	12.7	4.5	3.8	–	3.3	–	5.0
negative Bewertung	.6	22.5	7.2	19.1	13.9	.7	6.5	7.1	9.1
keine* Bewertung	94.5	75.2	80.1	76.4	82.3	99.3	90.2	92.9	85.9
Basis=100%	181	129	221	89	209	140	153	28	1150

Chi-Quadrat: 114.49   Cramers V: .223
hochsignifikant ($p < 0.001$)

* Hier sind auch Beiträge erfasst, die sowohl Lob als auch Kritik enthalten (im Durchschnitt 1 Prozent).

Tabelle 20: Zeitungsvergleich: Wertigkeit beim Beitragstyp 2 ‚Themen-Texte' – Anteil der Beiträge mit positivem Geschehen/positiver Bewertung und negativem Geschehen/negativer Bewertung (in Prozent).

a) auf Basis aller untersuchten Themen-Texte

Wertigkeit	Zeitungen (Lokalteile)						
	RN	WR	WAZ	WZ	MZ	WP	
positiv	18.2	6.5	6.2	25.0	12.7	16.7	13.7
negativ	17.0	24.7	27.4	21.1	25.4	28.8	24.0
ohne eindeutige Wertigk.	64.8	68.8	66.4	53.9	61.9	54.5	62.3
Basis=100%	88	77	113	76	63	66	483

Chi-Quadrat: 22.15
signifikant ($p < 0.05$)   Cramers V: .151

b) auf Basis der Beiträge mit eindeutig positiver oder negativer Wertigkeit

Wertigkeit	Zeitungen (Lokalteile)						
	RN	WR	WAZ	WZ	MZ	WP	
positiv	51.6	20.8	18.4	54.3	33.3	36.7	36.3
negativ	48.4	79.2	81.6	45.7	66.7	63.3	63.7
Basis=100%	31	24	38	35	24	30	182

Chi-Quadrat: 15.88
signifikant ($p < 0.01$)   Cramers V: .295

Tabelle 21: Personalisierung in Überschrift und Lead der Textbeiträge. Einordnung nach dem höchstmöglichen Personalisierungsgrad in einer fünfstufigen Rangskala:
4 – Namen von Personen
3 – Funktionen/allgemeine Charakterisierung von Einzelpersonen
2 – Personengruppen
1 – Organisationen
0 – keine Personen(gruppen)/Organisationen.
Häufigkeit der Kombinationen von Überschrift- und Lead-Personalisierung (in Prozent); alle ausführlich untersuchten Beiträge mit Überschrift.

Lead	Überschrift 0	1	2	3	4		
0	2.1	.5	.4	–	.1	3.0	(32)
1	6.4	6.6	2.4	.6	.6	16.5	(176)
2	7.3	4.5	10.6	.7	.6	23.6	(252)
3	5.5	1.4	1.7	6.0	.1	14.7	(157)
4	7.5	7.9	8.5	5.8	12.5	42.2	(450)
	28.8	20.8	23.6	13.0	13.8	100.0	
	(307)	(222)	(252)	(139)	(147)		1067

Die beiden abhängigen Stichproben unterscheiden sich signifikant (Wilcoxon-Test, $p < 0.05$)

Kendalls Tau-b: .31

Tabelle 22: Personalisierung in verschiedenen Beitragstypen: Anteil der Beiträge in Prozent (dichotomisierte Variable, vgl. S. 131f); alle ausführlich untersuchten Beitragstypen.

personalisiert	1b Service	2a Umfeld	2a Versorgung	2a Wirtschaft	2b 2–3 Themendim.	3 Unfall/ Krimin.	4 Veranst./ Org.	5 Sonstiges	
ja	60.8	35.7	64.7	40.4	50.2	85.7	62.1	64.3	58.5
nein	39.2	64.3	35.3	59.6	49.8	14.3	37.9	35.7	41.5
Basis=100%	181	129	221	89	209	140	153	28	1150

Chi-Quadrat: 93.35
hochsignifikant ($p < 0.001$)

Cramers V: .285

Tabelle 23: Zeitungsvergleich: Nachrichtenfaktor Personalisierung – Anteil der Beiträge pro Ausprägung (in Prozent); alle ausführlich untersuchten Beitragstypen.

a) Lokalteile

personalisiert	Zeitungen (Lokalteile) RN	WR	WAZ	WZ	MZ	WP	
ja	53.2	69.3	62.8	57.3	64.1	66.7	62.1
nein	46.8	30.7	37.2	42.7	35.9	33.3	37.9
Basis=100%	156	153	180	124	128	114	855

Chi-Quadrat: 11.09 Cramers V: .113
signifikant ($p < 0.05$)

b) Stadtteilzeitungen

personalisiert	Stadtteilzeitungen RN	WR/WAZ	WZ	
ja	46.0	60.0	39.3	48.1
nein	54.0	40.0	60.7	51.9
Basis=100%	126	85	84	295

Chi-Quadrat: 7.65
signifikant ($p < 0.05$)
Auch der Unterschied RN:WR/WAZ ist im Einzelvergleich signifikant.

Tabelle 24: Zeitungsvergleich: Nachrichtenfaktoren Persönlicher Einfluß und Prominenz in Beiträgen mit namentlich erwähnten Personen – Anteil der Beiträge pro Ausprägung (in Prozent).

a) Lokalteile

Einfluß/ Prominenz	Zeitungen (Lokalteile)						
	RN	WR	WAZ	WZ	MZ	WP	
ja	54.2	61.4	58.7	45.0	49.4	64.7	56.4
nein	45.8	38.6	41.3	55.0	50.6	35.3	43.6
Basis=100%	96	101	109	60	81	85	532

Chi-Quadrat: 8.63
nicht signifikant ($p < 0.05$)

Im Einzelvergleich sind die Unterschiede WR:WZ, WZ:WP signifikant.

b) Stadtteilzeitungen

Einfluß/ Prominenz	Stadtteilzeitungen			
	RN	WR/WAZ	WZ	
ja	28.4	46.6	30.8	34.4
nein	71.6	53.4	69.2	65.6
Basis=100%	95	58	39	192

Chi-Quadrat: 5.53
nicht signifikant ($p < 0.05$)

Im Einzelvergleich ist der Unterschied RN:WR/WAZ signifikant.

Tabelle 25: Frauenanteil in Beiträgen mit Namensnennung, differenziert nach Beitragstypen. Für jeden Beitrag wurde der Quotient aus der Zahl genannter Frauen und der Zahl insgesamt im Text genannter Personen gebildet. Ausgewiesen sind der durchschnittliche Frauenanteil (linke Spalte) und signifikante Unterschiede (*) zwischen den Beitragstypen.

Mittelwert	Beitragstyp			1b	2a UMF	2a VER	2a WIR	2b	3	4
.15	1b	Service	(134)		*					
.17	2a	Umfeld	(50)		*					
.23	2a	Versorgung	(171)	*	*			*	*	*
.09	2a	Wirtschaft & Arbeit	(55)		*				*	*
.10	2b	mehrere Themendim.	(157)		*					*
.17	3	Unfall/Kriminalität	(30)		*					
.14	4	Veranstaltg./Org.	(116)		*	*	*			

U-Test (Mann-Whitney), $p < 0.05$

Tabelle 26: Zeitungsvergleich: Größe der Bildfläche in Quadratzentimetern mit kleinstem und größtem Wert, Mittelwert, Standardabweichung und Zahl der Fälle.

Zeitung		Minimum	Maximum	Mittelwert	Standardabweichung	Zahl der Bilder
RN	Dortmund	20	340	96	73	96
WR	Dortmund	7	324	81	65	108
WAZ	Dortmund	20	316	114	64	83
WZ	Wuppertal	18	155	76	36	74
MZ	Menden	9	221	117	67	73
WP	Menden	21	332	134	72	53
RN-Stadtteilz.		20	277	110	54	87
WR/WAZ-Stadtt.		25	187	79	37	58
WZ-Stadtteilz.		22	557	129	105	62
				102	66	694

Die Mittelwertunterschiede sind signifikant.
(Varianzanalyse, F-Test; $p < 0.05$)

Tabelle 27: Zeitungsvergleich (Lokalteile): Verteilung der Einstellungsgrößen der Fotos (in Prozent).

a) Grundtypen (Objekt-, Situations-, Raumbezug)

Typ	Zeitungen (Lokalteile)						
	RN	WR	WAZ	WZ	MZ	WP	
Objekt	61.6	56.1	51.9	47.9	48.6	54.9	53.8
Situation	34.9	40.2	43.2	39.7	44.3	39.2	40.2
Raum	3.5	3.7	4.9	12.3	7.1	5.9	6.0
Basis=100%	86	107	81	73	70	51	468

Chi-Quadrat: 10.08
nicht signifikant ($p < 0.05$)

b) Einstellungsgrößen

Einstellungs-größe	Zeitungen (Lokalteile)						
	RN	WR	WAZ	WZ	MZ	WP	
Groß	26.7	27.1	18.5	9.6	25.7	13.7	21.2
Nah	34.9	29.0	33.3	38.4	22.9	41.2	32.7
Halbnah	23.3	16.8	22.2	13.7	8.6	13.7	17.3
Halbtotal	11.6	23.4	21.0	26.0	35.7	25.5	22.9
Total/Weit	3.5	3.7	4.9	12.3	7.1	5.9	6.0
Basis=100%	86	107	81	73	70	51	468

Chi-Quadrat: 38.70   Cramers V: .144
signifikant ($p < 0.01$)

Tabelle 28: Politik und Bildberichterstattung: Anteil der Themen-Texte mit Fotos, differenziert nach Beiträgen mit und ohne Politikbezug (in Prozent).

a) Themendimension Umfeld

	mit Politik	ohne Politik		
mit Foto	32.8	66.2	50.4	Chi-Quadrat: 14.34
ohne Foto	67.2	33.8	49.6	hochsignifikant ($p < 0.001$)
Basis=100%	61	68	129	Phi: .333

b) Themendimension Versorgung

	mit Politik	ohne Politik		
mit Foto	20.6	57.2	51.6	Chi-Quadrat: 15.46
ohne Foto	79.4	42.8	48.4	hochsignifikant ($p < 0.001$)
Basis=100%	34	187	221	Phi: .264

c) Themendimension Wirtschaft & Arbeit

	mit Politik	ohne Politik		
mit Foto	33.3	38.0	36.0	Chi-Quadrat: 0.21
ohne Foto	66.7	62.0	64.0	nicht signifikant ($p < 0.05$)
Basis=100%	39	50	89	

d) mehrere Themendimensionen

	mit Politik	ohne Politik		
mit Foto	31.4	60.7	46.4	Chi-Quadrat: 18.12
ohne Foto	68.6	39.3	53.6	hochsignifikant ($p < 0.001$)
Basis=100%	102	107	209	Phi: .294

Methodischer Anhang

Der methodische Anhang enthält die Dokumentation des Erhebungsinstruments (ohne technisch-formale Angaben) mit den Kodieranweisungen und Kodierbüchern für die Text- und Bildanalyse. Die Kommentare zu den Kodierbüchern enthalten neben den ursprünglichen Erläuterungen die Ergänzungen, die sich während der Kodierarbeiten ergaben.
Angefügt sind den Materialien Angaben zur Verläßlichkeit mit den berechneten Koeffizienten zur Kodierer-Übereinstimmung.

1 Textanalyse

1.1 Kodieranweisung Text: Untersuchungseinheiten

Untersuchungseinheit ist ein vollständiger Zeitungsbeitrag:
▷ Texte mit eigener Überschrift einschließlich zugehöriger Bilder
▷ Eigenständige Bilder mit Bildunterschrift

Für Sammelrubriken – das sind Beiträge, die unter einer gemeinsamen Überschrift oder wiederkehrenden Formel zusammengefaßt werden – gilt:
▷ Sammelrubriken werden als eine Analyseeinheit erfaßt, wenn die dort zusammengestellten Texte nicht durch eigene Überschriften voneinander getrennt sind
▷ Unabhängig von eigenen Überschriften der Einzeltexte werden Sammelrubriken stets als eine Analyseeinheit erfaßt, wenn es sich um Veranstaltungshinweise in Stichwortform, Filmbesprechungen oder Gastronomiehinweise handelt
▷ In den übrigen Sammelrubriken werden die einzelnen Texte (soweit sie durch Überschriften voneinander getrennt sind) jeweils als separate Analyseeinheiten erfaßt.

1.2 Kodierbuch Text

1 Zeitung/Zeitungsteil
2 Datum
3 Seite im jeweiligen Zeitungsteil
4 Beitragsnummer
5 Plazierung → Kommentar
   Die Überschrift (erste Textzeile) befindet sich auf der
   1 oberen Hälfte der Seite
   2 unteren Hälfte der Seite
6 Spalte
   Die linke Kante des Textes befindet sich in Spalte:
7 Breite des gesamten Beitrages einschließlich der Bilder
   Anzahl der Spalten; halbe Spalten aufrunden
8 Bilderzahl
   Anzahl – bei alleinstehenden Bildern: 1 Bild=9/2 Bilder=8 kodieren
9 Überschrift (Spaltenzentimeter) → Kommentar
   Überschrift, Dachzeile, Unterzeile, Zwischenüberschriften einschließlich Unterstreichung, Einrahmung u.ä.

10 Text-Umfang (Spaltenzentimeter)
ohne Überschriften/Bildzeilen, aber: mit Bildzeilen bei alleinstehenden Bildern
11 Rubrik → Kommentar
   1 Lokalspitze
   2 Meinungsrubrik (Kommentar, Glosse, Leserbrief)
   3 Thematisch gebundene Sammel-Rubrik
   4 Unspezifische Sammelrubrik
   5 sonstige Rubrik/Serie
12 Darstellungsform → Kommentar
   1 Informierende Form I: Nachricht, Bericht, Info
   2 Informierende Form II: Reportage-Elemente überwiegen
   3 Kritik/Rezension
   4 Kommentar
   5 Glosse/Anekdote
   6 Leserbrief
   7 Interview
   8 Umfrage
   9 Sonstige Form/Mischform
13 Sonderform
   Der Beitrag enthält überwiegend:
   1 Rückblende („Vor 50 Jahren" u.ä.)/Heimatgeschichte
   2 Zitat-, Sinnspruch-Zusammenstellung
   3 Anekdote, Alltagstip, Mundartbeitrag, Lyrik
   4 Filmbesprechung
   5 Buchbesprechung
   6 „In eigener Sache" (z.B. Eröffnung einer neuen Rubrik)
   ▷ Achtung! Wenn 1 – 6 kodiert wurde, weiter mit Variable 52
14 Veranstaltung/Aktion → Kommentar
   Der Beitrag berichtet (auch als Vorausbericht/Ankündigung) über:
   ▷ Bis zu zwei Nennungen – Sind mehr als zwei Veranstaltungsarten enthalten, dann diejenigen kodieren, über die am umfangreichsten berichtet wird
1 kulturelle Veranstaltung/Unterhaltungsveranstaltung
2 kirchlich-religiöse Veranstaltung
3 Repräsentationsveranstaltung (Empfang, Ehrung, Gratulation)
4 Demonstration/Kundgebung/Unterschriftensammlung
5 Informationsveranstaltung
6 Messe/Ausstellung (Achtung: Kunstausstellung=1)
7 Sportveranstaltung/sonstiger Wettbewerb
8 Feier/Fest/Klassentreffen u.ä.
9 Ausflug/Reise/Schüleraustausch u.ä.
0 Sammel-/Spendenaktion

15 Sitzung
   Der Beitrag berichtet (auch als Vorausbericht/Ankündigung) über Sitzung/ Versammlung von:
   1 Gericht
   2 Gemeinderat/Ratsausschuß
   3 Bezirksvertretung/Bürgeranhörung
   4 Partei/politische Gruppe/Bürgerinitiative
   5 Verein/Verband
   6 sonstige Organisation/mehrere Organisationen aus 1 – 5
16 Service → Kommentar
   Der Beitrag besteht überwiegend aus:
   1 Veranstaltungsankündigung (Termin/Ort, Programm, Teilnehmer/Akteure)
   2 Service-Notiz (Notdienst, Beratungen, Wetterdaten, Störungshinweise, Kontaktadressen...)
   3 Geschäftshinweis (auf Angebote in Handel, Gastronomie usw, Anlagetips)
   4 Marktübersicht (Heizölnotierungen, Gemüsepreise...)
   5 Personalia (Mitteilung über Ehrung, Jubiläum, Geburtstag, Hochzeit, Ernennung, Tod... incl. Angaben zum Lebenslauf)
   ▷ Achtung! Wurde keine Zahl kodiert, weiter mit Variable 18
17 Kurzinfo?
   Der Umfang pro Einzelhinweis beträgt überwiegend
   1 bis zu 5 Zeilen
   2 6 bis zu 20 Zeilen
   ▷ Achtung! Wenn 1 oder 2 kodiert wurde, weiter mit Variable 54
18 Schaden/Gefahr
   Der Beitrag berichtet in nennenswertem* Umfang über:
   1 Unfall/Unglück/Zerstörung/Beschädigung
   2 Verbrechen/Vergehen (incl. Strafverfolgung)
   3 Elemente aus 1 und 2
19 Räumliches Umfeld
   Der Beitrag berichtet in nennenswertem* Umfang über:
   1 einzelne Projekte (Bauten/Verkehrswege/spezifizierte Fläche)
   2 komplexeres Gebiet (Stadtteil, Sanierungsgebiet)
   3 Stadt-/Kreisgebiet/Region
   4 Umwelt allgemein/Wetter/Naturerscheinung
   5 mehrere Elemente aus 1 bis 4
20 Umfeld-Geschehen → Kommentar
   Der Beitrag berichtet in nennenswertem* Umfang über:
   1 Verkehrssituation
   2 Baumaßnahme/Umgestaltung
   3 Umweltverschmutzung/Umweltschutz
   4 mehrere Elemente aus 1 bis 3

21 Versorgung
Der Beitrag berichtet in nennenswertem* Umfang aus dem Bereich:
1 Wohnen/Wohnungen
2 Konsum/Lebensmittel(versorgung)
3 Energie-, Wasserversorgung, Entsorgung
4 Beförderung, Postdienste
5 Rettungsdienste
6 Massenmedien
7 mehrere Elemente aus 1 bis 6

22 Soziales/Kultur
Der Beitrag berichtet in nennenswertem* Umfang aus dem Bereich:
1 soziale Versorgung (Fürsorge, Beratung, Betreuung, Gesundheitsfürsorge, Totenbestattung...)
2 Bildung/Erziehung/Kinderbetreuung
3 Sport/Erholung/Freizeit
4 Kultur/Veranstaltungseinrichtungen
5 mehrere Elemente aus 1 bis 4

23 Wirtschaft/Finanzen → Kommentar
Der Beitrag berichtet in nennenswertem* Umfang über:
wirtschaftliche/finanzielle Situation oder Aktivitäten
1 allgemein oder in einzelnen Branchen
2 der Gemeinde/des Staates
3 einzelner Unternehmen, Einrichtungen, Vereine, Verbände
4 mehrere Aspekte aus 1 bis 3

24 Arbeit
Der Beitrag berichtet in nennenswertem* Umfang über:
1 Arbeitsmarkt, Arbeitslosigkeit
2 einzelne Berufe, Arbeitswelt/Arbeitsbedingungen
3 Berufliche Ausbildung
4 Interessenvertretung von Arbeitnehmern
5 mehrere Aspekte aus 1 bis 4

25 Branche
Der Beitrag berichtet in nennenswertem* Umfang über Organisationen/Aktivitäten/Zustände, die eindeutig zuzuordnen sind:
1 Urproduktion (Land-, Forstwirtschaft, Bergbau)
2 gewerbliche Produktion, Handwerk
3 Einzelhandel
4 Gastgewerbe
5 Wissenschaft/Forschung
6 staatl. Verwaltung/Dienstleistung
7 sonstige Dienstleistung
8 mehrere Bereiche (aus 1 bis 7)

26 Situation → Kommentar
Der Beitrag berichtet überwiegend über Situation/Schicksal/Veränderung von:
1 namentlich benannte Einzelperson(en)
2 anonyme Einzelperson(en), zahlenmäßig definierte Gruppe
3 allgemein charakterisierte Gruppe/Bevölkerungsgruppe
4 Bevölkerung allgemein

27 Organisationen → Kommentar
Der Beitrag berichtet in nennenswertem* Umfang über die Situation/ Aktivitäten von Organisationen des Typs:
▷ bis zu zwei Nennungen (ggf. erstgenannte Organisationstypen)
1 Idealverein (Sport-, Hobbyverein)
2 Kirche, Kirchengemeinde
3 wirtschaftlicher Interessenverband
4 Partei, polit. Gruppe, Bürgerinitiative
5 Wohlfahrtsverband/Hilfswerk
6 Gemeindevertretung/Gemeindeverwaltung
7 Wirtschaftsunternehmen
8 Wissenschaftliche Einrichtung/Bildungseinrichtung
9 Polizei/Justiz
0 sonstige Organisation

28 Politik allgemein → Kommentar
Der Beitrag spricht als Aspekte des politischen Bereichs an:
1 Politisches System
2 Wahlen/Volksbegehren/Volksabstimmung
3 Gesetzliche Bestimmungen/Rechtsfragen
4 Politik oberhalb/außerhalb Kommunalpolitik: Bundes-/Landespolitik, internationale Politik, Kommunalpolitik außerhalb des Verbreitungsgebietes
5 mehrere Elemente aus 1 bis 4

29 Kommunalpolitik
1 Der Beitrag berichtet in nennenswertem* Umfang über Kommunalpolitik:
Maßnahme, Planung, Beratung, Anhörung, Entscheidung im Rahmen der kommunalen Selbstverwaltung/Kreisverwaltung und der kommunalen Verbände;
Aktivitäten/Äußerungen, die sich hierauf beziehen

30 Forderung → Kommentar
Der Beitrag enthält konkrete politische Forderung, Absichtserklärung, Bewertung, Beschwerde
– keine allgemeinen Programmaussagen! -
1 im institutionellen Rahmen (Rat, Landtag... und von dort vertretenen Parteien/Wählergemeinschaften)

   2 außerhalb dieses Rahmens (andere Organisationen, einzelne Bürger, Demonstration, Unterschriftensammlung...)
   3 nicht eindeutig einzuordnen oder: Elemente aus 1 und 2
31 Überblick → Kommentar
   1 Der Beitrag enthält: Verallgemeinerung/strukturelle Beschreibung/Überblick (auch zusätzlich zu Einzelfall/Einzelereignis)
32 Rückblick → Kommentar
   Der Beitrag enthält einen Rückblick:
   1 gerichtliche Aufarbeitung (Prozeßbericht)
   andere Rückblicke (sofern nicht 1 kodiert):
   2 individuelle Entwicklung: Lebensdaten, Lebenslauf
   3 sonstige Entwicklung
   4 punktuelle Rückschau: Gedenktag, Jahrestag
   5 mehrere Formen eines Rückblicks aus 2/3/4
   Kurz-Hinweis (sofern nicht 1 – 5 kodiert):
   6 Verweis auf frühere Aktivität/früheren Zustand
33 Ausblick
   Der Beitrag enthält:
   1 Termin-, Kontakt-, Info-Hinweis
   2 Darstellung der (möglichen) weiteren Entwicklung: Absichten, Planungen, Konzeptionen, Prognosen
   3 Elemente aus 1 und 2
34 Dauer → Kommentar
   Der Beitrag bezieht sich überwiegend auf:
   1 Tagesereignis
   2 mehrtägiges Ereignis/längerfristige Entwicklung
   3 zeitlich nicht einzuordnenden Vorgang
35 Zeitform → Kommentar
   Der Beitrag bezieht sich überwiegend auf ein Geschehen/eine Entwicklung
   1 in der Vergangenheit
   2 unspezifisch in der Gegenwart
   3 am Erscheinungstag („heute")
   4 in der Zukunft
   5 ohne eindeutige zeitliche Einordnung
36 Erfolg/Mißerfolg → Kommentar
   Der Beitrag verweist explizit auf:
   1 Erfolg/positive Entwicklung/positives Ergebnis
   2 überwiegend positive Entwicklung, gleichzeitig aber auch auf negative Aspekte
   3 überwiegend negative Entwicklung / Mißerfolg / Schaden / Verletzung / Tod

37 Kontroverse
  Der Beitrag berichtet über Meinungsverschiedenheiten, Auseinandersetzungen, unterschiedliche Standpunkte...
  1 in institutionellem Rahmen (z.B. Ratssitzungen, Diskussionsveranstaltung, Verlautbarungen von Institutionen/Parteien, parteiinterne Kontroverse, Gerichtsverhandlung)
  2 in nicht-institutionalisierter Kontroverse (z.B. Demonstration, Forderungen von Bürgerinitiativen und vergleichbaren Gruppen, Auseinandersetzungen von Einzelnen mit Behörden und anderen Organisationen)
  3 in einem nicht eindeutig zu bestimmenden „Rahmen"
38 Ungewißheit
  1 Ungewißheit/Offenheit der weiteren Entwicklung wird ausgedrückt
39 Überraschung
  1 Überraschung über Zeitpunkt/Verlauf/Resultat des Geschehens wird ausgedrückt
Achtung! Bei den folgenden Variablen sollen erwähnte Personen dann nicht berücksichtigt werden,
▷ wenn es sich um Kunstfiguren handelt („Hamlet")
▷ wenn sie vor 1900 lebten
▷ wenn sie lediglich als Vergleichsmaßstab dienen („erinnert an X")
▷ wenn sie lediglich als Lebensstation erwähnt sind („lernte bei Y")
40 Auswärtige
  Von den erwähnten Personen sind eine oder mehrere als Person „von außerhalb" erkennbar (als jemand, der nicht in der Stadt lebt), und zwar in der Mehrzahl
  1 hier gastierende Künstler oder andere aktive Veranstaltungsteilnehmer
  2 sonstige Auswärtige
41 Ausländer
  1 Von den erwähnten Personen sind eine oder mehrere als Angehörige einer anderen Nation gekennzeichnet
42 Personalisierung: Überschrift → Kommentar
  ▷ Achtung: den jeweils höchsten Personalisierungsgrad eintragen!
In der Überschrift (auch Dach-, Unterzeile) wird...

> 5 Einzelperson(en) namentlich genannt
> 4 Einzelperson(en) in ihrer Funktion genannt
>   (z.B. Bürgermeister, Azubi, Fußballfan, Polizist)
> 3 Einzelperson(en) allgemein charakterisiert
>   (z.B. Frau, Kind, Türke, Unbekannter, 16jähriger)
> 2 eine Gruppe von Personen genannt (Ärzte, Schüler, Ausländer, Fußballfans, Katholiken, aber nicht: Grüne → 1)
> 1 Organisation(en) erwähnt (Kirchengemeinde, Verein, Partei, Verband, Unternehmen, Polizei...)

43 Personalisierung: Lead → Kommentar
   ▷ Achtung: den jeweils höchsten Personalisierungsgrad eintragen! Siehe Kasten S. 228
   Im ersten Absatz (Lead) des Textes wird...

   ▷ Achtung! Wenn im gesamten Beitrag keine Personen namentlich (mit Hausnamen) benannt werden, weiter mit Variable 48
44 Geschlecht
   Anzahl der Personen, die namentlich genannt werden:
   (neun und mehr = 9)
   a Frauen:
   b Männer:
   c nicht klassifizierbar:
45 Funktion → Kommentar
   Anzahl der Funktionsangaben bei Personen aus den folgenden Bereichen:
   (neun und mehr = 9)
   ▷ Wenn mehrere Funktionen pro Person angegeben werden, nur die jeweils erstgenannte berücksichtigen
   a politisches Mandat/Amt:
   b Vereinsamt/Verbandsamt:
   c Beruf/berufliche Position (außer „Künstler" → d):
   d künstlerischer Beruf/Tätigkeit:
   e sonstige Funktion(en):
46 Persönlicher Einfluß → Kommentar
   Von den Personen sind eine oder mehrere explizit ausgewiesen als
   ▷ Bis zu zwei Nennungen – Sind mehr als zwei der aufgeführten Einflußbereiche ausgewiesen: die beiden erstgenannten kodieren
   1 Inhaber politischer Ämter auf Bundes-/Landesebene
     (Staatsoberhaupt, Regierungsmitglied, Pertei-, Fraktionsvorstand)
   2 Repräsentant eines anderen Staates
     (Staatsoberhaupt, Politiker auf nationaler Ebene, Botschafter)
   3 leitender Repräsentant einer Bundes-/Landesbehörde
   4 Mandatsträger auf überlokaler Ebene (MdB, MdL)
   5 Inhaber politischer Ämter auf kommunaler Ebene
     (Bürgermeister, Fraktionsvorsitzender, Amtsleiter, Verwaltungschef, Dezernent)
   6 leitender Repräsentant örtlicher/regionaler Parteigliederungen, politischer Gruppen, Bürgerinitiativen
   7 leitender Repräsentant eines Verbandes
   8 leitender Repräsentant eines größeren Unternehmens
   9 leitender Repräsentant sonstiger Einrichtungen

47 Prominenz
Personen aus folgenden Bereichen werden genannt:
1 politische Prominenz (auf lokaler Ebene nur (Ober)Bürgermeister)
2 überregional bekannte Künstler, Medienprominenz, Wissenschaftler, Sportler
3 Prominenz aus 1 und 2
▷ Achtung, Klartextangabe!
Wenn Zahl kodiert wurde, Namen des/der Prominenten auf Kontrollbogen eintragen
48 Zu-Wort-Kommende → Kommentar
Anzahl der Personen (Gruppen, Organisationen), die im Beitrag zu Wort kommen (Zitat, indirekte Zitat); neun und mehr = 9:
– nach Geschlecht:
a Frauen:
b Männer:
c nicht klassifizierbar (auch: Organisationen, Gruppen):
– nach Funktionsangaben:
▷ bei mehreren Funktionsangaben pro Person, nur die erstgenannte Funktion kodieren
a politisches Mandat/Amt:
b Vereinsamt/Verbandsamt:
c Beruf/berufliche Position (außer „Künstler"):
d künstlerischer Beruf/Tätigkeit:
e sonstige Funktion(en):
49 Bewertung
Der Beitrag enthält explizit und konkret
1 Lob (positive Bewertung)
2 Lob und Kritik
3 Kritik (negative Bewertung)
▷ Achtung! Wurde keine Zahl kodiert, weiter mit Variable 52
50 Bewertender
Die bewertenden Personen/Institutionen sind folgenden Bereichen zuzuordnen:
1. Bewertender, Bereich:
2. Bewertender, Bereich:
▷ Gibt es mehr als zwei Bewertende, nur die beiden erstgenannten berücksichtigen. Werden bei einem Bewertenden mehrere Bereiche (Funktionen) erwähnt, nur die erstgenannte kodieren
0 Zeitung (bei Leserbrief 1-9 kodieren!)
1 polit. Amt, Mandat
2 Partei
3 sonstige politische Gruppe/Bürgerinitiative
4 Verband

5 Unternehmen
  6 Behörde/Verwaltung
  7 sonstige Organisation
  8 einzelner Bürger (Zugehörigkeit zu 0-7 nicht erkennbar)
  9 nicht klassifizierbar
1 Objekt
  Bewertet werden
  Objekt 1:
  Objekt 2:
  ▷ Bis zu zwei Nennungen – Werden mehr als zwei Objekte bewertet, dann nur die beiden zuerst genannten kodieren
  1 Einzel-Personen (identifiziert)
  2 Einzel-Personen (anonym)
  3 Personengruppen
  4 Behörde/Verwaltung/polit. Entscheidungsgremien
  5 Partei, politische Gruppe
  6 sonstige Organisation
  7 Projekt/Veranstaltung/Publikation
  8 Einrichtung
  9 allgemeine Situation/Lage
2 Kodierer-Nr.

* „nennenswerter Umfang" (bei Variablen 18-25, 27, 29):
ab 10 Zeilen bei WAZ, WR, WZ, WP – ab 8 Zeilen bei RN, MZ; bei Kurz-Beiträgen (bis 15 bzw. 12 Zeilen): 2/3 des Textes

.3 Kodierbuch Text – Kommentar

Plazierung
Als „Seite" gilt der bedruckte Teil einschließlich Titelkopf. Wenn sich die Überschrift zu gleichen Teilen in der unteren und oberen Seitenhälfte befinden: „1" kodieren.
Überschrift
- Bei Überschriften unter 0,5 Spaltenzentimeter wird auf 1 cm aufgerundet.
- Bei Bildunterschriften wird ein „Anlauf" in größerer Schrift nicht als Überschrift gewertet.
1 Rubrik
  ▷ Lokalspitze
  -RN: „Wenn Sie Balduin fragen"
  -WAZ: „Tremonius"
    Stadtteilztg. Aplerbeck...: „Nebenbei bemerkt"
    Stadtteilztg. Brackel...: „Schon gehört?"

-WR: „Guten Morgen"
-WZ Barmen-Ost aktuell: „Guten Tag!"
▷ Meinungsrubrik
In einigen Zeitungen erscheinen komplette Leserbriefseiten, die in der Seitenüberschrift entsprechend ausgewiesen sind. Auch in diesen Fällen wird eine Rubrikzugehörigkeit („2") kodiert.
▷ Thematisch gebundene Sammelrubrik
z.B. „Kulturelles", Termin-Rubrik, Gastronomie-Hinweise, „Schüler suchen Schüler", „Wir gratulieren"
▷ Unspezifische Sammelrubrik
z.B. „Kurz notiert", „Interessantes aus ...", „Namen und Notizen", „Dossiers", „Das lokale Tagebuch"
12 Darstellungsform
▷ Informierende Form I: Nachricht, Bericht, Info
▷ Informierende Form II: Reportage-Elemente überwiegen
Indikatoren für Reportagen sind die anschauliche Schilderung von Handlungen, die Verwendung des Präsens und der Ich-Form sowie eine überdurchschnittliche Länge des Beitrags.
▷ Kritik/Rezension
Meinungsäußernde Form zu kulturellen Veranstaltungen oder Publikationen. Mischform aus Bericht und Beurteilung.
14 Veranstaltung/Aktion
▷ kulturelle Veranstaltung/Unterhaltungsveranstaltung
Theater-, Kinoaufführung, Konzert, Show-Veranstaltung, Kunstausstellung...
▷ kirchlich-religiöse Veranstaltung
Gottesdienst, Prozession, Wallfahrt...
Bei kirchlichen Sammlungen oder Informationsveranstaltungen wird „0" bzw. „5" kodiert.
▷ Informationsveranstaltung
Vortrag, Tagung, Podiumsdiskussion, Fortbildung, Beratung, Kurse, Besichtigung, Ausstellungen, die nicht unter 1 (Kunst) oder 6 (Messe) fallen (z.B. Ausstellung „Bedrohte Tierwelt")
▷ Messe/Ausstellung
Schauveranstaltung mit Marktcharakter
16 Service
▷ Service-Notizen
Hierunter fallen im einzelnen auch: Impftermine, Wandertips, Mitteilungen über Öffnungszeiten, Veröffentlichungen von Gewinnlisten bei Wettbewerben
▷ Geschäftshinweis
Hierunter fallen auch nicht-kommerzielle Angebote
19 Räumliches Umfeld
Die Varibale bezieht sich auf das Verbreitungsgebiet der Zeitungsausgabe

und die nähere Umgebung. So wird z.B. ein Bauprojekt einer hiesigen Firma im Ausland nicht kodiert.

20 Umfeld-Geschehen
▷ Verkehrssituation
- wird nicht kodiert, wenn nur über einen einzelnen Vorfall (z.B. Unfall) ohne Konsequenz für den übrigen Verkehr berichtet wird.
- wird kodiert bei Berichten über Verkehrsstau, Veränderungen/Situation auf Verkehrswegen.

23 Wirtschaft/Finanzen
- wirtschaftliche Aktivitäten im nicht-staatlichen Bereich umfassen: Unternehmensgründung, Errichtung von Zweigniederlassungen, Produktion, Handel, Einstellung des Betriebes, Konkurs, Investitionen, Einstellungen, Entlassungen, Veränderungen der Produktpalette u.ä.
- wirtschaftliche Aktivitäten im staatlichen Bereich umfassen neben Maßnahmen zur Wirtschaftsförderung vor allem Aktivitäten, die im Zusammenhang mit der finanziellen Situation des Staates/der Gemeinde stehen: Haushaltsplanung, Steuereinnahmen, Veränderung der Hebesätze, Kreditaufnahme u.ä. – Einzelne Maßnahmen/Investitionen werden nur dann kodiert, wenn ein Zusammenhang zur wirtschaftlichen Situation hergestellt wird oder die anfallenden Einnahmen/Ausgaben genannt werden.

26 Situation
▷ namentlich benannte Einzelperson(en)
▷ anonyme Einzelperson(en)
Personen, die nicht mit vollem Familiennamen genannt sind, werden als anonyme Personen kodiert.

27 Organisationen
▷ wirtschaftlicher Interessenverband
Berufsverband, Kammer (z.B. IHK), Gewerkschaft, Unternehmerverband, Sparer-, Verbraucherverband, Mieter-, Hausbesitzerverein u.ä.
▷ Wohlfahrtsverband/Hilfswerk
Arbeiterwohlfahrt, Rotes Kreuz, Caritas u.ä.

28 Politik allgemein
▷ Politisches System
Aussagen zum politischen System insgesamt (Aufbau, Funktion), zu einzelnen Organen, zu Entscheidungsverfahren
▷ Wahlen...
allgemeine Wahlen zu Parlamenten

30 Forderung
Als Forderung/Absichtserklärung...
- wird nicht kodiert, „Die X-Partei will sich verstärkt für Verkehrsberuhigung einsetzen", da es sich nur um eine allgemeine Programmaussage und nicht um eine konkrete Absichtserklärung handelt. Dagegen

- wird kodiert: „Die X-Partei will sich für die Verkehrsberuhigung der Y-Straße einsetzen."
31 Überblick
Beispiele:
- Neben der Schilderung der Situation einer Aussiedlerfamilie werden statistische Angaben über die Zahl der Aussiedler gemacht.
- „Im ersten Quartal hat der Einzelhandel ein Prozent mehr als im Vorjahr umgesetzt".
32 Rückblick
▷ sonstige Entwicklung
Darstellung von Entwicklungen, die nicht den Lebenslauf einzelner Personen betreffen: z.B. Arbeitslosenzahlen, Geschäftsentwicklung...
Erfolgt lediglich ein kurzer Hinweis auf die Vergangenheit („Vergleichszahlen des Vorjahres in Klammern", „Gegründet wurde der Club 1930"), so wird „6" kodiert.
34 Dauer
▷ Tagesereignis
Geschehen, dessen Anfang und Ende klar abgrenzbar innerhalb eines Tages liegt. Dies gilt auch für ein abgegrenztes Geschehen eines mehrtägigen Ereignisses (z.B. ein Tag einer Gerichtsverhandlung).
35 Zeitform
▷ unspezifisch in der Gegenwart
Neben unspezifischen Angaben („in diesen Tagen") sind hier Berichte/Reportagen einzuordnen, die von sekundärer Aktualität sind, also eine über einen längeren Zeitraum gleichbleibende (typische) Situation schildern.
▷ am Erscheinungstag
▷ in der Zukunft
Erfolgt sowohl ein Hinweis auf den Erscheinungstag als auch auf einen zukünftigen Termin, wird „3" kodiert.
36 Erfolg/Mißerfolg
▷ Erfolg/positive Entwicklung...
Ehrung, Sieg, Glück, Gewinn, Rekord u.ä.
42 Personalisierung: Überschrift
43 Personalisierung: Lead
„Einzelpersonen" sind bis zu fünf zahlenmäßig genau zu bestimmende Personen.
Beispiele:
„Kind überfahren" → 3
„Sieben Kinder verletzt" → 2
„Kinder besonders gefährdet" → 2
45 Funktion
Amtsleiter, Dezernenten, Beigeordnete der Gemeindeverwaltung werden als „politisches Amt" (→ a) kodiert.

46 Persönlicher Einfluß
   Einzelne Zuordnungen:
   - Bei Staatssekretären, Bundesbeauftragten für..., Regierungspräsidenten
     → 3
   - Bei örtlichen Arbeitsamtsleitern → 5
   - Bei Vereinsvorsitzenden → 9
50 Zu-Wort-Kommende
   Leserbrief-Verfasser werden als Zu-Wort-Kommende erfaßt.

2 Bildanalyse

2.1 Kodieranweisung Bild: Untersuchungseinheiten

Untersuchungseinheit ist das einzelne Zeitungsbild (Foto, Zeichnung u.ä.) mi der zugehörigen Bildunterschrift.
▷ Bezieht sich die Bildunterschrift auf mehrere Bilder, so wird nur der Teil be rücksichtigt, der sich auf das jeweils analysierte Bild bezieht.
▷ Ein aus mehreren Fotos zusammengesetztes Bild (Foto-Kombination, Foto montage) wird als eine Untersuchungseinheit aufgefaßt.

2.2 Kodierbuch Bild

1   Zeitung/Zeitungsteil
2   Datum
3   Seite im jeweiligen Zeitungsteil
4   Beitragsnummer
5   Plazierung → Kommentar
    Das Bild befindet sich zum großen Teil auf der
    1 oberen Hälfte der Seite
    2 unteren Hälfte der Seite
6   Spalte
    Die linke Bildkante befindet sich in Spalte:
7   Breite des Bildes in mm → Kommentar
8   Höhe des Bildes in mm → Kommentar
9   Form → Kommentar
    1 Rechteck
    2 Rechteck mit Aussparung
    3 Rechteck und ausgestanzte Teile
    4 ausgestanzte Form
    5 Kreis
    6 sonstige Form
10 Farbe
    1 schwarz („schwarz-weiß")
    2 einfarbig, außer schwarz
    3 zweifarbig (schwarz + ...)
    4 mehrfarbig
11 Art → Kommentar
    1 Foto
    2 Fotomontage/Foto-Kombination

3 Fotografik
   4 Zeichnung: Karte, Lageplan
   5 sonstige Zeichnung
   6 nicht eindeutig klassifizierbar
   ▷ Wenn 4 oder 5 kodiert wurde, weiter mit Variable 26
12 Abbildungsmaße von Personen
   Abbildungsgröße derjenigen Person, die in der jeweiligen Bilddimension (Breite/Höhe) die größte Ausdehnung hat:
   -Breite in mm
   -Höhe in mm
13 Einstellungsgröße → Kommentar
   1 Detail/Groß
   2 mittlere Einstellungsgröße
   3 Weit
   4 nicht klassifizierbar
   ▷ Achtung!
   Wenn 1 kodiert wurde, weiter mit Variable 16
   Wenn 2 kodiert wurde, weiter mit Variable 17
   Wenn 3 kodiert wurde, weiter mit Variable 15
14 Reproduktion → Kommentar
   1 Schriftstück
   2 Modelldarstellung
   3 Kunstgegenstand
   4 nicht klassifizierbar
   ▷ Weiter mit Variable 26
15 Landschaft → Kommentar
   1 Naturlandschaft
   2 Stadtlandschaft
   3 Industrielandschaft
   4 nicht klassifizierbar
   ▷ Weiter mit Variable 26
16 Personen
   Sind Personen zu erkennen?
   1 Ja
   2 Nein
   ▷ Achtung! Wenn „Ja", dann weiter mit Variable 22
   Wenn „Nein", dann weiter mit Variable 25
17 Schauplatz → Kommentar
   Als Schauplatz ist eindeutig zu erkennen:
   01 „Natur": Wald, Park, Acker, natürliche Gewässer...
   02 Straße, Bürgersteig, Wege...
   03 andere Verkehrswege, -einrichtungen
   04 Baustelle

05 Gebäude (von außen)
06 Wohnraum
07 Fabrik (von außen), Betriebsgelände
08 Werkshalle (von innen), Arbeitsplatz
09 Verkaufsraum, Schalter, Messestand, Ausstellungsraum
10 Bewirtungsraum, Restaurant, Versammlungsraum (von innen)
11 anderer Schauplatz: (Klartextangabe: Kontrollbogen)
12 Schauplatz ist nicht eindeutig erkennbar
18 Gruppenbild → Kommentar
Ist das Bild ein Gruppenbild?
1 Ja
2 Nein
▷ Achtung! Wenn „Nein", dann weiter mit Variable 20
19 Gruppengröße
Wieviele Personen sind abgebildet?
1 bis zu fünf Personen
2 sechs bis zehn Personen
3 elf bis 15 Personen
4 mehr als 15 Personen
20 Personendominanz
Zumindest eine Person nimmt in einer Bilddimension (Höhe oder Breite)...
2 mind. 3/4 des Bildes ein
1 mind. die Hälfte des Bildes ein
0 Person nimmt weniger als die Hälfte des Bildes ein/
keine Personen abgebildet
▷ Wenn 0 kodiert wurde, weiter mit Variable 25
21 Aktion
Es sind folgende Aktivitäten von Personen erkennbar (bis zu vier Nennungen)
1 Bedienen eines Gerätes
2 Bearbeiten eines Werkstoffes
3 Spielen, sportliche Aktivität
4 Musizieren, künstlerische Aktivität
5 Reden, eine Rede halten
6 Auf etwas zeigen
7 Etwas in der Hand halten
8 Etwas übergeben, Händeschütteln
9 Andere Aktivität: (Klartextangabe: Kontrollbogen)
0 Stehen, Sitzen, Liegen, Gehen
22 Personenzahl
Bei der Anzahl der Personen werden nur solche Personen mitgezählt, die in einer Bilddimension (Höhe oder Breite) mindestens die Hälfte des Bildes einnehmen: (neun und mehr Personen = 9)
▷ Achtung! Wenn 9 kodiert wurde, weiter mit Variable 25

23 Geschlecht
   Von den bei Variable 22 gezählten Personen sind (Anzahl)
   -weiblich:
   -männlich:
   -nicht klassifizierbar:
24 Alter → Kommentar
   Von den bei Variable 22 gezählten Personen sind (Anzahl)
   a Kinder/Jugendliche bis ca. 14 Jahre:
   b ältere Jugendliche/junge Erwachsene:
   c Erwachsene (ca. 25 bis 60 Jahre):
   d Erwachsene, die weder unter „c" noch „e" eindeutig eingeordnet werden können:
   e Ältere Menschen (ab 60 Jahre):
   f nicht klassifizierbar:
25 Andere Einzelobjekte → Kommentar
   Folgende Objekte nehmen in einer Bilddimension (Höhe/Breite)
   a mind. die Hälfte des Bildes ein (bis zu drei Nennungen)
   b mind. 3/4 des Bildes ein (bis zu drei Nennungen)
   1 Tier(e)
   2 Pflanze(n)
   3 technisches Gerät, Werkzeug
   4 Verkehrsmittel, Transportmittel
   5 Musikinstrumente
   6 Andere Gebrauchsgegenstände
   7 Kunstobjekte (Objekte der bildenden Kunst)
   8 Schilder, Plakatwände, Graffiti u.ä.
   9 sonstige Gegenstände (Klartextangabe: Kontrollbogen)
26 Bildkontext → Kommentar
   Das Bild gehört zu
   1 einem vollständigen Artikel (mit eigener Überschrift)
   2 einem vollständigen Artikel innerhalb einer Rubrik/Serie
   3 einer Rubrik/Serie (als alleinstehendes Bild)
   4 einer Bilderserie ohne vollständigen Artikel
   5 Das Bild steht für sich allein (ggf. mit Bildunterschrift)
27 Bildtext
   Gehört zu dem Bild ein Bildtext (Bildunterschrift)?
   Als „Bildtext" zählt nicht ein vollständiger Artikel
   1 Ja
   2 Nein
   ▷ Achtung! Wenn „Nein", dann weiter mit Variable 39
28 Umfang der Bildunterschrift → Kommentar
   -Breite der Bildunterschrift in mm
   -Anzahl der Zeilen (neun und mehr = 9)

29 Informationsumfang
Die Bildunterschrift enthält
1 einfache Benennung von Personen/Gegenständen ohne zusätzliche Eigenschaftsangabe
2 einfache Bennennung mit zusätzlicher Eigenschaftsangabe oder: einfacher Aussagesatz
3 Aussagesatz mit Nebensatz... bis zu drei Aussagesätze
4 vier bis fünf Aussagesätze
5 mehr als fünf Aussagesätze
6 nicht klassifizierbar
30 Zusatzinformation
Enthält die Bildunterschrift Angaben zum Bild oder zu abgebildeten Objekten, die am Bild selbst nicht ohne weiteres nachgeprüft werden können? (z.B. Name, Alter, Funktionen, Gefühle, Ort, Zeit und Anlaß der Aufnahme)
1 Ja
2 Nein
31 Beschreibung → Kommentar
Beschreibt die Bildunterschrift das Bild: Sind eine oder mehrere Angaben am Bild direkt nachprüfbar?
1 Ja
2 Nein
32 Verallgemeinerung → Kommentar
Die Bildunterschrift
1 verallgemeinert, bietet eine Interpretation, die über den konkreten Bildinhalt deutlich hinausgeht
2 stellt etwas als beispielhaft/typisch/regelmäßig heraus
33 Personenidentifikation
Anzahl der Personen, die in der Bildunterschrift namentlich erwähnt werden: (neun und mehr = 9)
▷ Achtung! Wenn „0" kodiert wurde, weiter mit Variable 35
34 Namen: Geschlecht
Von den namentlich erwähnten Personen sind (Anzahl; neun und mehr = 9)
-weiblich:
-männlich:
-nicht klassifizierbar:
35 Funktionsangaben → Kommentar
Anzahl der Funktionsangaben (bei Personen) aus den folgenden Bereichen:
a politisches Mandat/Amt:
b Vereinsamt/Verbandsamt:
c Beruf/berufliche Position (außer „Künstler"):
d künstlerischer Beruf/Tätigkeit:
e Sonstige Funktion(en):

36 Handlungsbeschreibung → Kommentar
Enthält die Bildunterschrift eine Handlungsbeschreibung?
1 Ja
2 Nein
37 Raumangabe → Kommentar
Enthält die Bildunterschrift eine Ortsangabe?
1 Ja
2 Nein
38 Zeitangabe
Enthält die Bildunterschrift eine Zeitangabe?
1 konkret (auf einen Tag bezogen)
2 allgemein (jetzt, künftig, in der Vergangenheit…)
3 keine Zeitangabe
39 Bilderzahl
Anzahl der Bilder, die – neben dem hier erfaßten Bild – zu dem Beitrag gehören:
40 Kodierer-Nr.

2.3 Kodierbuch Bild – Kommentar

5 Plazierung
Als „Seite" gilt der bedruckte Teil einschließlich Titelkopf. Wenn sich das Bild zu gleichen Teilen in der unteren und oberen Seitenhälfte befindet, wird „1" kodiert.
7 Breite
8 Höhe
Wenn das Bild nicht rechteckig ist, wird die maximale Breite bzw. Höhe gemessen.
9 Form
Ausgestanzte Teile/Formen: Hervorhebung von Bildelementen (z.B. Person) durch Wegschneiden des Hintergrunds.
11 Art
▷ Foto:
wird auch dann kodiert, wenn die fotografierte Vorlage eine Zeichnung o.ä. ist.
▷ Fotomontage/Foto-Kombination:
aus mehreren Fotos zusammengesetztes Bild. Die einzelnen Elemente sind hierbei nicht durch unbedruckte Flächen voneinander getrennt. – Auf schwer erkennbare Montagen wird möglicherweise in der Bildunterschrift hingewiesen.
▷ Fotografik:
Reduktion der Halbtöne eines Fotos auf zwei Gegenpole (z.B. schwarz und weiß) zu optisch markanten Grafiken.

13 Einstellungsgröße
▷ „Detail-Groß" zeigt den Ausschnitt eines Menschen und zwar maximal ein Brustbild; wenn die Hände im Bild sind, wird in jedem Fall „2" kodiert. Bei Gegenständen oder Tieren gelten entsprechende Größenordnungen: z.B. der Kopf eines Pferdes, die bildfüllende Darstellung einer Katze oder einer Schreibmaschine.

▷ „Weit" zeigt einen größeren räumlichen Überblick ohne Hervorhebung einzelner Menschen/Gegenstände bis hin zu der Darstellung einer ganzen Landschaft, z.B. der Panorama-Aufnahme einer Stadt.

▷ Die „mittleren Einstellungsgrößen" liegen zwischen den Polen „Groß/Detail" und „Weit". Sie beginnen beim Menschen mit der Darstellung des gesamten Oberkörpers einschließlich der Arme und enden etwa bei der Darstellung eines Schauplatzes, bei der Personen/Gegenstände in einen größeren räumlichen Zusammenhang (z.B. Straße) gestellt werden.

▷ Nicht klassifizierbar ist die Einstellungsgröße bei Bildern, auf denen kein Indiz für die Größenordnung erkennbar ist.

Bei Foto-Kombinationen, die aus mehreren gleichartigen Fotos zusammengesetzt sind (z.B. Porträtsfotos), wird die Einstellungsgröße des einzelnen Teilbildes kodiert.

14 Reproduktion
Unter „Reproduktion" wird die Wiedergabe von Dokumenten, Gemälden u.ä. ohne räumlichen Kontext bzw. ohne andere Gegenstände/Personen verstanden. Als Reproduktion gelten dabei nicht nur Bilder von zweidimensionalen Vorlagen, sondern auch Bilder von Modelldarstellungen oder plastischen Kunstobjekte, sofern sie ohne Kontext abgebildet werden.

15 Landschaft
Als „Naturlandschaft" gilt: überwiegend unbebaute Fläche, auch Parks, Gewässer u.ä. – Bei klar erkennbaren Industrieanlagen oder einer dichten Bebauung wird „Industrie-" bzw. „Stadtlandschaft" kodiert, auch wenn auf der Bildfläche Elemente der „Naturlandschaft" überwiegen.

17 Schauplatz
Ein „Schauplatz" wird nur kodiert, wenn er eindeutig zu erkennen ist. Keine Schlüsse von Einzelteilen auf das Ganze. Beispiel: Von einem einzelnen Tisch mit Bier trinkenden Personen nicht auf Bewirtungsraum schließen, sofern dieser nicht selbst erkennbar ist.

18 Gruppenbild
Ein Gruppenbild ist ein Foto, auf dem drei und mehr Personen frontal ohne räumlichen Kontext abgebildet sind.

24 Alter
Bei der Abschätzung des Alters können entsprechende Angaben im zugehörigen Text hinzugezogen werden.

25 Andere Einzelobjekte
Als „Einzelobjekte" sind Gegenstände in der Größenordnung der angegebenen Liste zu verstehen. Gebäude, Verkehrswege u. ä. gelten nicht als Einzelobjekte, sondern sind Merkmale des Schauplatzes.

26 Bildkontext
▷ Rubriken sind wiederkehrende Beitragsformen, die durch Überschrift/Grafik besonders gekennzeichnet sind.
▷ Bild steht für sich allein: Bilder werden auch dann als „alleinstehend" kodiert, wenn der Beitrag mit einer Überschrift versehen ist, vorausgesetzt daß der Text weniger als die Hälfte der Bildfläche einnimmt und die Schriftart/Schriftgröße des Textes von der „normalen" Schrift für Artikel abweicht. Dieser Text gilt dann als „Bildtext".

28 Umfang der Bildunterschrift
Anzahl der Zeilen bei Textanfang in größerer Schrift oder bei Überschrift: Es zählen nur die Zeilen in normaler Schriftgröße. Die Autorenzeile wird nicht mitgezählt. – Bezieht sich die Bildunterschrift auf mehrere Bilder, ohne daß Teile eindeutig einem Bild zugeordnet werden können, so wird die Anzahl der Zeilen durch die Anzahl der Bilder dividiert.

31 Beschreibung
Orts-, Namensangaben und ähnliches sind an den Bildern nicht nachzuprüfen! - Im folgenden Beispielen hat lediglich der kursiv gedruckte Teil beschreibenden Charakter (sofern er auf dem Bild wirklich zu erkennen ist):
„Ein Militär-LKW und eine Straßenbahn verkeilten sich gestern bei einem Unfall auf der XY-Straße. Fünf Personen wurden verletzt."

32 Verallgemeinerung
▷ 1 – Beispiele: „Frühling" als Text zur Abbildung eines Krokusses; „Wenig Interesse an der Wahl" zu einem Bild, das einige Menschen vor einem Wahlplakat zeigt.
▷ 2 – Beispiele: „Um die Jahrhundertwende wurden die Fassaden häufig mit Ornamenten versehen"; „Der Intercity 345 fährt jetzt täglich Richtung Süden".

35 Funktionsangaben
▷ politisches Amt/Mandat: Neben Ratsmitgliedern, Bürgermeistern, Ministern... werden auch Amtsinhaber aus der Verwaltung erfaßt: Amtsleiter/Dezernent in der Gemeindeverwaltung, Polizeipräsident.
„Einfache" Mitglieder (Partei, Verein...) werden unter „e" (Sonstige Funktionen) erfaßt.

36 Handlungsbeschreibung
Als Handlung ist eine von Personen vorgenommene konkrete Aktion zu verstehen. Als Handlung gelten nicht:
- Formulierungen, die keine konkrete Handlung beschreiben: „Der Vorsitzende ehrte die Jubilare"; „Hunderte von Taubenfreunden kamen und trafen sich..."

- Passiv-Konstruktionen: „Dieser Baum wurde gestern gefällt"
37 Raumangabe
Als Ortsangaben zählen nicht bloße Herkunftsangaben („Die Wupperta Oberbürgermeisterin", „XY vom Sportclub Menden").

3 Verläßlichkeit der Kategorien

Als Merkmal der Verläßlichkeit wurde die Kodierer-Übereinstimmung (Intercoderreliabilität) getestet. An der Text- und Bildanalyse waren jeweils zwei Kodierer beteiligt, die in dem Test zunächst eine Zufallsauswahl von 40 Texten bzw. 40 Bildern aus allen untersuchten Zeitungen unabhängig voneinander bearbeiteten. Mit dieser Grundauswahl wurde die Kodierer-Übereinstimmung für jene Variablen berechnet, die obligatorisch bei jedem Beitrag erfaßt werden.

Für einen Großteil der Variablen mußte diese Grundauswahl ergänzt werden:

A. Unter den ausgewählten Texten war (entsprechend der Quote im gesamten Untersuchungsmaterial) ein recht hoher Anteil kurzer Veranstaltungsankündigungen und anderer Service-Mitteilungen, deren Bearbeitung bereits mit Variable 17 beendet wird. Um eine angemessene Anzahl von Fällen für die nachfolgenden Variablen zu erhalten, wurde das Testsample auf 80 Beiträge aufgestockt. Eine spezielle Auswahl wurde für die Variablen zusammengestellt, die erwähnte Personen und Zu-Wort-Kommende erfassen.

B. Beim Test zur Bildanalyse war zu berücksichtigen, daß ein verzweigtes, in mehreren Schritten differenzierendes Variablenschema eingesetzt wurde, mit dem die Einstellungsgrößen und Bildtypen näher bestimmt werden sollten (vgl. Kapitel 5.2). Für eine Reihe von Variablen lag bedingt durch diese Verzweigung keine ausreichende Zahl von Fällen vor, um den Test durchzuführen. Für die meisten dieser Variablen wurden deshalb spezielle Testsample mit jeweils 30 Bildern zusammengestellt.

Für je zwei Variablen von Text- und Bildanalyse mit sehr geringer Besetzung wurde auf eine Prüfung der Kodierer-Übereinstimmung verzichtet.

Berechnung der Koeffizienten

Für alle Variablen mit dem Meßniveau einer Ordinalskala bzw. Intervall-/Ratioskala wurde die Übereinstimmung der Kodierer durch Produkt-Moment-Korrelation berechnet. Für die Variablen mit dem Meßniveau einer Nominalskala wurde der Prozentsatz gemeinsamer Entscheidungen ermittelt: die Zahl der übereinstimmenden Kodierentscheidungen wurde durch die Zahl aller Entscheidungen beider Kodierer dividiert.

Bei der Textanalyse ist für die meisten inhaltlichen Variablen eine Nichtentscheidung für die vorgegebenen Kategorien sinnvoll zu interpretieren („entfällt", „keine Ausprägung"). Entsprechende Kodierentscheidungen wurden daher auch beim Test berücksichtigt.

Bei einigen Variablentypen mußte wegen der Möglichkeit einer partiellen Übereinstimmung definiert werden, welche Fälle als Übereinstimmung gewertet werden und welche nicht. Es wurde jeweils eine maximale Übereinstimmung zugrunde gelegt:
▷ Bei drei Variablen der Textanalyse (14, 27, 46) und zwei Variablen der Bildanalyse (21, 25) sind Mehrfachantworten vorgesehen; Bei der Berechnung des Koeffizienten wurde als Übereinstimmung der Kodierer gewertet, wenn alle Kodierungen übereinstimmten.
▷ Die thematische Struktur der Textbeiträge wird durch mehrere Variablen erfaßt (18 bis 25), die bei der Dateninterpretation (vgl. Kapitel 7.3) auch als Komplex aufgefaßt werden; entsprechend wurde auch die Verläßlichkeit auf diesem Niveau getestet.

Textanalyse

1-4	Kontrollvariablen		40	Auswärtige	1.00
5	Plazierung	.95	41	Ausländer	1.00
6	Spalte	.95	42	Personalisierung:	
7	Breite	.98		Überschrift	.90
8	Bilderzahl	1.00	43	Personalisierung:	
9	Überschrift	.99		Lead	.96
10	Text-Umfang	.99	44	Geschlecht	
11	Rubrik	(1.00)		-Frauen	.79
12	Darstellungsform	.90		-Männer	.93
13	Sonderform	(1.00)		-nicht klass.	-
14	Veranstaltung	.71	45	Funktion	
15	Sitzung	(.93)		-poltisches Amt...	.79
16	Service	.95		-Vereinsamt...	.72
17	Kurzinfo	.95		-Beruf/Position	.43
18-25	Thematische	.54		-Künstler	.75
	Einordnung	‹.62›		-sonstige Funktion	.69
26	Situation	.63	46	Persönl. Einfluß	.82
27	Organisation	.69	47	Prominenz	(1.00)
28	Politik	(.95)	48	Zu-Wort-Kommende	
29	Kommunalpolitik	1.00		-Frauen	.98
30	Forderung	.95		-Männer	.88
31	Überblick	.72		-nicht klass.	.28
32	Rückblick	(.74)		-politisches Amt...	.76
33	Ausblick	.72		-Vereinsamt...	.72
34	Dauer	.69		-Beruf/Position	.74
35	Zeitform	.77		-Künstler	1.00
36	Erfolg/Mißerfolg	(.74)		-sonstige Funktion	.27
37	Kontroverse	(.92)	49	Bewertung	(.90)
38	Ungewißheit	.92	50	Bewertender	-
39	Überraschung	1.00	51	Objekt	-
			52	Kontrollvariable	

Als Übereinstimmung der Kodierer wurde gewertet, wenn alle Kodierungen der acht thematischen Variablen übereinstimmten. In eckigen Klammern ‹ › ist zusätzlich der Koeffizient angegeben für die Übereinstimmung der Themenbereiche: Hier wurde als Übereinstimmung der Kodierer gewertet, wenn die Kodierung ‹Themenbereich wird angesprochen bzw. nicht angesprochen› für alle der oben genannten Variablen übereinstimmte, ohne daß die angegebene Kategorie innerhalb eines Themenbereichs übereinstimmen mußte.

Interpretation der Koeffizienten

Die Übereinstimmung zwischen den Kodierern wird nach den genannten Berechnungsverfahren in einem Koeffizienten ausgedrückt, dessen Wert in der Regel zwischen 1 (völlige Übereinstimmung) und 0 (keine übereinstimmende

Bildanalyse

1-4	Kontrollvariablen		25	Andere Einzelobjekte	
5	Plazierung	.97		-1/2 des Bildes	.58
6	Spalte	1.00		-3/4 des Bildes	.84
7	Breite	.99	26	Bildkontext	.79
8	Höhe	.99	27	Bildtext	.92
9	Form	1.00	28	Umfang Bildzeile	
10	Farbe	1.00		-Breite	.94
11	Art	1.00		-Zeilen	1.00
12	Abbildungsmaße		29	Informationsumfang	.77
	von Personen	.99	30	Zusatzinformation	1.00
13	Einstellungsgröße	.92	31	Beschreibung	.82
16	Personen	.97	32	Verallgemeinerung	.66
17	Schauplatz	.90	33	Personenidentifikat.	.99
18	Gruppenbild	.94	34	Namen: Geschlecht	
19	Gruppengröße	.95		-weiblich	.97
20	Personendominanz	.84		-männlich	1.00
21	Aktion	.73		-nicht klass.	1.00
22	Personenzahl	.84	35	Funktionsangaben	
23	Geschlecht			-politisches Amt...	.74
	-weiblich	.85		-Vereinsamt...	.82
	-männlich	.86		-Beruf/Position	.66
	-nicht klass.	.21		-Künstler	–
24	Alter			-sonstige Funktion	–.16
	-Kinder	.69	36	Handlungsbeschreib.	.76
	-ältere Jugendliche	1.00	37	Raumangabe	.64
	-Erwachsene	.92	38	Zeitangabe	.58
	-Ältere Menschen	.86	39	Bilderzahl	.49
	-Alte Menschen	.62	40	Kontrollvariable	
	-nicht klass.	1.00			

Kodierentscheidung) liegt. In einem Fall wurde auch ein negativer Wert berechnet, der auf eine gegenläufige Kodierung verweist und mit dem Residualcharakter jener Teilvariable zusammenhängt (s. Bildanalyse Variable 35 e).

Bei der Interpretation der Koeffizienten ist zu berücksichtigen, daß einige Variablen implizit eine zweistufige Aussage enthalten. Es wird (a) erfaßt, ob ein Merkmal zutrifft, und (b) im Fall der Bejahung genauer charakterisiert. Bei einigen dieser Variablen überwog der Anteil der Verneinungen derart, daß eine hohe Übereinstimmung keine Aussage über die Zuverlässigkeit der differenzierenden Kategorien enthält. Die Koeffizienten dieser Variablen werden in runden Klammern wiedergegeben.

Die Variablen 36 bis 39 der Bildanalyse weisen eine deutlich niedrigere Kodierer-Übereinstimmung im Vergleich zur Prüfung vor der Erhebung auf. Als Ursache hierfür konnte ein verändertes Kodierverhalten eines Kodierers bei diesen Variablen im Verlauf der Untersuchung festgestellt werden. Diese Variablen wurden einer Kontrollkodierung unterzogen.

Bibliographie

Adloff, Liselotte (1939)
Der lokale Teil der Berliner Presse von seinen Anfängen bis zum Jahr 1848, Würzburg 1939.

Arbeitsgemeinschaft für Kommunikationsforschung (1973)
Journalismus und kommunale Öffentlichkeit, Materialien VI: Lernziele für die Ausbildung von Lokaljournalisten, Bearbeiter: Franz Ronneberger/ Claus-Peter Mayer, in: Bundeszentrale für politische Bildung (Hrsg.), Hausmitteilungen, Journalisten 6, Bonn 1973.

Arbeitsgemeinschaft für Kommunikationsforschung (1981)
Der Lokalteil der Zeitung, o.O., o.J. (unveröfftl. Druckvorlage 1981).

Archer, Dane u.a. (1983)
Face-ism: Five Studies of Sex Differences in Facial Prominence, in: Journal of Personality and Social Psychology, Bd.45, 1983, S.725-735.

Archer, Dane u.a. (1985)
Männer-Köpfe, Frauen-Körper: Studien zur unterschiedlichen Abbildung von Frauen und Männern auf Pressefotos, in: Christiane Schmerl (Hrsg.), In die Presse geraten: Darstellung von Frauen in der Presse und Frauenarbeit in den Medien, Köln usw. 1985, S.53-75.

Arzberger, Klaus/Manfred Murck/Randolph Vollmer (1980)
Bürger, Presse und Eliten, in: Projektteam Lokaljournalisten (Hrsg.), Materialien für Lokaljournalisten, Teil 1, München 1980 (Loseblattsammlung, 2. Ergänzungslieferung), S.84-143.

Austermann, Anton (1985)
Polemische Anmerkungen zur Wissenschaftsberichterstattung in der Lokalpresse einer Universitätsstadt, in: Publizistik, 30.Jg. 1985, S.17-24.

Bauer, Eckhart (1972)
Integration als Wunsch und Wert in der Soziologie der Stadt: Versuch einer Ideologiekritik, in: Hermann Korte (Hrsg.), Soziologie der Stadt, München 1972, S.38-76.

Baumann, Hans D. (1980)
Bedingungen der Darstellungsfunktion von Bildern, o.O. 1980 (Diss. Kassel).

Baumgartner, Günter (1978)
Physiologie des zentralen Sehsystems, in: Günter Baumgartner u.a., Sehen, München usw. 1978, S.263-356.

Begemann, Marianne (1982)
Zur politischen Funktion der Lokalpresse: Ein gemischt normativ-empirischer Erklärungsansatz, Münster 1982 (Diss.).

Beifuß, Hartmut/Jochen Blume/Friedrich Rauch (1984)
Bildjournalismus: Ein Handbuch für Ausbildung und Praxis, München 1984.
Benninghaus, Hans (1974)
Deskriptive Statistik, Stuttgart 1974.
Benzinger, Josef-Paul (1980)
Lokalpresse und Macht in der Gemeinde: Publizistische Alleinstellung von Tageszeitungen in lokalen Räumen, Nürnberg 1980.
Binder, Elisabeth (1983)
Die Entstehung unternehmerischer Public Relations in der Bundesrepublik Deutschland, Münster 1983.
Blankenburg, Erhard/Ursula Kneer/Regina Theis (1970)
Auswirkungen lokaler Pressekonzentration, Freiburg 1970.
Bohrmann, Hans/Rolf Sülzer (1973)
Massenkommunikationsforschung in der BRD, in: Jörg Aufermann u.a. (Hrsg.), Gesellschaftliche Kommunikation und Information, Bd.1, Frankfurt/M 1973, S.83- 120.
Boltanski, Luc (1981)
Die Rhetorik des Bildes, in: Pierre Bourdieu u.a., Eine illegitime Kunst: Die sozialen Gebrauchsweisen der Photographie, Frankfurt/M. 1981, S.137-163.
Bourdieu, Pierre (1981)
Die gesellschaftliche Definition der Photographie, In: Pierre Bourdieu u.a., Eine illegitime Kunst: Die sozialen Gebrauchsweisen der Photographie, Frankfurt/M. 1981, S.85-109.
Bredow, Wilfried von/Hans-Friedrich Foltin (1981)
Zwiespältige Zufluchten: Zur Renaissance des Heimatgefühls, Berlin usw. 1981.
Brendel, Detlef/Bernd E. Grobe (1976)
Journalistisches Grundwissen, München 1976.
Brög, Hans (1979)
Erweiterung der allgemeinen Semiotik und ihre Anwendung auf die Life-Photographie, Kastellaun 1979.
Broichhausen, Klaus (1976)
Das WAZ-Modell für Blätter unterschiedlicher Couleur, in: Edit, Jg. 1976, S.20- 24.
Browne, Donald R. (1983)
Media Entertainment in the Western World, in: L. John Martin u.a. (Hrsg.), Comparative Mass Media Systems, New York 1983, S.187-208.
Brüseke, Franz/Hans-Martin Große-Oetringhaus (1981)
Blätter von unten: Alternativzeitungen in der Bundesrepublik, Offenbach 1981.
Bücken, Hajo/Hans Giffhorn/Volker Triebold (1981)
Zeitung selber machen: Gestaltung – Technik – Alternative Presse, Stuttgart 1981.

Bundeszentrale für politische Bildung (1983 /Hrsg.)
Politik in der Gemeinde, Informationen zur politischen Bildung Nr.197, Bonn o.J. ‹1983›.

Bürgi, Jürg (1981)
Die tägliche Missachtung des Lesers: Eine Untersuchung der Lokalberichterstattung der ›Basler Zeitung‹, in: Michael Haller u.a. (Hrsg.), Eine deformierte Gesellschaft: Die Schweizer und ihre Massenmedien, Basel 1981, S.79-101.

Burger, Harald (1984)
Sprache der Massenmedien, Berlin usw. 1984.

Buse, Michael/Wilfried Nelles/Reinhard Oppermann (1977)
Determinanten politischer Partizipation: Theorieansatz und empirische Überprüfung am Beispiel der Stadtsanierung Andernach, Meisenheim/Glahn 1977.

Bystrina, Ivan (1981)
Kulturelle und filmische Codes, in: Günter Bentele (Hrsg.), Semiotik und Massenmedien, München 1981, S.298-313.

Chill, Hanni (1983)
Mein Gott, bin ich wichtig! Schreiben darf man nur, was der kleinen Welt nicht schadet, in: Die Zeit, 38.Jg., 24.6.1983, S.46.

Conrad, Erich (1935)
Die Entwicklung des kommunalen Teils der größeren Leipziger Tageszeitungen in der zweiten Hälfte des 19. Jahrhunderts, o.O. 1935 (Diss. Leipzig).

Delgado, J. Manuel (1972)
Die „Gastarbeiter" in der Presse: Eine inhaltsanalytische Studie, Opladen 1972.

Dietz, Heinrich (1982)
Die Welt ins Bild setzen..., in: Gerd-Klaus Kaltenbrunner (Hrsg.), Bilderflut und Bildverlust: Für eine Kultur des Schauens, Freiburg usw. 1982, S.79-91.

Dorsch, Petra E. (1978a)
Lokalkommunikation: Ergebnisse und Defizite der Forschung, in: Publizistik, 23.Jg. 1978, S.189-201.

Dorsch, Petra E. (1978b)
‹Buchbesprechung zu Wolfgang Stofer (1975)›, in: Publizistik, 23.Jg. 1978, S.273-275.

Dorsch, Petra E. (1984)
Die Zeitung, Medium des Alltags: Monographie zum Zeitungsstreik, München 1984.

Dorsch, Petra E./Otto B. Roegele (1978)
„Donau Kurier" (Ingolstadt) – eine Zeitung mit Lokalmonopol, in: Presse- und Informationsamt der Bundesregierung, Kommunikationspolitische und kommunikationswissenschaftliche Forschungsprojekte der Bundesregierung (1974- 1978), Bonn 1978, S.159-166.

Dovifat, Emil (1976)
Zeitungslehre, Bd.2, neubearbeitet von Jürgen Wilke, Berlin usw. 1976.
Drescher, Thomas (1986)
Kabelfunk Dortmund, in: Hans-Bredow-Institut (Hrsg.), Internationales Handbuch für Rundfunk und Fernsehen 1986/87, Baden-Baden 1986, S. B149-B151.
Durth, K. Rüdiger (1974)
Defizite in der lokalen Berichterstattung, in: Der Journalist, 24.Jg. 1974, Nr.3, S.24-25.
Ehmer, Hermann K. (1975)
Von Mondrian bis Persil, in: Hermann K.Ehmer (Hrsg.), Visuelle Kommunikation: Beiträge zur Kritik der Bewußtseinsindustrie. Köln ‹6› 1975, S.79-212.
Ellwein, Thomas/Ralf Zoll (1982)
Wertheim: Politik und Machtstruktur einer deutschen Stadt, München 1982.
Endulat, Michael (1985)
Pressefotos als Element lokaler Berichterstattung, o.O. 1985 (M.A.-Arbeit Münster).
Feddersen, Harald (1941)
Die Berliner Heimatpresse: Entwicklung – Inhalt – Wirkung, Frankfurt 1941.
Flug, Klaus (1980)
Ohne Optimismus aber mit Zuversicht in die 80er Jahre ‹Interview›, in: ZV+ZV, 77.Jg.1980, S.1242.
FORSA Gesellschaft für Sozialforschung u. statistische Analysen (1986)
Politik in Dortmund 1986: Meinungen und Urteile der Bürger, o.O. (Dortmund) 1986 (vervielfältigt).
Frahm, Eckart (1976)
Lokalzeitungen: kleine heile Welt? In: Medium, 6.Jg. 1976, Nr.10, S.7-13.
Frahm, Eckart (1980)
Lokalredakteure – Blinde als Anwälte? In: Wolfgang R. Langenbucher (Hrsg.), Lokalkommunikation, München 1980, S.83-104.
French, Marilyn (1982)
Frauen (Roman), Reinbek 1982.
Freund, Gisèle (1976)
Photographie und Gesellschaft. München 1976.
Frings, Bert (1969)
Moderner Umbruch – auch im Lokalteil! In: Emil Dovifat u.a. (Hrsg.): Journalismus, Bd.5, Düsseldorf 1969, S.79-86.
Fritsch, Michael (1983)
Informationsquellen im lokalen Bereich: Probleme der Materialbeschaffung, -bearbeitung und Verwendung in der Außenredaktion einer nordrhein-westfälischen Regionalzeitung, Bochum 1983.
Früh, Werner (1981)
Inhaltsanalyse, München 1981.

Fuchs, Wolfgang A. (1984)
Presse und Organisationen im lokalen Kommunikationsraum: Eine empirische Analyse publizistischer Aussagengenese, Augsburg 1984.

Galtung, Johan/Mari Holmboe Ruge (1965)
The Structure of Foreign News: The Presentation of the Congo, Cuba and Cyprus Crises in Four Norwegian Newspapers, in: Journal of Peace Research, Jg. 1965, S.64-91.

Golombek, Dieter (1983)
Plädoyer für einen kritischen Lokaljournalismus, in: Die Zeitung, 11.Jg. 1983, Nr.11/12, S.4-5.

Groth, Otto (1915)
Die politische Presse Württembergs, Stuttgart 1915; nachgedruckt in: Winfried Schulz (Hrsg.), Der Inhalt der Zeitungen, Düsseldorf 1970, S.99-128.

Groth, Otto (1928)
Die Zeitung: Ein System der Zeitungskunde, Bd.1, Mannheim usw. 1928.

Gruner, Dieter (1984)
Europas Zeitungsparadies, in: Märkischer Kreis, Sonderdruck aus Westfalenspiegel 1/84, S.12.

Gunkel, Rudolf (1943)
Der Lokalteil der Münchener Presse von 1848 bis 1870, München 1943 (Diss.).

Haenisch, Horst/Klaus Schröter (1971)
Zum politischen Potential der Lokalpresse, in: Ralf Zoll (Hrsg.), Manipulation der Meinungsbildung, Opladen 1971, S.242 -279.

Härlin, Benny (1982)
Randbilder, in: Ernst Volland (Hrsg.), Gefühl und Schärfe: Fotos für die TAZ, Berlin 1982.

Hagemann, Walter (1958)
Der Wochenrhythmus der Westdeutschen Tagespresse, in: Publizistik, 3.Jg. 1958, S.259-271.

Hall, Stuart (1973)
The determination of news photography, in: Stanley Cohen/Jock Young (Hrsg.), The manufacture of news: Social problems, deviance and the mass media, London 1973, S.176-190.

Haller, Michael/Max Jäggi/Roger Müller (1981)
Ist das Rathaus höher als der Kirchturm? Eine vergleichende Inhaltsanalyse des Lokalteils der Zürcher Tagespresse: Zerrbilder der Wirklichkeit, in: Michael Haller u.a.(Hrsg.), Eine deformierte Gesellschaft: Die Schweizer und ihre Massenmedien, Basel 1981, S.102-125.

Hamburger Medientage (1977)
Die Zukunft der Zeitung: Die Dokumentation der Hamburger Medientage 1977, Hamburg 1977.

Hickethier, Knut (1975)
Lexikon der Grundbegriffe der Film- und Fernsehsprache, in: Joachim Paech (Hrsg.), Film- und Fernsehsprache 1, Frankfurt/M. usw. 1975, S.45-57.

Hippler, Hans-Jürgen/Albrecht Kutteroff (1981)
Zum räumlichen Bezug von Massenkommunikation, in: Werner Schulte (Hrsg.), Soziologie in der Gesellschaft: Referate ‹...› beim 20.Deutschen Soziologentag ‹...› 1980, Bremen 1981, S.861-865.

Holtmann, Everhard (1984)
Der Kirchtum hat nur noch Symbolcharakter, in: Die Zeitung, 12.Jg. 1984, Nr.9, Dezember 1984, S.3

Horn, Wolfgang/Herbert Kühr (1978)
Kandidaten im Wahlkampf: Kandidatenauslese, Wahlkampf und lokale Presse 1975 in Essen, Meisenheim am Glan 1978.

Horstmann, Reinhold (1985)
Journalistische Berufsnorm versus redaktionelle Linie, in: Publizistik, 30.Jg. 1985, S.299-313.

Huber, Rudolf (1986)
Redaktionelles Marketing für den Lokalteil: Die Zeitungsregion als Bezugspunkt journalistischer Themenplanung und -recherche, München 1986.

Hundt, Herbert O. (1935)
Das Pressewesen im märkischen Sauerland, Plettenberg 1935 (Diss. Leipzig).

Hüther, Jürgen/Hildegard Scholand/Norbert Schwarte (1973)
Inhalte und Strukturen regionaler Großzeitungen, Düsseldorf 1973.

Institut für Zeitungswissenschaft der Universität München (1975)
DONAU KURIER Ingolstadt: Eine Zeitung mit Lokalmonopol. Eine Untersuchung des Hauptseminars des Instituts für Kommunikationswissenschaft (Zeitungswissenschaft), Leitung: O.B. Roegele, wissenschaftliche Bearbeitung: Petra E. Dorsch, München 1975 (vervielfältigt).

Jarren, Otfried (1984a)
Defizite, die bleiben werden: Möglichkeiten lokaler Kommunikation durch „Neue Medien", in: Medium, 14.Jg. 1984, Nr.7/8, S.12-17.

Jarren, Otfried (1984b)
Kommunale Kommunikation: Eine theoretische und empirische Untersuchung kommunaler Kommunikationsstrukturen unter besonderer Berücksichtigung lokaler und sublokaler Medien, München 1984.

Informationsgemeinschaft zur Feststellung der Verbreitung von Werbeträgern (IVW) (Hrsg.)
Auflagenliste 1/1986, Bonn 1986.

Kaiser, Ulrike (1986)
Lokalpresse – wohin? in: Journalist, 37.Jg. 1986, Nr.1, S.9.

Kallinich, Joachim (1977)
Fotografieren – Probleme der empirischen Untersuchung einer populären ästhetischen Praxis, in: Ästhetik und Kommunikation, 8.Jg. 1977, Heft 28, S.19-24.

Kaltenbrunner, Gerd-Klaus (1982 /Hrsg.)
Bilderflut und Bildverlust: Für eine Kultur des Schauens, Freiburg usw. 1982.

Kasper, Josef (1979)
Belichtung und Wahrheit: Bildreportage von der Gartenlaube bis zum Stern, Frankfurt usw. 1979.

Kiefer, Marie-Luise (1987)
Massenkommunikation 1964 bis 1985: Trendanalyse zur Mediennutzung und Medienbewertung, in: Media Perspektiven, Jg.1987, S.137-148.

Kieslich, Günter (1969)
Vorwort, in: Emil Dovifat u.a.(Hrsg.): Journalismus, Bd.5, Düsseldorf 1969, S. 5-6.

Kieslich, Günter (1972)
Lokale Kommunikation, in: Publizistik 17.Jg. 1972, S.95-101.

Kistermann, Manfred (1982)
Der Bildjournalist, in: Peter Brand u.a.(Hrsg.), Medienkundliches Handbuch: Die Zeitung, Braunschweig 1982, S.97-99.

Klaue, Siegfried/Manfred Knoche/Axel Zerdick (1980 /Hrsg.)
Probleme der Pressekonzentrationsforschung: Ein Experten-Colloquium an der Freien Universität Berlin, Baden-Baden 1980.

Kleemann, Maksut (1987)
Bericht zur Halbzeit des Kabelpilotprojekts Dortmund, in: Rundfunk und Fernsehen, 35.Jg. 1987, S.229-237.

Kluwe, Vincent (1982)
Gestaltung in der Fotografie und ihre Bildwirkung: Aspekte einer theoretisch und empirisch orientierten Fotosemiotik, Berlin 1982 (Diss.).

Knemeyer, Franz-Ludwig/Paul Wengert (1978)
Kommunen und Medien, Stuttgart 1978.

Knoche, Manfred (1968)
Kommentar und Kritik im Lokalteil der Tagespresse in der Bundesrepublik Deutschland, in: Publizistik, 13.Jg.1968, S.348-359.

Knoche, Manfred (1978)
Einführung in die Pressekonzentrationsforschung: Theoretische und empirische Grundlagen – kommunikationspolitische Voraussetzungen, Berlin 1978.

Knoche, Manfred/Winfried Schulz (1969)
Folgen des Lokalmonopols von Tageszeitungen, in: Publizistik, 14.Jg. 1969, S.298-310.

Koller, Barbara (1978)
Lokalzeitungen in Wettbewerb- und Monopolsituation: Bedingungen in den Redaktionen und das Verhältnis zu Lokalhonoratioren, in: Manfred Rühl u.a. (Hrsg.), Politik und Kommunikation, Nürnberg 1978, S.273-293.

Kopper, Gerd G. (1982)
Massenmedien: Wirtschaftliche Grundlagen und Strukturen. Analytische Bestandsaufnahme der Forschung 1968-1981, Konstanz 1982.

Koszyk, Kurt/Bernd E. Grobe (1978)
Publizistik im Ruhrgebiet/Zeitungsstruktur im Ruhrgebiet: Eine Studie zur Mediennutzung, Medienbeurteilung und Leser-Blatt-Bindung der Abonnenten von Regionalzeitungen (Zusammenfassung), in: Presse- und Informationsamt der Bundesregierung: Kommunikationspolitische und kommunikationswissenschaftliche Forschungsprojekte der Bundesregierung (1974-1978), Bonn 1978, S.149-158.

Koszyk, Kurt (1985)
Veröffentlichungen zur kommunalen Kommunikation: Eine Sammelrezension, in: Medienwissenschaft, Jg. 1985, S.142-147.

Kottwitz, Gisela (1970)
Entwicklung von Kategorien zur vergleichenden Analyse von Bildaussagen in Zeitungen: Überprüfung ihrer Verwendbarkeit am Beispiel einer Untersuchung der Bilder der Bildzeitung und der Frankfurter Allgemeinen Zeitung für Deutschland im Zeitraum vom 1.5. – 31.10.1967, Berlin 1970 (Diss.).

Kracauer, Siegfried (1977)
Die Photographie ‹zuerst 1927›, in: Das Ornament der Masse, Frankfurt 1977, S.21-39.

Krafft, Edmund (1902)
Der Lokalredakteur, in: Richard Wrede (Hrsg.), Handbuch der Journalistik, Berlin 1902, S.259-266.

Kuchenbuch, Thomas (1978)
Filmanalyse: Theorien – Modelle – Kritik, Köln 1978.

Kunz, Gerhard (1967)
Untersuchungen über Funktionen und Wirkungen von Zeitungen in ihrem Leserkreis, Köln usw. 1967.

Kurowski, Ulrich (1972)
Lexikon Film, München 1972.

Lammai, Klaus (o.J.)
Ins rechte Bild gesetzt, in: Helmut Kampmann (Hrsg.), Die Lokalredaktion, Sammlung II, o.O. o.J., S.7-27.

Landesamt für Datenverarbeitung u. Statistik Nordrhein-Westfalen (1986)
Statistisches Jahrbuch Nordrhein-Westfalen 1986, 28.Jg. 1986.

Lange, Bernd-Peter/Ulrich Pätzold u.a. (1983)
Medienatlas Nordrhein-Westfalen: Grundlagen der Kommunikation, 3 Bände, Bochum 1983.

Langenbucher, Wolfgang R. (1976)
Die Presse(konzentration) und ihre Folgen in Bayern, in: Martin Gregor-Dellin u.a., Das andere Bayern: Lesebuch zu einem Freistaat, München 1976, S.150-166.

Langenbucher, Wolfgang R. (1980)
Publizistische Vielfalt in Monopolgebieten, in: Siegfried Klaue u.a.(Hrsg.), Probleme der Pressekonzentrationsforschung, Baden-Baden 1980, S.139-144.

Langenbucher, Wolfgang R. (1987)
  Für die Zeitungen wird es jetzt erst ernst: Wandel der Lebensstile verlangt nach neuen Antworten, in: Die Zeitung, 15.Jg. 1987, Nr.8/9, S.3.
Langer, Susanne K. (1965)
  Philosophie auf neuem Wege: Das Symbol im Denken, im Ritus und in der Kunst, Frankfurt/M. 1965.
La Roche, Walter von (1984)
  Einführung in den praktischen Journalismus: Mit genauer Beschreibung aller Ausbildungswege, München ‹8›1984.
Lippmann, Walter (1964)
  Die öffentliche Meinung, München 1964 ‹zuerst 1922: Public Opinion, New York›.
Luchsinger, Kaspar/Werner Meier/Ulrich Saxer (1981)
  Strukturen der Lokalberichterstattung: Eine Fallstudie am Pressesystem des Kantons Aargau, Zürich 1981.
Luger, Kurt (1985)
  Dritte Welt-Berichterstattung: Eine einzige Katastrophe? Die Konstruktion von Wirklichkeit in Theorie und Praxis, in: Kurt Luger (Red.), Die dritte Welt in den Massenmedien, Salzburg (Institut für Publizistik) 1985, S.5-25.
Lunke, Erwin (1949)
  Die Sparten und Rubriken der Zeitung, in: Walter Hagemann (Hrsg.), Die Deutsche Zeitung 1949: Untersuchung von Form und Inhalt, o.O. ‹Münster› 1949.
Martin, Ludwig A. C. (1961)
  Die Illustration der Tageszeitungen in der Bundesrepublik, in: Publizistik, 6.Jg. 1961, S.26-40.
Martin, Ludwig A.C./Wolfgang W. Werner (1981)
  Bildjournalistenenquete: Publizistische Fotografie, Baden-Baden 1981.
Meister, Ulla (1984)
  Integration eines Kommunikationsraumes: Chancen und Grenzen einer Regionalzeitung für die Gestaltung eines gemeinsamen Bewußtseins, Nürnberg 1984.
Menk, Harald (1983)
  Der Bedeutungswandel der Pressefotografie und die Situation von Bildjournalisten in den Redaktionen deutscher Tageszeitungen, Münster 1983 (M.A.-Arbeit)
Merten, Klaus (1983)
  Inhaltsanalyse: Einführung in Theorie, Methode und Praxis, Opladen 1983.
Meyer, Werner (1983)
  Journalismus von heute, hrsg. von Jürgen Frohner, Percha am Starnberger See ‹Loseblattsammlung, Stand:› 1.3.1983.
Michel, Lutz (1987)
  Die schimmernde Wehr macht mehr von sich her: Zur Berichterstattung über

Militär und Friedensbewegung in den beiden münsterschen Tageszeitungen ›Westfälische Nachrichten‹ (WN) und ›Münstersche Zeitung‹ (MZ), in: Journal für Publizistik & Kommunikation, 5.Jg. 1987, Heft 16, S.5-24.

Möller, Karl-Dietmar (1981)
Syntax und Semantik in der Filmsemiotik, in: Günter Bentele (Hrsg.), Semiotik und Massenmedien, München 1981, S.243-279.

Mösslang, Franz Hugo (1969)
Das Foto als publizistisches Mittel, in: Emil Dovifat (Hrsg.), Handbuch der Publizistik, Bd.2, Berlin 1969, S.91-104.

Mohler, Peter Ph./Manfried Prater (1981)
Lokalberichterstattung Würzburg, in: Werner Schulte (Hrsg.), Soziologie in der Gesellschaft: Referate ‹...› beim 20. Deutschen Soziologentag Bremen ‹...› 1980, Bremen 1981, S.866-874.

Morlock, Gero (1982)
Die Rolle der örtlichen Presse in der Stadtplanung, Karlsruhe 1982 (Diss).

Morrison, Philip u.a. (1982)
Powers of Ten: The Relative Size of Things in the Universe, New York 1982.

Murphy, David (1976)
The silent watchdog: The press in local politics, London 1976.

Nestler, Roland u.a. (1983)
Was vom Privatfunk zu erwarten ist: Zur Lokalberichterstattung eines potentiellen Anbieters, in: Medium, 13. Jg. 1983, Nr.4, S.11-17.

Noelle-Neumann, Elisabeth (1976a)
Folgen lokaler Zeitungsmonopole: Ergebnisse einer Langzeitstudie, in: Elisabeth Noelle-Neumann u.a., Streitpunkt lokales Pressemonopol, Düsseldorf 1976, S.11- 57.

Noelle-Neumann, Elisabeth (1976b)
Das Lokalmonopol der Tageszeitung: Eine Untersuchung der Auswirkungen auf die örtliche Berichterstattung, in: Elisabeth Noelle-Neumann u.a., Streitpunkt lokales Pressemonopol, Düsseldorf 1976, S.169-180.

Nolting, Winfried (1981)
Jargon der Bilder, Osnabrück 1981.

Östgard, Einar (1965)
Factors influencing the Flow of News, in: Journal of Peace Research, Jg. 1965, S.39-63.

Pätzold, Ulrich (1987)
Chancen der Stadt Dortmund nach einer medienpolitischen Bestandsaufnahme ‹Rede, gehalten vor dem Rat der Stadt Dortmund›, in: Niederschrift über die 34. Sitzung des Rates der Stadt Dortmund, am 2.April 1987, Anlage 1.

Pätzold, Ulrich/Horst Röper (1984)
Neue Ansätze einer Pressekonzentrationsforschung, in: Media Perspektiven, Jg.1984, S.98-106.

Pöttker, Horst (1981)
Lokalpresse und demokratische Kultur: Zum Beispiel die Berichterstattung der ›Badischen Zeitung‹ über Hausbesetzungen in Freiburg, in: Medium, 11.Jg. 1981, Nr.6, S.5-10.

Prater, Manfried (1980)
Die psychologische Analyse des Angebots der Würzburger Lokalpresse anhand eines inhaltsanalytischen Vergleichs, Würzburg 1980 (Diplomarbeit).

Prater, Manfried (1982)
Was leistet die Würzburger Lokalpresse? ‹4 Teile›, in: Pupille – Würzburger Illustrierte, 10.Jg. 1982, Nr.1, S.9-13 /Nr.2, S.12-17 /Nr.3, S.18-26 /Nr.4, S.22-26.

Preisendanz, Wolfgang (1971)
Verordnete Wahrnehmung: Zum Verhältnis von Photo und Begleittext, in: Sprache im technischen Zeitalter, Heft 37, 1971, S.1-8.

Presse- und Informationsamt der Bundesregierung (1986 /Hrsg.)
Bericht der Bundesregierung über die Lage der Medien in der Bundesrepublik Deutschland 1985 – Medienbericht ‹85, Bundestagsdrucksache 10/5663, Bonn 1986.

Projektteam Lokaljournalisten (1977 /Hrsg.)
Handbuch für Lokaljournalisten, 3 Bände (Loseblattsammlung), München 1977ff.

Projektteam Lokaljournalisten (1980 /Hrsg.)
Materialien für Lokaljournalisten, 2 Bände, München 1980.

Projektteam Lokaljournalisten (1984 /Hrsg.)
ABC des Journalismus, München ‹2.›1984.

Pürer, Heinz (1982)
Zur Zukunft der Zeitung, in: Publizistik, 27.Jg. 1982, S.541-550.

Rager, Günther (1982)
Publizistische Vielfalt im Lokalen, Tübingen 1982.

Rager, Günther /Harald Schibrani (1981)
Das Lokale als Gegenstand der Kommunikationsforschung, in: Rundfunk und Fernsehen, 29.Jg. 1981, S.498-508.

Rind, Christoph M. (1983)
Arbeitstechnische, absender- und themenspezifische Einflußfaktoren in der lokalen Presse-Berichterstattung dargestellt am Beispiel der ›Rheinischen Post‹ in Duisburg, Münster 1983 (Diss.).

Rink, Jürgen (1963)
Zeitung und Gemeinde, Düsseldorf 1963.

Röhr, Michael/Heinz Lohse/Rolf Ludwig (1983)
Statistik für Soziologen, Pädagogen, Psychologen und Mediziner, Bd. 2 – Statistische Verfahren, Thun usw. 1983.

Rohe, Karl (1986)
Politikbegriffe, in: Wolfgang W. Mickel (Hrsg.), Handlexikon zur Politikwissenschaft, Bonn 1986, S.349-354.

Rohr, Robert (1975)
Auswahl, Verarbeitung und Präsentation der lokalen Berichterstattung in der Presse (dargestellt am Beispiel Königstein/Ts), Mainz 1975 (M.A.-Arbeit).

Rohr, Robert (1978)
Lokale Berichterstattung: Auswahl von Ereignissen aus der lokalen Realität, in: Rundfunk und Fernsehen, 26.Jg. 1978, S.319-327.

Rohr, Robert (1980)
Terminjournalismus – und sonst nichts? Tageszeitungen und ihre Berichterstattung über Königstein (Taunus), in: Wolfgang R. Langenbucher (Hrsg.), Lokalkommunikation, München 1980, S.64-82.

Rombach, Theo (1983)
Lokalzeitung und Partizipation am Gemeindeleben, Berlin 1983.

Ronneberger, Franz /Heinz-Werner Stuiber (1976)
Lokale Kommunikation und Pressemonopol, in: Elisabeth Noelle-Neumann u.a.: Streitpunkt lokales Pressemonopol, Düsseldorf 1976, S.59-168.

Rust, Holger (1985)
Big Business versus Big Media: Der „Negativismus"-Streit in den USA, in: Medium, 15.Jg. 1985, Nr.8, S.5-11.

Sartorti, Rosalinde (1981)
Pressefotografie und Industrialisierung in der Sowjetunion: Die Pravda 1925-1933, Berlin 1981.

Saxer, Ulrich (1978)
Lokale Kommunikation – Anspruch und Realität, in: Media Perspektiven, Jg. 1978, S.367-379.

Schmerl, Christiane (1984)
Das Frauen- und Mädchenbild in den Medien, Opladen 1984.

Schmerl, Christiane (1985)
Die öffentliche Inszenierung der Geschlechtscharaktere - Berichterstattung über Frauen und Männer in der deutschen Presse, in: Christiane Schmerl (Hrsg.), In die Presse geraten: Darstellung von Frauen in der Presse und Frauenarbeit in den Medien, Köln usw. 1985, S.7-52.

Schneider, Wolf u.a. (1984)
Unsere tägliche Desinformation: Wie die Massenmedien uns in die Irre führen, Hamburg ‹2›1984.

Schönbach, Klaus (1977)
Trennung von Nachricht und Meinung: Empirische Untersuchung eines journalistischen Qualitätskriteriums, Freiburg 1977.

Schönbach, Klaus (1978)
Die isolierte Welt des Lokalen, in: Rundfunk und Fernsehen, 26.Jg. 1978, S.260-277.

Schönbach, Klaus (1980)
Publizistische Vielfalt in Wettbewerbsgebieten, in: Siegfried Klaue u.a. (Hrsg.), Probleme der Pressekonzentrationsforschung, Baden-Baden 1980, S.145-161.

Schönbach, Klaus (1983)
   News in the Western World, in: L.John Martin u.a. (Hrsg.), Comparative Mass Media Systems, New York 1983, S.33-43.
Schulz, Winfried (1970 /Hrsg.)
   Der Inhalt der Zeitungen, Düsseldorf 1970.
Schulz, Winfried (1976)
   Die Konstruktion von Realität in den Nachrichtenmedien, Freiburg usw. 1976.
Schulz, Winfried (1982a)
   Ein neues Weltbild für das Fernsehen? Medientheoretische Überlegungen zur Diskussion um Regionalisierung und Internationalisierung, in: Media Perspektiven, Jg.1982, S.18-27.
Schulz, Winfried (1982b)
   Vorbemerkung zur Semiotik des Fernsehens, in: Medien und Erziehung, 26.Jg. 1982, S.101-110.
Schütz, Walter J. (1956)
   Deutsche Tagespresse in Tatsachen und Zahlen, in: Publizistik, 1.Jg. 1956, S.31- 48.
Schütz, Walter J. (1969)
   Struktur und Inhalt des lokalen Teils, in: Emil Dovifat u.a. (Hrsg.), Journalismus, Band 5, Düsseldorf 1969, S.18-30.
Schütz, Walter J. (1978)
   Zeitungsdichte und Zeitungswettbewerb in der Bundesrepublik Deutschland 1976, in: Publizistik, 23. Jg. 1978, S.58-74.
Schütz, Walter J. (1979)
   Kaum noch Objekte für die Pressekonzentration? In: Media Perspektiven, Jg. 1979, S.600-612.
Schütz, Walter J. (1983)
   Zeitungen in der Bundesrepublik Deutschland 1983, Konstanz 1983.
Schütz, Walter J. (1985)
   Deutsche Tagespresse 1985, in: Media Perspektiven, Jg.1985, S.497-520.
Schütze, Peter (1971)
   Die Entwicklungsgeschichte lokaler Wechselseiten im deutschen Pressewesen bis 1945, Dortmund 1971.
Sontag, Susan (1978)
   Über Fotografie, München usw. 1978.
Stadt Dortmund (1986 /Hrsg.)
   Grüße aus der Medienstadt, Dortmund o.J. (1986?).
Stiewe, Willy (1933)
   Das Bild als Nachricht, Berlin 1933.
Stofer, Wolfgang (1975)
   Auswirkungen der Alleinstellung auf die publizistische Aussage der Wilhelmshavener Zeitung, Nürnberg 1975.

Straßner, Erich (1981)
Fernsehnachrichten: Zusammenfassender Bericht über die DFG-Projekte „Nachrichtensprache und der Zusammenhang von Text und Bild" und „Die semantische Verarbeitung und Nutzung audiovisueller Informationen der Fernsehnachrichten", in: Media Perspektiven, Jg.1981, S.446-460.

Studententeam (1978)
Hofbericht oder Information? Lokaljournalismus im Zeitungsmonopol: Beispiel „Allgäuer Zeitung"; erstellt von einem Team von Studenten der Kommunikationswissenschaft und Wirtschaftsgeographie, München 1978.

Sunji'c, Melita (1984)
Vom Zeitungsleser zum Zeitungsseher? In: Medien-Journal, 8.Jg. 1984, Nr.1, S.13- 16.

Thomas, Michael Wolf (1981 /Hrsg.)
Die lokale Betäubung oder der Bürger und seine Medien, Berlin usw. 1981.

Twele, Holger (1981)
Fotos in der regionalen Tageszeitung, Nürnberg 1981 (unveröffentlichtes Manuskript).

Twele, Holger (1982)
Unterbelichtet und Untergeordnet: Pressefotos in einer Regionalzeitung, in: Medium, 12.Jg. 1982, Nr.1, S.23-26.

Ulmer, Peter (1977)
Schranken zulässigen Wettbewerbs marktbeherrschender Unternehmen: Eine kartell- und wettbewerbsrechtliche Fallstudie zum Anzeigenwettbewerb auf dem Pressemarkt des Ruhrgebiets, Baden-Baden 1977.

Verband Rheinisch-Westfälischer Zeitungsverleger (1986)
Zum Wettbewerbsverhältnis zwischen Zeitung und Rundfunk, Düsseldorf 1986 (vervielfältigt).

Vogt, Jochen (1973)
Bauelemente erzählender Texte, in: Heinz Ludwig Arnold u.a. (Hrsg.), Grundzüge der Literatur- und Sprachwissenschaft, Bd.1, München 1973, S.227-242.

Voß-Dietrich, Valeska (1969)
Das Lokale, in: Emil Dovifat (Hrsg.), Handbuch der Publizistik, Bd. 3, Berlin 1969, S. 192-201.

Waller, Klaus (1982)
Fotografie und Zeitung: Die alltägliche Manipulation, Düsseldorf 1982.

Waller, Klaus (1984)
Klick! Fotografie zwischen Aufklärung und Manipulation, Weinheim usw. 1984.

Warren, Carl (1954)
ABC des Reporters: Einführung in den praktischen Journalismus, München ‹2›1954.

Warren, Carl (1959)
Modern News Reporting. New York ‹3›1959.

Weichler, Kurt (1983)
Gegendruck: Lust und Frust der alternativen Presse, Reinbek 1983.
Weischenberg, Siegfried (1988)
Der Preis der Wahrheit, die Gesetze des Marktes: Jede Gesellschaft hat die Presse, die sie sich leistet, in: Die Zeit, 43.Jg., 15.1.1988, S.16.
Weischenberg, Siegfried/Sibylle Weischenberg (1980)
Vom Wert von Journalismus-Lehrbüchern für die redaktionelle Arbeit, in: Rundfunk und Fernsehen, 28. Jg. 1980, S.253-260.
Wilke, Jürgen (1984)
Nachrichtenauswahl und Medienrealität in vier Jahrhunderten: Eine Modellstudie zur Verbindung von historischer und empirischer Publizistik-Wissenschaft, Berlin usw. 1984.
Wilking, Thomas (1982)
Der Inhalt des Lokalteils: Eine Literaturanalyse, o.O. 1982 (M.A.-Arbeit Münster).
Wilking, Thomas (1984)
Lokale Medien: Perspektiven für die Forschung, in: Publizistik, 29.Jg. 1984, S.181-197.
Wilking, Thomas (1985)
Betroffenen-Journalismus: Professionalisierung und Heimatnähe? In: Medium, 15.Jg. 1985, Nr.6, S.39-40.
Wilking, Thomas (1987)
Unvollendet ‹Buchbesprechung, Rudolf Huber: Redaktionelles Marketing für den Lokalteil›, in: Medium, 17.Jg.1987, Nr.2, S.77.
Wolz, Dieter (1979)
Die Presse und die lokalen Mächte, Düsseldorf 1979.
Zoll, Ralf u.a. (1974)
Wertheim III. München 1974.

Bildnachweis

Franz Meinert (Abb.12)
Horst Müller (Abb.10)
Helmuth Voßgraff (Abb.11, 13, 14, 15)
Alle übrigen Fotos/graphische Darstellungen: Verfasser.

Dortmunder Beiträge zur Zeitungsforschung

Bereits erschienen

Band 30: Presse im Exil
Beiträge zur Kommunikationsgeschichte des deutschen Exils 1933-45
Hrsg. von Hanno Hardt u.a.
1979. 516 Seiten. Broschur. DM 36,-
ISBN 3-598-02530-0

Band 36: Cecilia von Studnitz
Kritik des Journalisten
Ein Berufsbild in Fiktion und Realität
1983. 238 Seiten, 10 Abb., 32 Tab
Broschur. DM 36,-
ISBN 3-598-21287-9

Teil 1 (Band 40): Peter Brummund
Der deutsche Zeitungs- und Zeitschriftengroßhandel
2. unv. Aufl. 1985. 502 Seiten
Broschur. DM 48,-
ISBN 3-598-21297-6

Teil 2 (Band 41): Peter Schwindt
Zeitungen und Zeitschriften im Einzelhandel
1985. 133 Seiten. Broschur. DM 36,-
ISBN 3-598-21298-4

Band 42: Peter Stein
Die NS-Gaupresse 1925-1933
Forschungsbericht - Quellenkritik, neue Bestandsaufnahme
1987. 275 Seiten. Broschur. DM 36,-
ISBN 3-598-21299-2

Band 44: Gert Hagelweide
Quellenkunde zur Pressegeschichte Dortmunds und der Grafschaft Mark
Bibliographie, Standortnachweis, Archivalien und Literatur
1990. XVIII, 242 Seiten. 20 Abb
Linson. DM 36,-
ISBN 3-598-21301-8

Band 45: Hans G. Klose
Die Zeitungswissenschaft in Köln
Ein Beitrag zur Professionalisierung der deutschen Zeitungswissenschaft in der 1. Hälfte des 20. Jhds
1989. XX, 239 Seiten. Broschur
DM 42,-. ISBN 3-598-21302-6

Band 46: Ludwig Wronkow Berlin - New York, Journalist und Karikaturist bei Mosse und beim "Aufbau"
Eine illustrierte Lebensgeschichte
Von Michael Groth, Barbara Posthoff
1989. 231 Seiten. Linson. DM 48,-
ISBN 3-598-21303-4

K·G·Saur München·London·New York·Paris
K·G·Saur Verlag · Postfach 71 10 09 · 8000 München 71 · Tel. (0 89) 7 91 04-0

Dortmunder Beiträge zur Zeitungsforschung

In Vorbereitung:

Band 48:
Karl-Martin Obermeier
Medien im Revier
Die Entwicklung der Zeitungslandschaft des Ruhrgebiets seit dem zweiten Weltkrieg
Vorwort von Hans Bohrmann
1990. Ca. 500 Seiten. Broschur
Ca. DM 48,-. ISBN 3-598-21309-3

Gegenstand dieser Dissertation ist die Entwicklungsgeschichte der "Westdeutschen Allgemeinen Zeitung". Nach Beendigung des Zweiten Weltkriegs begann ihre Etablierung mit den Bemühungen um eine Zeitungslizenz im Herbst und Winter 1947. Mehr als 40 Jahre existierte das Blatt als bekannte und erfolgreiche Zeitung. Es endete mit den Vorbereitungen der "Zeitungsgruppe WAZ" für lokalen Rundfunk in seinem nordrhein-westfälischen Verbreitungsgebiet mit dem Jahrgang 1987/1988.

Band 49:
Andreas Macat
Bergische Presse

Vorwort von Hans Bohrmann
1990. Ca. 230 Seiten. Gebunden
Ca. DM 48,-.

ISBN 3-598-21310-7

Pressebibliographien erfassen vielfach nur die "wesentlichen" Zeitungen, während die kleineren Blätter von bloß lokaler Bedeutung unberücksichtigt bleiben. Vollständigkeit kann nur erreicht werden, wenn der Objektbereich inhaltlich, zeitlich oder geographisch reduziert wird. Im nordrhein-westfälischen Raum hat Gerd Hagelweide (1990) erst kürzlich die ehemalige Grafschaft Mark (einschl. Dortmund) pressebibliographisch ausgelotet. Mit Vorlage der **Bergischen Presse** sind nunmehr zwei Regionen bearbeitet.

Das Institut für Zeitungsforschung der Stadt Dortmund (gegründet 1926) ist ein kommunales Forschungsinstitut für Printmedien, wobei die Tagespresse im Zentrum des Interesses steht. Die Schriftenreihe **Dortmunder Beiträge zur Zeitungsforschung** ist von Prof. Dr. Kurt Koszyk (heute Universität Dortmund) 1975 gegründet worden, und wird seit 1977 vom derzeitigen Direktor des Instituts, Dr. Hans Bohrmann, herausgegeben.

K·G·Saur München·London·New York·Paris

K·G·Saur Verlag · Postfach 71 10 09 · 8000 München 71 · Tel. (0 89) 7 91 04-0

Gert Hagelweide

Literatur zur deutschsprachigen Presse
Eine Bibliographie (Von den Anfängen bis 1970)

1985 - 1995. 8 Bände + Register. Linson
ISBN 3-598-21284-4
(Dortmunder Beitr. zur Zeitungsforschung 35)

Band 1:
Handbücher, Lexika, Bibliographien
1985. XXXVI, 464 Seiten. DM 320,-
ISBN 3-598-21288-7

Band 2:
Inhaltsbeschaffung und -vermittlung
1989. XXII, 372 Seiten. DM 320,-
ISBN 3-598-21289-5

Band 3:
Technische Herstellung und Vertrieb
1990. XX, 311 Seiten. DM 320,-
ISBN 3-598-21290-9

In Vorbereitung:

Band 4: Wesen und Funktion
periodischer Druckpublizistik
1991. DM 320,-. ISBN 3-598-21291-7

Band 5: Ortsgeschichte der
deutschsprachigen Presse
A: Deutsches Reich B: BRD
1992. Ca. DM 320,-
ISBN 3-598-21292-5

Band 6: Ortsgeschichte der
deutschsprachigen Presse
C: DDR D: Österreich E: Schweiz
Presserecht - Presse und Werbung
1993. Ca. DM 320,-
ISBN 3-598-21304-2

Band 7: Pressebiographie I
1994. Ca. DM 320,-
ISBN 3-598-21305-0

Band 8: Pressebiographie II
1994. Ca. DM 320,-
ISBN 3-598-21306-9

Band 9: Register
1995. Ca. DM 320,-
ISBN 3-598-21307-7

Mit seiner *Literatur zur deutschsprachigen Presse*, die alle presserelevanten Publikationen und unselbständigen Veröffentlichungen bis zum Erscheinunggsjahr 1970 einschließt, hat Gert Hagelweide eine umfassende Bibliographie erarbeitet. Der Gesamtplan sieht eine Literaturverzeichnung zu allen Sachgebieten der deutschen Presse vor.

K·G·Saur München·London·New York·Paris
K·G·Saur Verlag · Postfach 71 10 09 · 8000 München 71 · Tel. (0 89) 7 91 04-0